こい

そうしょ

ほんや

こい ほんや そうしょ

让 我 们 一 起 追 寻

蒙古帝国的兴亡（上）

——军事扩张的时代

モンゴル帝国の興亡（上）：
軍事拡大の時代

［日］杉山正明／著
sugiyama masaaki

孙越／译　　邵建国／校

社会科学文献出版社
SOCIAL SCIENCES ACADEMIC PRESS (CHINA)

こい　　ほんやく　　　そうしょ
恋　翻訳　叢書

中信出版

目 录

Ⅱ 世界史面貌的改变

序　历史的讲述者

托普卡帕的《史集》

　　土耳其共和国的伊斯坦布尔是原奥斯曼帝国的首都。连接欧亚的伊斯坦布尔海峡已披上落日的余晖。老街道一旁的托普卡帕宫殿便是奥斯曼帝国的旧皇宫，这里总有大量的游客云集。然而在宫殿的一角有一座石筑的图书馆却无人问津，只是静静地伫立着。那里沉睡着奥斯曼帝国在六百年间搜集的各种书籍与旧抄本。研究蒙古历史所需要的最基础、最古老也是最好的史料抄本亦包括在其中。

　　拉施特主持编纂的、用波斯语写就的《史集》可以说是人类史上规模最大的史书。它是在位于现今伊朗的蒙古政权旭烈兀兀鲁思（俗称伊儿汗国）政权期间完成的。

公元 1295 年，第七代伊儿汗合赞通过军事政变夺权上台，改信伊斯兰教，并对国家进行彻底改造，推行了行政改革。为了推行改革，他任命自己的御医拉施特为维齐尔（即宰相）。拉施特出生于伊朗西部的哈马丹，有人认为他实际上是犹太人。合赞和拉施特这对主仆为了重振旭烈兀兀鲁思，一边合力推行改革，一边着手编纂蒙古帝国的历史。

修史的目的有很多。从成吉思汗起家以来已经过去了九十年左右，蒙古已经发展成为横跨欧亚大陆东西、实至名归的世界帝国。但是蒙古人——尤其是在"大西征"中同旭烈兀一起来到"伊朗之地"并定居在此的蒙古人——开始逐渐遗忘自己的来源和历史：

> 我们到底是什么样的人，我们为什么会在"伊朗之地"生活，我们与东方的宗主国"大元兀鲁思"以及其他的汗国之间到底是什么关系，有怎样的血脉联系？

合赞从心底尊敬着忽必烈（忽必烈在合赞即位的前一年驾崩），并希望自己能以忽必烈建造的"大元兀鲁思"为蓝本，也像他那样创造出强大坚固的国家和政权。怀抱着这样一种热情，合赞希望能够唤醒所有散布在世界各地的"蒙古共同体"成员心中对蒙古的认同感。他特别希望居住在伊朗的自己的臣民们能够了解到他们自己所享受的光荣和富贵直接源于旭烈兀、源于他们所连接的蒙古血脉。

合赞希望拉施特编纂的是一部能够起到这样作用的蒙古史。所以《史集》中强烈地反映出了合赞个人的政治立场和见解。合赞不仅仅是修史的号令者，还参与了其中一半以上篇幅的写作和编辑工作。

在《史集》的编纂过程中，他们也参考了蒙古皇室共有的"Altan Tebder"（即蒙古语的《金柜秘册》）等秘藏史料。除此之外，从蒙古本土派往伊朗（波斯语中称"yi-lan-en·za-mi-en"，伊朗之地）的字罗丞相等许多人也为编纂过程提供了信息。蒙古各部代代相传的"旧辞"和族谱等口头和书面的史料都被运用到《史集》的编写中。尽管如此，据拉施特记载，其中核心部分许多内容还是以熟知蒙古诸事及秘史的合赞的口述为基础写就的。

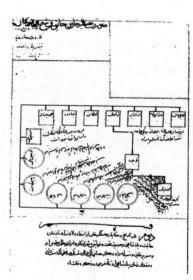

托普卡帕宫博物馆藏《史集》
中记载成吉思汗后妃与
子女的部分血缘图

负责编纂的拉施特并没有将编写工作往下委派给编纂人

员，而是在处理繁重政务的同时，亲自彻夜编纂。有时在骑马移动的马背上，他也会进行反复的推敲。可以说为了不负主公的厚望，他惜时如金，每时每刻都在努力。

但是合赞并没能亲眼看到《史集》完成。1304 年，合赞在繁重政务的压力下英年早逝，时年三十四岁。合赞死后，他的弟弟完者都即位，《史集》便被呈献给了完者都。当时这部蒙古史被称为《合赞历史》或《被赞赏的合赞史》（伊斯坦布尔藏本和法国国家图书馆藏本名为《合赞历史》，其他的抄本名中"被赞赏"一词表达了对已过世合赞的敬意）。

事实上，当我们静下来分析当时的情势就能发现，合赞下令编纂蒙古史（"合赞的蒙古史"一称可能更为准确）的时候，旭烈兀兀鲁思这个游牧民联合体已经是摇摇欲坠了。当时旭烈兀兀鲁思的国库基本是空的，维系游牧骑士军团的经济能力和国家财政面临枯竭。自从 1260 年创始人旭烈兀带领西征军来到"伊朗之地"正式建立政权以来，兀鲁思一直没有确定的国家机构，而是被放任自由发展，国家内部反复出现内乱。这些问题就这样被抛给了新汗合赞。在这一关系兀鲁思存亡的紧要关头，合赞为了唤醒原先部族联合的"记忆"，展开了"修史事业"。因此合赞修史并不是单纯基于文化角度的考量，而是非做不可，是客观形势的需求。或者说，合赞正是在这种形势的客观影响下才开始修史的。从这个方面来看，这次修史是政治色彩相当浓厚的"国家政策"。

除此之外，合赞还有一个秘密的小心思。从他的立场来看，在他之前的旭烈兀兀鲁思的王位继承都是极为混乱的。合赞的亲生祖父阿八哈（第二代伊儿汗）和父亲阿鲁浑（第四代伊儿汗）死后，其各自的王弟继位，传承王统。至于合赞通过兵变打败的拜都（第六代伊儿汗）则完全是非嫡系的远支旁系。合赞宣扬旭烈兀——阿八哈——阿鲁浑——合赞一脉相承的嫡长子继承是旭烈兀兀鲁斯的正统。他也是据此来指导"旭烈兀兀鲁思"部分的历史编纂的。因此他主张自己并非武装兵变的篡位者，而原本就是正统的继承人。而且只有通过"嫡统"继承的自己如今推行的国家改革，才能够实现旭烈兀兀鲁思的复兴事业。

然而就在合赞去世、修史即将完成时，蒙古帝国和世界的形势发生了激烈的巨大变化。动摇蒙古帝国统治的中亚动乱以海都之死为界，经 1303～1304 年迅速平静下来，自那之后，蒙古东西一片和谐。欧亚大陆以再次得以统一的蒙古为中心，呈现出舒适祥和之态。人类历史上前所未有的辽阔的和平之地，在这里铺展开来。

在蒙古人眼里，世界已经被掌握在自己手中。当他们看到帝国与整个世界的巨大变动时，第八代伊儿汗完者都在既有的"蒙古史"基础上，又下令追加编纂当时世界上主要"种族"的历史，修史的任务被再次交给了拉施特。拉施特在合赞去世后依然担任着旭烈兀兀鲁思的宰相之职，他不仅将当地学者加入编纂队伍，还将中国和克什米尔等地的佛僧、基督徒、犹太学者等集中起来，一起进行史书的编纂。

这次编修的史书可谓包罗万象：从人类祖先亚当开始的希伯来预言者们以及古犹太的历史、古波斯的王朝史、从预言者穆罕默德开始的哈里发们的历史、被蒙古消灭的从花剌子模王朝到伊斯玛仪教团的伊斯兰各王朝史、从传说中的乌古斯汗开始的突厥历史，还有从传说中的人类祖先"盘古"到南宋最后一位少主的中国各王朝史以及以"法兰克"为名的欧洲历史、包含释迦牟尼与佛教历史的印度史，等等。

此后，一部以合赞的"蒙古史"为核心，集合了世界各地区历史的史书问世了。该史书将以蒙古为中心的世界作为出发点——这是自然的——史无前例地将此前的世界历史系统化。另外，在合赞的"蒙古史"和完者都的"世界史"之间，还存在蒙古帝国本身的剧变这一背景，因而这部史书也象征着"世界的世界化"。哈吉来历七百一十年，也就是公元1310到1311年间，这部被呈贡给完者都的增补版"新版史书"，以"诸史之集"的含义被命名为"*Jāmi' al-tawārīkh*"，也就是《史集》。

《史集》是当时势力极盛的蒙古用波斯语编成的庞大的"蒙古正史"，同时也是14世纪初之前的欧亚各地区的综合史。而且不可忽视的是，它还是一部由合赞和拉施特这两位当事人亲述的、关于旭烈兀兀鲁思及其重组大业的举世无双、完全同步的同时代史。《史集》虽说是用波斯语记载，但事实上夹杂着许多蒙古语、突厥语的用词，甚至还有来源于汉语、藏语、梵语、拉丁语等语言的词语。

若是没有《史集》，蒙古的历史也无从谈起。不仅如此，在欧亚大陆中部展开的突厥—蒙古系游牧民族的历史也很难得以还原，而伊斯兰史、伊朗史也将失去一部意义重大的参考史料。《史集》是人类历史上一部空前的史书，事实上，无论在规模上，还是在视野的开阔性上，以及在最为重要的资料的真实性上，即使在它之后，世界上大概也都没有任何一部史书可以与之匹敌。它不愧是在蒙古这个前无古人的政权与时代背景下诞生的、一部前无古人的庞大的历史书。

另外，它也确切地证明了蒙古当时已经明确意识到了"世界"的存在。到了蒙古时代，人类的历史成为真正意义上的"世界史"，拙作也多次在《史集》的指引下，踏上了穿越时空之旅——去往蒙古及这一人类史上罕见的"时代"的旅程。

哥伦布的梦想

公元 1492 年，哥伦布朝着"大汗国"，即忽必烈大汗统治的东方大帝国"大元兀鲁思"，向西开始了他的航海之旅。他的目的地是大元，而非平常人们说的"倭国"或是"印度"，这在他的航海日志的一开头便有明确的说明。

哥伦布出发时，身上还带着西班牙女王伊莎贝拉写给遥远的"乞台"大汗的国书（乞台即中国，严格来讲是中国北部。

这一名称来源于公元 10 世纪至 12 世纪时强盛的契丹辽帝国。波斯语中也有 Hitai 或 Hatai 的发音，后传至西方）。同时他还带着一本书——依据威尼斯人马可·波罗这一人物在东方的见闻写成的游记《马可·波罗游记》（又名《寰宇记》，俗称《东方见闻录》）的 1485 年版。

1485 年版《马可·波罗游记》。空白部分上的记录是哥伦布的读书笔记

日本神奈川大学图书馆藏。

哥伦布当时携带的《马可·波罗游记》①遗留到了今天。在这本书里，随处可见哥伦布所做笔记。尤其是"汗八里"一节，哥伦布在正文左侧空白的地方标注了着重记号，并在偏下的位置记录了"商品不计其数"。"汗八里"指的便是忽必烈的皇都"大都"。

我们今天还不能确定"马可·波罗"这一人物是否真的存在。虽然在威尼斯的图书馆中确实保存有当地资产家马可·波罗的"遗产文书"，但我们并不能保证此"马可·波罗"就是 14 世纪时周游列国的

---

① 以下简称《游记》。——译者注

"马可·波罗"。在当时的意大利北部，有许多姓"波罗"的人家。况且"马可"也不是一个稀有的名字，名叫"马可·波罗"的人必然不会只有一个。

《游记》中许多记录与叙述的真实性，是能够通过其他已经确认的历史文献进行确切验证的。例如关于仅由急行军（蒙古语中称"guyukuqi"）[①]构成的、可能兼有密探性质的特种部队，《游记》中用很平常的语气提到过这支部队的指挥官的名字。如果不是跟随在忽必烈大汗身边的人，又怎么会知道这种人物的名字呢？关于这名部队指挥官的存在与职务，不久前在某波斯语的年代记和汉语文献中刚刚得到验证。

但是仅凭这些，我们也无法确定"马可·波罗"就是一个真实存在的人物。关于马可·波罗与其父亲、叔父坐船从印度洋返航的记录就是一个反面的例子。《游记》中记录，马可·波罗遵照元朝皇帝忽必烈的命令，护送蒙古公主嫁往旭烈兀兀鲁思所管辖的"伊朗之地"。其中，同行一正两副三名使者的名字与拉施特《史集》的后续史书《瓦撒夫史》中的记录完全一致，而且事情的前后经过也基本相符。唯一不同的是《瓦撒夫史》中并没有提到马可·波罗一家三人。（《瓦撒夫史》是地位仅次于《史集》的波斯语基本史料。其原名为 *Tajziyatal-amṣār wa-tazjiyat al-aṣār*，即《土地之分割与世纪之推移》。作

---

　① 汉字写作"贵由赤"。——编者注

者瓦撒夫①将此书呈献给伊儿汗国的完者都汗时，被授予了"Waṣṣāf al-Haḍrat"的称号，意即"御前颂词者"。而这部史书也因为名字太长，而参考瓦撒夫的称号，被简称作《瓦撒夫史》，意为"颂词者的历史"。作者本人也被通称作瓦撒夫。）

　　像这样的例子在《游记》中还有很多。不管记录有多正确、多详细，最重要的"马可·波罗"一行人似乎还是被推到一边，隐于浓雾之中，怎么也捉摸不到——这也是"马可·波罗密探说"，尤其是"马可·波罗是罗马教皇派往东方探查当地情况的密探"等说法的来源。总而言之，像《史集》《元史》等正史的文献中，完全没有记载能够明确地证明《游记》一书中的"马可·波罗"是真实存在的人物。《游记》中经历和见识了种种事情的原型是一定存在的（原型有可能是一个人，也有可能是多个人，不过这并不重要），但是这个人到底是谁、是一个怎样的人，我们并不能断定。

　　冠以"马可·波罗游记"之名的抄本有许多版本，并在欧洲各地广泛流传。我们现在所读到的《游记》是现代的文献研究者、历史研究者从各个版本中选校补订而成的校订本和译注本。虽然研究者都在"情况一定如此"这一设想的前提下整理出一个所谓的"完本"，但是我们无法找到确凿的证据

---

　　① 本名为 Abdallah ibn Faḍlallah sharaf al-Din Shīrārī，14 世纪波斯历史学家。——编者注

去证明这本书在历史上真的存在过。

马可·波罗本人和他的游记的真实性让人无法看清。但其影响力是毋庸置疑的——在 14 世纪后半叶之后的欧洲，"马可·波罗"作为一种精神象征是绝对存在的。

哥伦布的船队出发时，忽必烈兴建的帝国"大元兀鲁思"早已不复存在。但借马可·波罗及其一家之名，根据多位欧洲人的所见所闻所汇成的《马可·波罗游记》，在欧洲广为流传。在很大程度上，这也得益于 15 世纪时古腾堡的活字印刷。《游记》就这样成为最早的一本畅销书。

其中最能够吸引欧洲读者的，大概便是围绕着大都展开的对东方之富的描写了。《游记》不惜笔墨，对东方巨大城市元大都那令人惊异的繁华以及那整齐划一的统制之美，做了精彩又浓重的描写。整本书中最不负《百万之书》一称、用百万这一庞大的计量单位描写最多的也大抵是关于大都的部分①。

在欧亚大陆东西被联结在一起的蒙古时代，东方在蒙古的统治下展现出空前的繁荣。与此相比，欧洲就显得极为微不足道。所以，欧洲人争相阅读《游记》，使"马可·波罗"变得真实起来。即使是蒙古时代已经过去，东方之富的魅力还是一直不断地吸引着欧洲的注意。所以哥伦布也相信了"马可·

---

①　《马可·波罗游记》的日译本也称《百万之书》。而马可·波罗由于常用"百万"一词而被称为"百万先生"。——译者注

波罗"的话，带着开拓一条与大汗之国通商道路的信念出发了。憧憬和超越了时空的"记忆"鼓舞着人们去行动。

实际上，在忽必烈的大元帝国解体之后，大都也被更名为"北京"，作为明朝的首都继续存在着，但哥伦布却无从得知这一点。但是与此相对，他为欧洲人带去了另一份贵重的礼物。

美洲大陆上的原住民已经独自经营着自己的世界多年，拥有了很长的历史。在欧洲人眼里，资源丰富、面积广阔的美洲大陆就在他们手边，是他们发展的方向。在那之后，人类历史上最大的"征服"开始了。欧洲人既是野蛮的，也是幸运的——不，应该说是有些过于幸运了。

当住在欧亚大陆边缘的欧洲人将美洲纳入囊中之后，人类史的发展方向发生了巨大而激烈的转折。"欧洲人的侵略"是与哥伦布的梦想同时开始的。哥伦布最初想开辟到大汗之国的航线，最后却到达了美洲。不过哥伦布本人到生命的最后一刻也还是坚信自己曾到过的那些海岛是大汗之国的一部分。

蒙古将欧亚大陆联结为一个整体，并开辟了自己的时代。关于蒙古的记忆和遗产无论好坏，都继续推动着整个世界向一个整体的新时代前进。历史由一个一个的偶然发展成了不能否定的必然。

巴托尔德一生的挑战

19世纪末到20世纪，一名伟大的俄国历史学家出现了。

他便是巴托尔德。

他以波斯语文献为中心，结合阿拉伯语、突厥语等多种语言的第一手史料，对亚洲历史进行研究，特别是从欧亚大陆内部对其历史进行了认真仔细的重新建构。巴托尔德依靠非凡的能力和学术天赋，进行了常人所不能的努力和钻研。他对在他之前的历史研究认识发起了从其根源开始的怀疑和挑战。

瓦西里·弗拉基米洛维奇·巴托尔德生于 1869 年，逝于 1930 年。他几乎将人生的每一天都奉献给了研究。特别是在刚进入 20 世纪的 1901 年，他就任圣彼得堡大学教授之后，巴托尔德就把精力全都放在了历史研究上。革命也好，苏联的成立也好，都没有对他的人生产生太大影响。

他的研究可以说是以蒙古时代为中心，这是因为关于蒙古的史料较多，而且蒙古史贯穿了欧亚大陆的古今东西，在重要性上也胜过其他地区和时期的历史。《蒙古入侵时期的突厥斯坦》便是他的著作之一。这部鸿篇巨制被收录于他的俄语全集之中（共 10 册），读过的人无不赞叹感喟。

得益于他的研究，原本并无确凿依据、缺乏大脉络而难以捕捉的

巴托尔德

出自《瓦弗·巴托尔德院士全集》。

中亚及亚洲内陆地区的历史变得明朗起来。在此之前，人们认为亚洲内陆是不怎么重要的，但是巴托尔德的研究让人们看到，实际上，亚洲内陆与西亚、中东、印度和西北欧亚大陆等"文明圈"的历史紧密相联。读过他的著作的读者都提不出异议，并将他的主张作为严肃的事实而接受，即欧亚大陆的内陆世界也是人类史上如同钥匙一般的重要地区。同时，他也解释了长时间以来所构建的"世界史"到底是怎样一种东西。

巴托尔德出生时，正值"帝国主义"列强瓜分亚洲的狂潮。在亚洲内陆勉强度日的游牧民族就如同人类社会的边缘人一般。因此，亚洲内陆和生活在那里的游牧民在世界历史上的影响和地位也被边缘化了。

这种边缘化的印象在当时的人们心中留下了深深的烙印，即使是思想家和理论家也不例外。例如黑格尔、兰克、马克思、斯宾格勒等人对世界和世界史的看法亦不能免俗。他们怀有一种"欧洲是文明世界"的优越感，并没有想去了解欧洲以外的人和事。

但巴托尔德似乎就没有这样的偏见或思维定式。他通过严谨、纯粹的文献研究，证明了这种共通认知是错误且愚蠢的。人们的认识从根本上发生了变化。不，是"应当"发生了变化。

在当时，新的文献和资料不断从亚洲内陆各地出土，在欧洲学界引发了一种热潮。在这些研究者中有俄国的拉德洛夫，还有法国的爱德华·沙畹和他的后继者伯希和等，不乏有数位开创先驱的泰斗级人物。不仅仅是亚洲史研究，从各个领域来说，欧洲的 19 世纪到 20 世纪初都是一个巨匠云集的时代。

但若不顾误解而在此直言，巴托尔德才应该是其中地位最高的历史学家，而且明显比其他学者高出一大截。他不仅研究中亚史，还为人类史和世界史梳理出了一条不可或缺的"主心骨"。巴托尔德并没有沾染近代以来以西欧为中心的价值观，使历史群像被等级化，而是将欧亚大陆作为一个整体进行平等的考量，并希望在此基础上叙述一个宏大的故事。

巴托尔德全身心投入到极为朴实的文献研究世界中。我们在他身上找不到任何一点轻佻浮夸的东西。而且，他的研究为后世留下了巨大的财产。如果没有他的研究，我们现在普遍承认的历史面貌实际上是无法成立的。不管我们有没有意识到，但我们都是站在巴托尔德的肩膀上，借助他一生钻研的成果进行历史研究的。

以时代之名

13 世纪，蒙古创造了人类历史上最大的版图。此后到 14 世纪后半期的约一个半世纪的时间里，蒙古一直是世界和时代的中心。人类和世界的发展进程自"蒙古时代"开始从根本上发生了巨大的变化。

蒙古帝国站到了欧亚世界中先后兴起又消亡的各个游牧国家、

草原帝国的最高点，而且，在蒙古时代后期，它还取得了农耕世界，并扩展到海洋世界，形成了空前的陆海兼备的巨大国家。以蒙古为中心，欧亚世界首次实现了贯通东西的连接，世界、世界史也从这时开始，形成了一个可以一览无余的整体格局。

当我们思考蒙古帝国之时可以发现，虽然有一件件已知晓的事，但还有很多未解的内容。可以说，很多事实直到今日，即使我们游遍了二十多种语言的多语种原始文献海洋，也有可能找不到其含义而只能继续漂浮其中、等待其被发现。但是，就算我们冲出所有谜团，摆在我们面前最难理解的，还是"时代"。为何人类历史会在此时突然汇聚为一个整体？仿佛之前所有的漫长岁月都是迎接这一"时代"的前奏。同时，在蒙古时代之后可以看到，"时代"在漫长的停滞期中不断下沉，只有在帖木儿王朝大放异彩的中亚地区是唯一的例外，这仿佛也是为新"时代"——"大航海时代"的出现所埋下的巨大伏笔。

关于当时蒙古是否肩负着可以称为"时代的使命"的存在，我们不得而知。但从结果来看，蒙古为人类的历史翻开了崭新的一页，无论是在宏观还是微观上，它都为发展至今的世界及其发展过程留下了不可否认的巨大影响。为这个名为"时代"的存在画一幅简单的素描，这便是本书的目的所在。

Ⅰ 时代的产物蒙古

收录在《中国历代帝后像》中的成吉思
汗肖像。该图为想象图，可能是在中国
化的基础上作成的。若是仔细查看，我
们就能发现它与忽必烈画像（第Ⅱ章扉
页）的轮廓基本相同。史上几乎没有关
于成吉思汗容貌的记载。虽然有波斯语
文献称成吉思汗的容貌是具有西方人特
征的彪形大汉形象，然而其真伪并不能
确定。

1

蒙古国的诞生

黎明之前

公元 9 ~ 10 世纪，整个欧亚大陆正处在变动的前夜，而这变动的源头就位于欧亚大陆正中央的草原上。

唐王朝在平定安史之乱后变得摇摇欲坠，而在协助唐王朝的过程中逐渐掌握了欧亚大陆东部霸权的回鹘汗国也于公元840年土崩瓦解。回鹘各部落纷纷离开蒙古高原，向欧亚大陆的其他地区迁移。此后，突厥人纷纷进入中亚、西亚以及中东地区，即历史上所说的"突厥西迁"。

其实在这之前，已经有部分突厥人广泛分布在中亚地区。但在突厥西迁之后，中亚才成为真正意义上的突厥人的世界，时至今日也不曾改变。大部分西迁的突厥人选择了信仰伊斯兰教，成为穆斯林。向西亚和中东迁移的突厥人从根本上改变了伊斯兰世界的版图，并先后建立了塞尔柱帝国、伽色尼王国、花剌子模、马木留克王朝以及奥斯曼帝国等——他们强大的军事实力使这一切都显得顺理成章。

在南亚，突厥人的伊斯兰政权掌控了印度北部的印度河—恒河平原，建立了古尔王朝、德里苏丹国（苏丹来源于阿拉伯语和波斯语中的 sultān，也有苏丹的地位、权利、王权、政权，以及君主制、支配、统治等含义）等政权，直至莫卧儿帝国而终。故而印度北部地区的政治结构与中亚相同。

在东亚，突厥人的活动也产生了很大影响，大有作为的一支是属于正统突厥人的沙陀族，而另外一支则是与蒙古人更为接近的契丹族。这两个民族在唐朝和回鹘联合的时期并没有登上政治舞台，其势力在回鹘解体、唐朝走向灭亡后才逐渐抬头。

公元 907 年，盐贼（盐在中国古代价格很高，并由国家独揽贩卖。政府将低价倒卖私盐并用武力抵抗政府取缔、有叛乱可能性的民间私密组织称为"盐贼"）出身的朱全忠结束了名存实亡的唐朝统治，自立为皇帝，建立了后梁，定都于黄河中游的开封。同时期，契丹部落联盟在耶律阿保机的带领下壮大起来，而后者也于现内蒙古翁牛特旗附近即位称帝，是为契丹帝国（契丹帝国于 947 年灭后晋，入主开封，真正开始了对中华大地的统治，成为中华民族历史的一部分。同年，契丹改国号为"辽"。）另一边，活跃于山西地区的沙陀族在其实质上的首代领袖李克用治理期间，未能击垮位于开封的朱全忠政权。但其子李存勖继承父业，在923年击败后梁后称帝，建立了后唐，正式入主中原。事实上，五代时期的后唐、后晋、后汉三个王朝都是突厥系的沙陀政权。当时的突厥人在很大程度上改变了"中国"的含义。

公元960年，北宋建立。与后唐等突厥人政权不同，北宋是由出身华北的汉族人建立的王朝。北宋成立后并没有统一中国，而是与辽形成了南北对峙的局面。当时的契丹帝国除了控制热河地区一带之外，还间接统治了蒙古高原东半部，占领了包括部分渤海沿海地区在内的东北全境以及中原北部的燕云十六州，其强大的军事实力使北宋一直处于被压制的境地。可以说，10 ~ 11世纪的欧亚大陆东部是契丹人的天地。

到了12世纪初期，由于内部分裂的主要原因，契丹帝国被金朝吞并。金朝是由发源于中国东北地区的女真族所建立的新兴国家。1125年契丹帝国解体后，半数契丹人归降金朝，或成为金朝重要的军事力量，或成为金朝的官员。

有一部分契丹人在耶律大石的率领下集结蒙古高原上的各势力，迁移到中亚地区。在之后的1132年，横贯帕米尔高原东西的新契丹帝国成立了。这个新的契丹帝国在历史上一般被称为"Kara-Khitai"，不过这并不完全准确。其实契丹人的叫法是"Kara-Khitan（哈剌契丹）"，意即"黑契丹"。"Kara-

Khitai"是这一名称的波斯语叫法，因而在伊斯兰世界的史料中出现契丹族时，都会用"Kara-Khitai"来表示。蒙古时代的中国则称这一新的契丹国为"西辽"。

在这之后，欧亚大陆中部的政治结构也发生了巨大的变化。由于耶律大石与塞尔柱帝国的桑伽在撒马尔罕附近的卡特万平原交战，欧亚大陆东西方势力的正面碰撞开始了。通过贯通亚洲东西，经营游牧生活的契丹人，或者蒙古人，站在了世界舞台之上。另外，契丹帝国虽是其典型代表，但游牧国家本身的内部构造与之前相比也变得越来越严密，这是时代的潮流。

若将目光转向同时期的西方可以看到，11世纪末期欧洲的基督教世界，有一支冠以"十字军"之美名的势力正在向东地中海沿岸袭去。十字军也并非昙花一现，其势力延续长达两个世纪之久，代表了当时世界的另一股潮流。

从东向西、从西向东——就这样，欧亚大陆的东西两半被首次真正地贯通起来，时代演变也更为波澜壮阔。但是在12世纪的欧亚大陆上，并没有存在一个真正大型的政权或是大规模的国家。可能这便是一个横亘欧亚大陆的大国将要出现的前兆。

被黑暗包围的高原

如今，这片土地被称为"蒙古高原"。但是事实上，在大元帝国一半的蒙古人退回这里并且将这里当作自己的活动场所之后，这片高原才成为名副其实的蒙古高原——这是 15 世纪之后蒙古灭亡以后的事了。

但是为了方便，我们通常把这片高原称为"蒙古高原"。蒙古高原上有欧亚大陆面积最大、质量最优的草原。早从匈奴时代开始，掌控了蒙古高原的民族就能成为欧亚大陆草原世界的代表力量。然而，自从回鹘汗国瓦解以后，蒙古高原便持续了长达约三个半世纪的分裂割据，没有一支力量能够统一蒙古高原。这也是历史上不曾有过的状态。

在这三个半世纪里，首先在蒙古高原上抬头的势力便是契丹帝国。之后金帝国的势力（虽然是间接地）也延伸到了这里，特别是东部一带。虽然在根据史料推测的区域中未出现，但"哈剌契丹"即西辽的影响力也有波及蒙古中西部的迹象。

这几个力量的兴衰似乎都显示出高原上的牧民们"害怕统一"的一面。只要有实力的势力或牧民英雄稍有出现，其他牧民就会推出另外一支力量与之抗衡，持续上演着对立抗争的戏码；如果这些对抗的行动不能奏效，就会大军北上直接与其进行战斗。软硬两方面的干涉持续不绝。

那时，高原上不断涌现出强悍的势力，但都不能长久。结果在事实上和史料表现上，高原都被黑暗所长期包围。

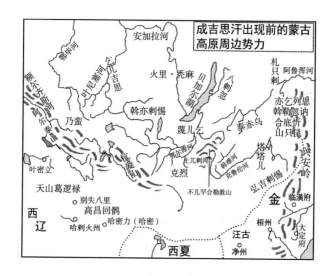

迟暮的苍狼

13 世纪，由成吉思汗率领的蒙古在这段黑暗的历史中突然崛起。

虽然次数不多，"蒙古"一词在唐朝的史料中就已经有所提及。然而成吉思汗此人却似乎被种种谜团包围，让人捉摸不透。成吉思汗本名铁木真，生于乞颜氏，即孛儿只斤氏（发源于蒙古高原东北部，是蒙古部的一支小部落）。其父为也速该·巴阿图儿，其母为诃额仑。孛儿只斤氏并非族长，只是蒙古部的一个支流，虽然不是平民，但也不是特别突出的牧民贵族。成吉思汗的血统便大抵如此。

对于成吉思汗生涯的记录，古今东西的著作汗牛充栋，但事实上其可信度都有待商榷。由于关于他的史料大多含有虚构的成分，所以很难分辨哪些是传说和创作，哪些是史实。其中，成吉思汗的子孙也编纂了一些记述其生平的著作。中文正史《元史》、以汉字记载的蒙古语著作《元朝秘史》以及用波斯语写成的蒙古正史《史集》，这三部史料是研究成吉思汗生平的基本史料，除此之外还有大量文献可供参考。其实，这些史料之间也有内容不统一之处，以成吉思汗掌权之前的阶段尤甚。

我们今天看到的相关著作，大多都是以这三部史料的其中一部或两部为基础。但要写作能作为历史研究而足以信赖的成吉思汗传，就要求研究者最少能拥有通读中文、蒙古语和波斯语资料的能力，在从根本上对这三部史料进行细致研读的基础上，还需能够搜罗出其所有相同和不同的地方，找出在何处存在何样的问题，并要对每一个细节都有清晰的认识——虽然这是研究成吉思汗的理所当然的基本要求，但遗憾的是并没有多少人能够做到这一点。因而迄今为止，该领域虽已存在不少优秀的著作和学说，但大多都是囿于研究人员和历史学家自身个性的见解、感想、评论和讲述。

然而有一件事情是确定的——各史料一致认为，成吉思汗正式登上历史舞台的时间是公元 1203 年秋，即他打败克烈部的王汗、成为蒙古高原东半部的王者时。也就是说，在那之后，他掌握了越来越多的权力，受到了来自周围地区越来越多的关注，关于这一点，各史料基本是一致的。成吉思汗于1227年逝世，后人对他的研究便集中在1203年到1227年这二十五年，也就是他作为草原王者的二十五年。

在这里，我们必须注意到这样一点：成吉思汗真正作为掌权者活跃在历史上时，已经有相当大的年纪了。关于他的出生年，史学界有1155年、1161年、1162年多种说法。综合以上三种说法，成吉思汗在1203年时便可能为四十八岁、四十二岁或四十一岁，都已经是年逾四旬的"高龄"了（另有一种说法为，成吉思汗出生于1167年，1203年时仅为三十六岁）。经营游牧生活的牧民们必须克服严苛的自然环境、进行永不停歇的游牧，所以身体衰老得特别早，四十多岁就算是"老年人"了。草原苍狼事实上是已至暮年的苍狼，这对研究成吉思汗具有不容小觑的意义。

成吉思汗的追求

小小的蒙古部为什么能够成为高原牧民联盟的中心，成吉思汗又为什么能够促成已经消失了三个半世纪的牧民联合呢？

说实话，这些问题谁都讲不清楚。迄今为止的种种观点都是掺杂着臆测的结果论。成吉思汗本人的素质再好，笼络人心的手段再高明，在那可儿①即"僚友"关系下所集结的幕僚、信臣中的向心力再强，也不能说不存在其他类似的牧民英雄。为什么只有在这个时期，由这个人率领的这样一个集团能够成为牧民联盟的中心呢？这很难解释。

成吉思汗的称霸之路上充满了大量偶然的因素。他打倒王汗靠的是奇袭。铁木真在当时应听命于王汗，这是毋庸置疑的。在王汗的推动下，蒙古高原正向着联合的方向发展，而铁木真打倒了自己的主人并夺走了这一事业的成果。不过，在铁木真率领的蒙古部幸运地打下蒙古高原东部时，大部分的高原牧民（不仅仅是东部，而是整个高原）应该都对这个领导者和他率领的蒙古部产生了期待的吧。若非如此，铁木真仅用短短两年就在这样一个对立不断的高原上一气呵成地实现统一，只能是天方夜谭。

牧民们所求为何？也许其所求正是"统一"本身。这是由生活在高原上的人们亲手完成的让高原走向统一和组织化的过程。只有这样，曾经无休止的对草场的武力争夺才会停歇。想必牧民们自己也清楚，只有他们团结起来合而为一，才能形成能与周边地域相抗衡的强大力量。

基于上述条件，已经成为高原东半部霸主的铁木真就成了

---

① 那可儿，蒙古语为 nökör，蒙元时期怯薛制度的一部分，为王汗的亲兵，速不台即成吉思汗的那可儿。——编者注

理想人选。铁木真当时虽已为领导者，有了值得尊敬的血统，但并不是可以以此狂妄自大的名门。上了年纪的铁木真饱经风雨、经验丰富，不把人分为三六九等，对"伊利"（即同伴）十分热情，调停牧民之间冲突的能力也很强。此外，蒙古部本身是一个较小的部族，后来才逐渐壮大，是一支"刚出炉"的新兴势力，也许这样一种力量反而能够成为联合的核心。

总而言之，实现高原统一的机会可能是偶然与各种条件共同作用的结果，但是高原的统一却是牧民们共同的期许，我们只能说是成吉思汗和蒙古部具备了与此相称的资格和条件。

淳朴的牧民和坏心的邻人

1221 年，南宋的使节来到了成吉思汗统治下的蒙古地区。在其撰写的《蒙鞑备录》中提到，蒙古牧民实际上是一群淳朴的人。在十一年后的 1232 年，蒙古已由前次使节到访后不久就登基的第二代大汗窝阔台统治，此时又有南宋使团来到这里。在其所写《黑鞑事略》中，也有类似的对蒙古人的描述。

由于这些正面描述出于往往会丑化游牧民族的中原士大夫之口，所以具有一定的可信度。但是在这两部书中都提到，当时善良的蒙古人正被一些"坏心"的人所操控。而两书有关成吉思汗和窝阔台等蒙古掌权者的坏话却意外之少。契丹人和女真人成为被批判的对象，在提到他们时，南宋使节的文字都会变得尖酸刻薄且毫不留情。成吉思汗的重要智囊——耶律阿海和耶律秃花两兄弟也被放在了批判的首列。另外，南宋的使者们对在窝阔台统治时期任职于中书省的耶律楚材、粘合重山等也没什么好印象，尽管他们当时只是基本无实权的必阇赤，即掌管文书的官员。

这些内容反映了一个侧面的事实。成吉思汗从铁木真时代开始，就已经网罗了一些契丹人、女真人甚至是穆斯林作为幕僚。中亚出身的札八儿·火者（"札八儿"是阿拉伯语、波斯语中"Ja'far"的讹音）等穆斯林暂且不论，契丹人和女真人是从金朝脱离出的民族，而金朝应该是蒙古的最大敌人。他们之中的相当一部分人是在铁木真一统草原的大业前途未卜时加入的，将自己的命运赌在了他身上。

在牧民统一形成之后，幕僚们向成吉思汗建言献策，促成了蒙古的对外远征。其中对金朝的远征包含了契丹人复仇的因素，这大概也是确实存在的。不过事实并不仅仅是这么简单，个人的野心也是一个很大的原因。对于他们而言，蒙古的发展是与其自身、家族和整个部族息息相关的。

在蒙古高原周围，有金帝国、西夏王国、高昌回鹘王国、葛逻禄王国以及所谓的哈剌契丹等大量"坏心"的邻人存在。蒙古的这些邻人既拥有知识和经验，又掌握着丰富的信息并建立了良好的组织。其策略、骗术以及操控人的手段是蒙古牧民所望尘莫及的。要和这类人进行对抗，就需要有这类人的同类的帮助。而将自己的未来赌在成吉思汗与蒙古身上的契丹人和女真人，也充分认识到了自己的价值。尤其是契丹人，他们的语言与蒙古语基本相同，而且在游牧民帝国统治上也是蒙古人的伟大前辈，用蒙古人的老师来称呼他们也并不为过。这些人中有的同时掌握了汉语和女真语，是会多语的"文明人"。

具有纯朴之心和优秀战斗力的战士，与富于政略、手段和野心的各种"文明人"走到一起，一同构成了世界帝国蒙古的根基。

蒙古帝国的构成

1206 年春，铁木真在斡难河上游附近的草原举行了即位仪式，拥有了"成吉思汗"之称。"成吉思"的含义众说纷纭，至今尚无定论。"汗"则是中亚突厥系与蒙古系人对"君主"的称呼。

成吉思汗即位之后，马上开始对牧民管理进行组织整编。他将处于其管辖之下的牧民重新编为九十五个千户，千户之下又有百户和十户。这种十进制的组织体系是匈奴以后草原国家的传统。在高原统一之前，塔塔儿[1]、蔑儿乞、克烈、乃蛮等诸多势力都采用过同样的组织形式。成吉思汗则是将这一组织

---

[1]　亦称"鞑靼"。——编者注

形式以便于其控制的方式进行了重新编制。同时，成吉思汗还任命了千户长。协助成吉思汗称霸的族长们直接成为千户长，有的人还同时拥有若干千户。总体而言，被任命为千户长的都是来自成吉思汗的"那可儿"。也有人是因为在成吉思汗的命令下召集起了分散在各地的本族人而被封为千户长。百户长与十户长通过千户长的推荐进行任命。

在重编千户和任命千户长的工作告一段落后，成吉思汗将子民分给了自己的族人管辖。成吉思汗的三个儿子术赤、察合台和窝阔台每人各分到四个千户。他们三人的领地位于蒙古国国的西方，地处阿尔泰山附近，因而王国右翼为诸子兀鲁思。另外，他的三个亲生弟弟合撒儿、哈赤温和斡赤斤则分别得到了一个、三个和八个千户，他们的领地位于高原东部的"金阿林"，即兴安岭附近，因而王国左翼为诸弟兀鲁思。

就这样，蒙古帝国形成了三家在东、三家在西、成吉思汗本人及其小儿子拖雷在中的格局。直属于成吉思汗的多数千户又被分给了孛儿出（在西）和木华黎（在东）两名元老。因而大体上蒙古帝国被分为了左右翼两大部分。成吉思汗又将千户长、百户长和十户长的子弟集中起来，组成名为"怯薛"的近卫军，守护分置于四个地方、被称为"斡鲁朵"[①] 的游牧宫廷帐篷群。

---

① 也作"斡鲁朵"。——编者注

由此我们可以看出，成吉思汗建造的这一王国的结构，从南面来看，最外侧是分布于左右两翼的各三个同族王，其内一层是大致可分为左右两部分的若干个千户，最内层则是成吉思汗本人以及守卫四处斡鲁朵的怯薛军。如展开左右双翅、尽情舒展的飞鹤一般的样子，就是新兴国家蒙古的形状，这也是日后元朝的雏形。

成吉思汗所建立的国家被称为"也客忙豁勒兀鲁思"，意为"大蒙古国"。这个新国家的成员虽然出身、语言、容貌都不尽相同，但都有一个共同的称谓"蒙古"。在那时，蒙古还不是一个民族的名字，只是一个国家名，所以将其理解成为由一个单一民族构成的集体实际上是错误的。大蒙古国是一个多民族的混合体，是作为多个家族兀鲁思组成的多重构造的联合体而起步的。

第一次对金战争

在新国家的组织化和内政管理基本定型后，成吉思汗迅速发动了对外战争。如果不这样做的话，很有可能因为周边国家的计谋和离间而出现通敌的情况。发动对外战争则能够满足牧民们对战利品的期待，也能够通过将刚刚统一的国家置于战备状态来保证成吉思汗本人继续对国家进行统率和控制。可以说，这是成吉思汗王国使牧民们能齐心协力的最佳手段。

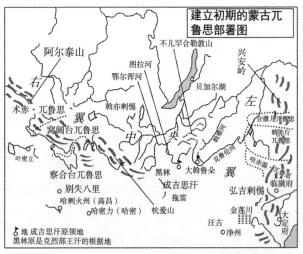

建立初期的蒙古兀鲁思部署图

阿尔泰山

不儿罕合勒敦敦山

兴安岭

图拉河

鄂尔浑河

贝加尔湖

术赤·兀鲁思

斡亦剌锡

窝阔台兀鲁思

右

翼

中

央

左

合撒儿兀鲁思

斡赤斤兀鲁思

哈赤温

叶密立

察合台兀鲁思

别失八里

哈剌火州（高昌）

哈密力（哈密）

黑林

成吉思汗

拖雷

杭爱山

大斡鲁朵

弘吉剌锡

金莲川

汪古

净州

临潢府

大定府

♣地 成吉思汗原领地
黑林原是克烈部王汗的根据地

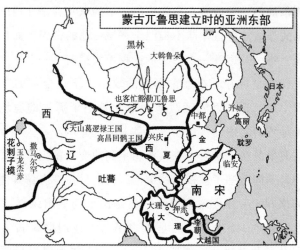

蒙古兀鲁思建立时的亚洲东部

黑林

大斡鲁朵

也客忙豁勒兀鲁思

西

辽

天山葛逻禄王国

高昌回鹘王国

撒马尔罕

玉龙杰赤

花剌子模

吐蕃

兴庆

西

夏

金

中都

开城

高丽

日本

耽罗

临安

南宋

大理

大

理

押赤

李朝

大越国

从 1211 年至 1215 年的足足长达五年的第一次对金战争是一次举国上下团结一致的大规模战争。成吉思汗仅将一小部分兵力留在蒙古本土，而将其他的军队调往蒙古戈壁的南部，以内蒙古草原为据点，展开了对金历时五年之久的持续攻击。

在战争的第一阶段，蒙古王国便将内蒙古草原和在此活动的契丹游牧军团顺利纳入麾下，这归功于耶律阿海和耶律秃花两兄弟的引荐。内蒙古草原上本属于金朝的优良牧场和健硕战马也皆被成吉思汗收入囊中。在战争的一开始，金朝就失掉了有"虎之子"美誉的战斗部队和机动力量。新加入的契丹人，也直接成为了"蒙古"本身的一部分。

战争的第二阶段是在金朝统治之下的东北、华北地区展开的滚碾式作战。蒙古军队不拘泥于一城一池的得失，而是像疾风一样，将一处席卷一空后又迅速将矛头指向下一个地方——他们进行的是掠夺。在蒙古军队的攻击之下，金朝的首都燕京，即中都（现北京城区西南一带）被陷于孤立的境地。至此，皆是意料之中的行动。

在战争的第三阶段，令人意想不到的变故发生了。蒙古军虽如预料一样包围了被孤立的中都，但之后并没有像其他战争中的进攻方式一样去攻陷城池，而是向金朝要求缔结"城下之盟"。金朝的统治者自然是求之不得，他们向蒙古人献上了宗室女子和以银两、绢匹为主的贡品，并承诺以后每年都要向蒙古缴纳这些贡品作为岁币。得到了好处的成吉思汗率领大军回到了内蒙古草原。对他而言，这些好处应该就已足够了。

然而在那之后金宣宗向南逃难到开封（定都后更名为汴京），只将前线司令部留在了中都，这明显违背了金蒙议和时的盟约。而且，当宣宗启程后，其他南迁队伍行至中都南郊的良乡时，随行的乣军发动了叛乱。由契丹以及其他多个种族构成的乣军开始进攻中都，并向成吉思汗请求支援。可能成吉思汗在发动伐金战争时，并没有想到要把金朝完全消灭，只是想给予其一定的打击，从而消灭军事上的威胁，并获得经济上的支持。但是，形势已经发生了巨大的变化。

成吉思汗面对突如其来的变动，毫不犹豫地攻陷了中都。第一次伐金战争就这样在既成功、又未完全消化战争果实的情况下拉下了帷幕。金朝则于贞祐二年（1214年）五月（年号与月份皆为阴历纪年）完全舍弃了黄河以北，向南逃亡（史称"贞祐南迁"或"贞祐南渡"）。就这样，金朝沦为了一个仅占有河南与陕西的地方政权。黄河以北的地区陷入了无政府状态，大大小小的武装势力此起彼伏。

蒙古通过这场战争得到了内蒙古草原和过去所称的"燕云十六州"。金朝的发源地满洲地区与金朝政府的联系也渐渐淡化，分布于满洲的各个势力纷纷投降蒙古。就这样，蒙古成为了亚洲东部的霸主。

向西进军！

　　成吉思汗刚刚从伐金的远征中还朝，就开始着手准备对西方的花剌子模王国的远征。1216 年，成吉思汗领兵回到蒙古戈壁以北，次年，授予出身札剌亦儿部的老将木华黎"太师""国王"的封号，并将名为"五投下"的五个强大的部落（札剌亦儿、弘吉剌惕、亦乞列思、兀鲁兀惕、忙兀惕五部）、左翼二十四个千户、新加入的契丹·幺军二十个千户交由其管辖，将现属于中国的领土委任给了他。成吉思汗本人则率领其余的部队西进。蒙古被分成两部分管辖，耶律阿海和耶律秃花两兄弟也被分开，兄长耶律阿海作为"参谋长"与成吉思汗一同向西面进军，弟弟耶律秃花作为木华黎的副将镇守东方。

　　在成吉思汗将镇守部队和进攻部队安排妥当之后，全体蒙古军队从 1216 年开始得到了两年的休整时间。为了即将展开的大远征，蒙古可谓做到了在牧民世界中可能做到的一切准备工作，并为了获得情报、施展计谋，向西方派出了通商商队。成吉思汗此番西征的目标是哈剌契丹和花剌子模。

　　但是此时，西辽国基本上已经走上了自我灭亡的道路。乃蛮部（在成吉思汗即将统一高原时被征服）王子屈出律带领一部分残存的乃蛮军于 1208 年投奔西辽国王直鲁古，并娶其女儿为妻，做了直鲁古的女婿。之后，屈出律又背叛了他的岳父，篡夺了西辽皇位。

原本信仰景教的基督徒屈出律在成为西辽国王的女婿之后，改信了契丹族的佛教。在其篡位成为国王之后，又强行推行佛教信仰。其本意可能是为了赢得契丹人的支持，但其强硬的做法却招致当地穆斯林们的集体反抗。1218 年，成吉思汗的部将哲别率领两万骑兵作为先锋进军西辽，屈出律放弃了刚到手的权力仓皇出逃，但还是在帕米尔山区被捕，后被斩首。当哲别和札八儿·火者带着屈出律的首级抵达当地各城城门之下时，当地居民们都会欢呼起来，热烈迎接他们。

东突厥自然而然地成为蒙古的领土，高昌回鹘和葛逻禄也已臣服于蒙古。特别是高昌回鹘，直接并入了蒙古，成为其一部分。已成为绿洲通商国家的高昌回鹘的人们，将其智慧与信息献给了蒙古人。与契丹人不同，畏兀儿人成了蒙古人的智囊。

绿洲的太阳——花剌子模

1077 年成立的突厥系军事政权花剌子模王朝，以锡尔河下游的花剌子模地区为根据地，在进入 13 世纪后开始了迅猛的扩张。当时的花剌子模国王阿拉乌丁·摩诃末二世若不是不幸与在成吉思汗率领下蓬勃发展的蒙古相碰撞，那么他不仅是在中亚史上，可能在伊斯兰史甚至世界史上都能留下浓墨重彩的一笔。

花剌子模曾与乃蛮部的屈出律联手背叛"老大国"西辽。在西辽逐渐失去宗主国的权威之后，花剌子模的算端摩诃末①开始活跃起来。算端摩诃末先将被称为"河中地区"（阿拉伯语原意"朝向河流的地方"）的锡尔河、阿姆河两河流域的大绿洲占领下来，接着又灭亡了位于现阿富汗地区的神秘政权——古尔王朝，进而意欲将努力圈向伊朗方面扩大，染指位于巴格达地区、正有实力恢复迹象的哈里发政权阿拔斯王朝。

①　"算端"为阿拉伯语"苏丹"音译，亦称"摩诃末苏丹"。——编者注

可以说，花剌子模王朝是伊斯兰世界一个不断壮大的明日霸主。13 世纪之初的欧亚大陆上，两个太阳正在同时升起，东有蒙古，西有花剌子模，在这样的形势下二者的激烈冲突是不可避免的。

1219 年秋，成吉思汗令末弟斡赤斤镇守蒙古高原，自己则率领军队迈上了向西的征程。这次西征的导火索发生在一年之前：1218 年，成吉思汗派出的商队行至花剌子模东部边境的讹答剌①时，全部人马尽遭屠杀——这是一直以来的定论，也就是说，成吉思汗的西征是一次报复性的行动。但是，这实际上是一种误解。在前文中我们曾经提到，成吉思汗在伐金战争结束后刚刚回朝（1216 年），就开始着手策划西征。对哈剌契丹和花剌子模的进攻是一气呵成的，这在拉施特的《史集》中也有记载。被屠杀的商队实际上是成吉思汗派来刺探敌情的间谍团，花剌子模将其全部消灭也在情理之中。

蒙古人的进攻取得了压倒性的优势，蒙古军队遵从事前制定的计划，有条不紊地包围攻陷了花剌子模边境的一个个城市和要塞。

与此相对，算端摩诃末采用的基本战略是专守防卫。即，将兵力分散分别镇守在各个城市。这一战略一直受到伊斯兰史学家的强烈批判。可采取如此下策也是无奈之举。

---

① 一作"兀都剌儿"。——译者注

摩诃末能够带领花剌子模如此迅猛地崛起，得益于活跃于咸海北方剽悍的游牧民族，即突厥系康里人的武力。然而，康里人仰仗和直接听命的是摩诃末的生母、同样身为康里人的秃儿罕可敦。花剌子模内部，实际上分裂出了摩诃末及其母亲所代表的两方面势力。所以摩诃末害怕的是将军队集结在一起这件事本身——他害怕康里人会掀起兵变。但这也成了花剌子模王朝的致命伤。蒙古人通过周全的信息收集和地下工作，明白了花剌子模只是"纸老虎"，从而对其进行了彻底的内部分裂。在当时，蒙古人的计谋甚至算计到了秃儿罕可敦。

蒙古军队利用骑兵将战争引入持久战，趁敌方疲惫撤退时再一举反攻将其歼灭。蒙古人通过这样的战术瓦解了摩诃末获胜的希望。在攻城战上，蒙古人也展示出了良好的应对能力。见识了这一点的摩诃末于 1220 年 4 月放弃了之前从喀喇汗国后裔手中夺来的、刚刚作为首都的撒马尔罕城，越过阿姆河独自向西逃亡。算端摩诃末还向分散在各地的儿子们下达了撤退的命令。如此惊人的快速撤退也可能是一种战术撤退。蒙古军队并没有向阿姆河以南进发，而是选择向西，展开了游击战。

但是国王自身极为异常的逃亡却导致了"寄木细工"[①] 式

[①] 寄木细工：日语名词（よせぎざいく），是日本神奈川县箱根地区的一种传统工艺，这种工艺是将许多种类不同的木材组合在一起，利用其原本颜色、样式绘制的木艺，在此指代花剌子模王朝是各种势力的拼凑物。——编者注

的花剌子模的瓦解。蒙古军队在战争开始后短短一年半多的时间里，就把花剌子模的势力驱逐出了河中地区。

蒙古并未进行"破坏"？

西征的战场逐渐转移到伊朗东部的呼罗珊、阿富汗地区，但是在这里，蒙古军队的行动却变得奇怪起来。蒙古人的军队似乎失去了计划性，突然一变，开始了无意义的战斗、攻击和杀戮。这恐怕是因为其情报调查工作做得不够，反而被逃亡的花剌子模军队牵着鼻子，糊里糊涂地陷入了此种境地。成吉思汗在呼罗珊地区的战斗陷入了困境。

与此同时，蒙古军队还对平民展开了大屠杀。伊斯兰的史书中记载到，蒙古人在当地各处展开了数以百万计的屠杀。这种认识被人们盲信，是蒙古人一直被称为"屠杀者""文明破坏者"的来源。

但其实，当时该地区并没有如此众多的人口。在伊斯兰的史书中，数字表记多用一位数或两位数，本身带有估计的性质。有人认为伊斯兰的史书中记载了大量由蒙古人统计的数据因而较为可信，但这一说法并不准确。在当时的军事故事中，"破坏"和"杀戮"并不是罪恶，反而是军功的体现，所以尽其所能地夸大也是理所当然的。要知道，人权是近现代社会才产生的概念。

说起来蒙古人本身就用"大屠杀""大破坏"进行造势，希望通过散播其恐怖的形象来达到不战而屈人之兵的目的，是一种刻意为之的"恐怖战略"。当然，蒙古人的确进行过破坏和杀戮，但并不是像人们之前所说的那样穷凶极恶。最重要的理由是，如果真的杀光毁尽，之后要如何是好？得到一片只有废墟和尸骸的土地对蒙古人来说也没有什么好处。

事实上，中亚地区在蒙古军入侵之后依然保持着繁荣。已被"破坏殆尽"的赫拉特和内沙布尔从蒙古时代到后来的帖

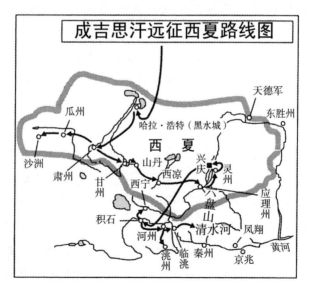

成吉思汗远征西夏路线图

木儿王朝都依旧存在。不过，认为这些城市实际上都是先被破坏又被重建的这种异议或许也有保留的余地。由于文献和遗迹两方面的数据本身就存在不确定性，所以要将两者完全整合起来得出一个完全准确的结论是非常困难的，尚无定论也在情理之中。

1222 年夏，成吉思汗明白自己很难在呼罗珊地区取得战斗的完全胜利，于是命令全军撤退，缓慢地向蒙古本土返回。抵达大斡鲁朵时已经是 1225 年阴历二月了。

河中地区被委任给耶律阿海管辖，他入住了算端摩诃末的王宫，在那儿进行指挥。而算端摩诃末逃亡之后，于 1220 年 12 月，在只有寥寥几名随从的陪伴下去世于里海中的一个小岛上，可谓是一个欲为英雄却壮志未酬的人物。

青草芬芳的帝国

成吉思汗的动作一直很迅速——一般来说，大远征前后都会留出两年的准备和休息时间，可在 1226 年，成吉思汗又马上发动了对西夏国的远征，而且他又站在了最前线。此番出兵的理由是西夏国之前拒绝跟随蒙古参加西征。

此次出兵西夏，给后人留下了许多未解之谜。首先是成吉思汗本人的行动让人不解。当蒙古军队攻陷了西夏的各个城池，并包围了西夏位于黄河畔的王城兴庆府时，成吉思汗本人

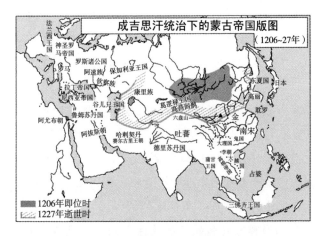

成吉思汗统治下的蒙古帝国版图
（1206~27年）

法兰西王国
神圣罗马帝国
罗斯诸公国
罗马
拉丁帝国
尼西亚帝国
鲁姆苏丹国
阿尤布朝
阿拔斯朝
钦察族
康里族
谷儿只王国
哈剌契丹
赛尔柱里王朝
德里苏丹国
葛逻禄诸国
高昌回鹘
六盘山
吐蕃
大理国
鬼国
蒲甘王国
东夏国
日本
高丽
乣里
金
南宋
李朝
大越
占婆
三佛齐王国

■ 1206年即位时
▨ 1227年逝世时

窝阔台统治下的蒙古帝国版图
（1229~41年）

法兰西王国
神圣罗马帝国
德意志骑士团领地
罗马
拉丁帝国
尼西亚帝国
鲁姆苏丹国
小亚美尼亚王国
阿尤布朝
阿拔斯朝
钦察族
阿速族
保加利亚王国
康里族
哈剌契丹
赛尔柱里王朝
德里苏丹国
吐蕃
日本
高丽
乣里
南宋
大理国
陈朝
大越
三佛齐王国

■ 直接控制区域
▨ 可视为被控制中的区域

却选择了南下，在六盘山南麓扎营。有人认为成吉思汗此举意在"避暑"。被称为"蒙古正史"的《史集》记载，此时的成吉思汗是出于某种原因而向"南家思"，即中国南面的南宋进发，在途中于六盘山夏营休息。至于这种说法的真假，就无从考证了。

1227年中秋，成吉思汗病逝于六盘山南麓的清水河附近。三天后，西夏国都开城投降。

成吉思汗终归是草原世界的王者，而且他也尽力做到一名王者应做之事。为此，他大量引入契丹帝国的组织方式与政治体系到蒙古，并将蒙古帝国的领土向东西两方扩张。耶律阿保机和耶律大石就是成吉思汗的榜样。像驿传制度［蒙古语称"站（Jam）"，突厥语称"扎麻（Yam）"，指在每个驿站更换马匹、传达上命的制度。后来逐渐发展成了使用牛、骆驼、狗拉雪橇、船只等方式进行通信、交通、运输的网络。另外，驿传制度也常被称为"站赤"，其本意为在驿站工作的人员］等诸多后来被成熟沿用的蒙古帝国制度，在成吉思汗时代就已经显露出了萌芽。

即便这样，成吉思汗在有生之年也仅仅进行了"征服"的大业。在成吉思汗领导的时期，蒙古是一个洋溢着青草芬芳的帝国，但它将何去何从还尚不明了。

2

征服世界的道路

疑团密布的继承人选择

成吉思汗去世后的两年间，拖雷行使监国的大权，成为拥有一百零一个千户的庞大"中央兀鲁思"的主人。之后，蒙古人召开了库力台大会，即蒙古的国会。一般认为，窝阔台是在这次大会上被一致推戴为第二代大汗的，但其中存在疑点。

窝阔台的优点是成熟稳重，可并没有什么特别拔尖的地方，甚至可以说是"平庸"。很难想象蒙古人竟将窝阔台视为一代天骄成吉思汗死后足以背负蒙古命运的人物，将他推举为大汗。

政治上，窝阔台继承父业也显得困难重重。当时蒙古本土及牧民基本都已在拖雷的管辖之下，而窝阔台自己仅仅握有四个千户，领地也只有叶密立、霍博之间的牧地。窝阔台若要成为大汗，就必须让他的弟弟拖雷将蒙古本土及中央兀鲁思让给自己。蒙古并没有特别固定的继承制度，大致的倾向是在家长继承上是实力主义，而在家产继承上则是幼子比较有利。

东西方的史书在讲到这一段政权交替时，都将其美称为"让国"。但其描述都显得极不流畅、不自然。西征过程中曾与大哥术赤（争夺皇位时已去世）围绕汗位继承权起过激烈争执的、个性强烈而富有野心的察合台，在此时推荐其沉稳老实的三弟窝阔台为汗，并阻挠优秀又有实力的四弟拖雷成为继承人——也许这才是事实的真相。察合台由于与术赤产生过冲突，自己争取汗位已是不可能。而且察合台待人过于严厉，缺少关键的声望，并不适合成为一名领袖。

不过无论怎样，窝阔台在 1229 年，是"经由推举"成为了新的大汗。

引人注目的第二次伐金战争

伟大的创始人成吉思汗逝世后，蒙古这一仅有二十五年历史的牧民联合体将何去何从？对此，其周围势力给予了关注。或许它会出乎意料地就这样平淡地走向灭亡？新的窝阔台政权选择攻伐已被逼到黄河以南的金朝来作为自己出发的第一步。

蒙古第二次伐金战争引起了亚洲东方各国的注意。

　　站在蒙古帝国最顶层的四名领导者悉数到齐，共同计划参与了这次战争。原本守卫在帝国西方的察合台接手了蒙古帝国本土。拖雷率领右翼军队，经由陕西省绕大圈迂回到金国首都开封以南。新登基的窝阔台则率领中军从山西南下，压制敌军正面的黄河防线。左翼王之一的斡赤斤率领左翼军队，经由河北沿黄河中游南下，从山东一侧逼近开封。蒙古军此举，意在将倚赖黄河进行守卫的金朝从北、南、东三方进行包围并歼灭。

　　然而金朝并没有束手就擒。金国人将一切能利用的军队纠集起来，集中安排在潼关到开封之间，其军队人数大约有30万。而蒙古一方投入战争的实际兵力合计起来只有10万，所以这必然是一次惨烈的战争。蒙古军直接进入兵粮充足、防守严密的的敌方心脏，并要设法将其消灭，着实不易。

　　窝阔台的新政权，在此选择了一条孤注一掷的作战路线。也只有这样，才能努力达到团结新政权内部各方势力的目的。

人口压力作战

　　从1230年开始的战斗中，背负了最艰巨任务的正是拖雷率领的右翼军。原本镇守在陕西据点城市京兆（今西安）的金军被打散后，分头逃入了陕西、河南、四川交界处的山区。

金国的军队边打边走，跋山涉水，越过重重险阻，希望能够找到一条通往开封南方的突破口。

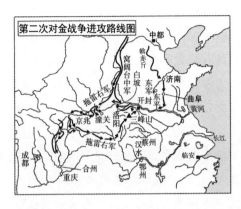

窝阔台率领的部队不紧不慢地拿下山西之后，到达了黄河北岸。可是他们只是按兵不动等待引出南岸的金朝大部队，静待时间流逝。

斡赤斤率领的左翼部队的行动也让人摸不着头脑。他们从太行山以东的华北平原缓缓南下，速度慢得惊人，像是赶羊一样。斡赤斤与左翼军的行动让黄河以北的人们感到不安——一直像疾风一样袭来又像疾风一样离去的蒙古军队，现在竟然这样不紧不慢一点一点地逼近。

蒙古军的异样很快就被添油加醋地在华北平原传开。除了处于与蒙古结好的势力庇护下的人以外，其他人都陆续跨过黄河逃往开封地区。就这样，开封内外的人口急剧膨胀，最保守的估计也要达到 300 万，实际恐怕超过了 500 万。这样一来，开封地区瞬间出现了口粮不足和社会动荡的问题。本来军粮充足的金国一下变得揭不开锅，人口压力骤然产生。原本金国的首脑们还指望，即使蒙古人突破了黄河，也能够将他们引入瓮中，靠军队的数量优势以肉搏战来一决胜负，但现在幻想破灭了。金军在与外敌战斗之前，就不得不要先与饥饿这一内敌进行战斗了。

金朝政府在接到拖雷率领的右翼军已经渡过汉水的报告后，便马不停蹄地将留守在黄河南岸的二十万主力军队火速调往南方以保卫国都。而窝阔台的大军则趁虚从白坡在敌人眼前强行渡过黄河。战局一下紧张起来。

拖雷的军队和金军主力正面碰撞，相互纠缠着逐渐北上而去。时值 1232 年农历正月，正好有一股寒流自北南下。完颜哈达率领的约十五万金军与拖雷的右翼军在开封西南郊、钧州三峰山展开了会战。有的史书上记载当时拖雷的军队有四万人，还有的记载其数量为一万三千人。处于人口劣势的蒙古军队竟然放弃了骑兵进攻，挖起了战壕，将战马与士兵藏于其中。背水一战的金军奋力进攻，但还是无法抵抗饥饿和寒冷，逐渐耗尽了体力。蒙古军则转入反攻，金军被赶尽杀绝。经此一役，金军主力全部覆灭。

此后，窝阔台和拖雷各自率领的两支军队会师。失去了主力的金军毫无抵抗之力，留给他们的只有空养庞大人口、孤立在河南平原上的开封。

新汗窝阔台与拖雷北归之后，只留兀良哈部老将速不台和许兀慎部将领塔察儿率领的小部分军队去守开封城。他们认为这样就足够了。后有记载称开封城内发生了疫病，棺椁数高达九十万。但在木材匮乏的华北棺木价格较高，所以实际的死亡人数远远高于九十万。

逃出开封的金王室在两年后的 1234 年农历一月，行至南宋边境的蔡州时，被蒙古和南宋联军消灭。但事实上，三峰山会战的失利就已经表明金朝气数已尽。

被杜撰出的美谈

蒙古人在伐金战争中取得了近乎完美的胜利。通过这一胜利，蒙古向内外昭示，即使在少有的英杰成吉思汗去世以后，他们也是一个不可撼动、延续不绝的政权，拥有一支无敌的军队。

毫无疑问，伐金战争的英雄是拖雷。新称汗的窝阔台基本没有参与实战。在后方支援的察合台自不必说，率领左翼军队的斡赤斤虽的确通过人口压力作战为整次战争写下了胜利的伏笔，但他基本上只是把军队留在黄河另一边，没有渡河赴险地作战。四名巨头的立场在战争中明朗起来。

然而，三峰山之战的英雄拖雷在与兄长北还途中，在刚行至蒙古高原时，竟不可思议地去世了。彼时距三峰山之战只有短短八个月的时间。有说法称拖雷是代兄而死。即窝阔台得病后，拖雷自愿成为他的替身，于是，拖雷在将酒杯中的除疾之水一饮而尽之后就意识不清，随即撒手人寰。这真是奇妙的"美谈"。在之前的"让国"一事中，东西方史书中对拖雷和窝阔台的叙述就显得不自然。而在后来拖雷暴毙的记录中，被杜撰出的"美谈"也存在疑点。

东方的中国正史之一《元史》是在明朝成书的。不过这是在与元朝斗争仍在继续的情况下，明洪武帝朱元璋出于宣扬元朝已亡的政治目的，下令用较短时间勉强编写而成的。其基本上是将作为元帝国记录的各类实录以及《经世大典》等集合起来的粗略抄本，内容上也是直接引用照写忽必烈王朝的观点。另外，西方的"蒙古正史"《史集》是由旭烈兀王朝编纂的。忽必烈也好，旭烈兀也好，都是拖雷的后代，无论哪一方都不想将自己的父亲与二代大汗窝阔台的争执写入史书。

拖雷一门为了"蒙古共同体"而大度让国，拖雷自己又为了兄长窝阔台汗而牺牲了自己。为了"蒙古共同体"他们可谓是鞠躬尽瘁。然而，窝阔台一门在窝阔台死后将权力私有化，并将蒙古共同体的发展引入了歧途。因而第三代大汗贵由（窝阔台庶长子）殁后，拖雷的嫡子蒙哥成为新的大汗也显得理所当然。随后自然就有了忽必烈王朝和旭烈兀王朝的存在——这种"好像就是如此"式的设定，在《史集》与《元史》中都有记载。

这些记录的虚构性非常明显，恐怕这是忽必烈政权和旭烈兀政权共有的、达成一致的想法。这两个政权在后来展开的帝国权力争夺中成为最终的胜利者，没有必要特地去批判抹黑在执政过程中没有出现大的失误的窝阔台。正式地表明拖雷是因窝阔台而"被消失"，对维护"蒙古联合体"这一方针原则只会起反作用。

总的来说，《元史》和《史集》这两本正史都是根据后来的情况，以蒙古向由忽必烈王朝为中心的宏大世界性联邦发展的这样一种认识为基础而写作的。而且这两本史书都不是私人编纂，而是国家编纂。无论是作为《元史》编纂来源的成吉思汗至忽必烈时期的实录，还是《史集》，其编纂时期基本一致。两书都可以说是完全正当的，或者更准确地说，是完全正统的史书。

消灭了妨碍者的三头体制

在伐金战争结束后，拖雷的实力、名声、功绩都超过了另外三个巨头。对他们来说，拖雷实在是一个极大的妨碍者。只要拖雷活着，如果得不到他的支持，那么他们就什么都做不成。

就在此时，拖雷非常"合时宜"地消失了。对其他三人来说，拖雷死的正是时候。从历史进程来看，这也是毋庸置疑的事实。从那之后的大约十年间，蒙古帝国在实际上延续着窝阔台在中、斡赤斤在东、察合台在西的三巨头存在的一种三驾马车体制。

斡赤斤作为蒙古帝国中辈分最高的长老，掌握着合撒儿、哈赤温以及自己一家在内的"东方三王族"。不仅如此，他还觊觎着以继承了成吉思汗时期的元老木华黎血脉的札剌亦儿国王[①]一家马首是瞻的左翼全体势力，甚至是包括各个契丹军团以及当

---

① 木华黎为札剌亦儿部出身，成吉思汗封他为国王时，曾下令其子孙传国，世世无绝。木华黎死后其子孛鲁袭国王位。木华黎后被追谥为忠武鲁国王。——编者注

地汉族势力在内的整个蒙古东部。

另外，察合台毫无忌惮地向所有人夸耀自己是窝阔台无条件的后盾，并频频到弟弟的领地去。察合台虽然名义上不是大汗，却能自由地操纵政权。而且从天山山脉的大本营到西侧国境线之间的蒙古领土，有一半都在察合台的管辖之下。

拖雷去世后，窝阔台也不再畏惧其影响，成为实至名归的蒙古大汗，确立了不可动摇的地位。像是在等待拖雷之死一般，窝阔台在此之后一个接一个地推出了一些新政策，蒙古帝国进入了新的时代。

草原的首都

1235 年，窝阔台政权在蒙古高原的中央建立了都城哈拉和林。哈拉和林的语义是"黑圆石"。这里是蒙古的第一个首都。

鄂尔浑河上游流经的这片土地正好是蒙古高原的正中央，贯通高原东西南北的道路在此交汇。自古以来这里便是历代游牧国家的根据地和大本营。匈奴单于的王庭、突厥可汗的本营都设于此。回鹘汗国时期，"斡鲁朵八里"，即被称为"本营之城"的都城也建造在这里。那些城墙的遗址和建筑结构，留存到了蒙古时期。无论从地形地势还是历史事实上，这里作为以蒙古高原为基地的草原国家的政治中心都是再合适不过的了。成吉思汗时代的指挥中心不断移动，但哈拉和林地区是最为重要的一处据点。

然而，从城市规模上讲，窝阔台时代的哈拉和林都城并不算大。1948～1949 年由吉谢列夫领导的苏蒙联合挖掘考古结果表明，哈拉和林的城市形状是一个南北较长的倒梯形——南北长约 2500 米，东西宽约 1500 米。不过受制于当时的情况，这次考察只能算是一次极不充分的预备调查。今后的正式调查中，也应与既有的大量文献做对比。

哈拉和林的居民不多，但维持蒙古政权中央机能的人和物却面面俱到，它是聚集精华于一点的、小型而又充实的城市，也是一个纯人工的城市。如果没有蒙古政权，就不会有哈拉和林这样一个政治都市。此外，哈拉和林是一个多人种、多文化的混合城市，反映出蒙古帝国领域之广。

通往蒙古帝国各地的驿传线路由哈拉和林伸展而出。当然，窝阔台最先铺设的是朝向天山山脉的伊犁溪谷中的驿传线——那里是他最亲密的兄长察合台的据点。察合台则凭借着驿传线路频繁来往于都城和自己的大本营之间。

中书省①的实貌

哈拉和林是帝国控制的中心。以窝阔台时期的元老、蒙古

---

① 窝阔台时期仿中原官制，将掌文书等事的必阇赤机构改称"中书省"。——编者注

武将亦勒该那颜为首的执行部门负责组建帝国的各个职能机关。各种财务与行政机构开始逐渐形成。

兼行财政职权的中书省首届领导是畏兀儿人镇海，负责帝国西方财政和行政的是出身花剌子模的马合木·牙剌瓦赤，负责东方财政和行政的则是契丹族的耶律楚材和女真族的粘合重山。可见中书省的官员构成多民族的。大汗的命令在这里被写成文书后再送往全国各地。

但若用如今的眼光将这个兼有财政部职能的中书省过于放大的话，那是很危险的。在当时当权的蒙古人眼中，中书省的人不论优劣，都只是承担整理文书和账目工作的"下手"而已。他们的地位和立场都比较低微，并不稳固，更谈不上是所谓的"大脑"了，即使他们有时在波斯语文献中被称作"维齐儿（Wazīr）"，或在汉语文献中被记作"宰相"。这种记载是由于在当时的文献记录者所在的文化体系中，并不存在他们这样的角色，所以只能在加上一些夸张和奉承成分的基础上，用上述词语来表达他们的存在。因此，这些称呼只代表他们的职务，并不能代表他们的地位（在汉文的记录中，也有实事求是地称他们为"令史"，即下级的事务性官职的情况）。而蒙古人则将他们统称为"必阇赤"，即"记录的人"或"书记员"。

表象与实际相差明显的一个例子就是耶律楚材。他平时用与现实反差较大的汉式称号"中书相公""领中书"等自称，但在稍明实情的人面前就谦称"中书侍郎"。可在成吉思汗时期，他只不过是一名"占师"。到了窝阔台掌权的时期，蒙古开始正式统治华北地区。出身于契丹王族末流的耶律楚材凭借与耶律阿海、耶律秃花、石抹也先、石抹明安等人所创立的强大契丹系军事集团之间的亲密关系，得以负责华北方面特别是河北、山西、山东地区的文教和税收等事务。

先不论故事创作或已有印象如何，现实中的耶律楚材是个爱慕名号虚荣、稍显乖僻的人，也会有些故弄玄虚的举动和言论。在中国传统上，只有皇太子或其他极端重要的人作为名义上的政府代表时才会被授予"中书令"。耶律楚材对自己得不到的"中书令"之类的称呼和来自华北汉族文人的奉承，会感到特别的欣喜。另外，他与粘合重山会得意洋洋地用"中书相公"——意即"中书的大臣"——自称，还爱用"位极人臣"形容自己。然而与他向汉文化圈的人展示出的傲慢和尊大相比，其悲哀与无力其实更甚。他的名字在《史集》等波斯语文献中都没有出现，这也实属无可奈何——根本没有记载他的必要。在前后十年左右的时间里，耶律楚材狐假虎威，周旋在华北汉人与蒙古人之间。在窝阔台掌权末期及其殁后，耶律楚材得不到重用，在失意中郁郁而亡。他的人生如同反讽一般反映了中书省的实貌。

大汗的命令和指示在哈拉和林的中书省变成书面的文件，由耶律楚材和粘合重山掌管文件的汉译工作。然而，若没有担任首席的镇海在末尾用畏兀儿文字进行附书，就没有任何效用。由此可见，中书省所谓的"大权"全都掌握在镇海的手中。镇海的职位权限横亘蒙古东西各处，他的名字和事迹在波斯语以及汉语文献中都有记载。贵由当政时期来访蒙古的罗马教皇使者柏朗嘉宾在其旅行报告中，也明确地将镇海当作政府首相一类的人物。

中央与地方

在哈拉和林的蒙古中央政府设有兼司财政厅职能的中书省，在华北、中亚、伊朗三大块领地上则分设总督府[①]，直接处于中央政府的领导之下。中央政府以窝阔台的元老与亲信为核心，辅设非蒙古人的事务处理机关。各地方的总督府也参照中央，由各自的驻军总部和中央财政厅直接派遣的税务和民政负责人共同构成。

话虽如此，但其实这些总督府最根本的目的是征收税务。或者说是为了强制征税并防止地方因为征税而发生叛乱，在各自地区的各种军队之上设置军政管理总部，提供税务工作所需要的武力保障。

通过以上的种种形式，窝阔台时期的蒙古帝国真正开始了

---

① 此处及后文"总督府"皆为日文直译，通常华北所设的机构被称为"燕京行省"，西域则多译为"阿姆河等地行省"。——编者注

对各占领地区的掌控。在正式的操作中，占据总督府领导层的大多并不是蒙古人，而是与纯种蒙古人相比较为"低下"，但在本民族中较有实力的畏兀儿人和契丹人。这些总督府的官员加上中央派遣的伊朗系穆斯林财务官僚，又从当地有实力的人中选拔人才构成了下层组织。纯种的蒙古人自身并不直接管理行政与财务，并自矜于此。蒙古人归根结底是马背上的民族，对于除了军事和政治以外的繁琐细碎的"小事"，他们并不在意。

像这样的系统只不过是将一个一个的点联系起来，但连接中央和地方之间的人事组织建设总归是成立了。这与后来的大元帝国相比略显幼稚，但毕竟是初具雏形的统治机构。

在那之后，大汗窝阔台除了在首都哈拉和林一带的宿营地和行宫居住过之外，再没有离开过哈拉和林地区。事实上，他们每天几乎都在游玩、狩猎和酒宴中度日。

话虽如此，蒙古帝国还是得以维续，并获得了一定的发展。经过组织化的蒙古，军事力量十分强劲。蒙古帝国像是某种自动的机器一样，其以战争为自身追求目的的组织不断任意地进行扩大再生产。人类交流的范围和领域也随着蒙古帝国的战争扩张而急速扩大。

重编华北

1235 年，蒙古帝国的新都城哈拉和林正处于营建之中。

在这一年，蒙古帝国的皇族和将领们在都城近郊的营地里召开了库力台大会。这次会议从春天一直延续到当年的秋天，会场也随季节在京畿的春营地、夏营地和秋营地转移。

这次大会的议题之一就是如何处理金朝灭亡后中国北方的领土。经大会推举选拔，由精于计算的失吉忽秃忽在同年于中国北部组织展开了人口调查，并依此编制了户籍名册。根据这一年的干支纪年，此次人口调查被称为"乙未年籍"。

当时的问题在于如何使以蒙古战利品分配的大原则以及这次户籍调查为基础进行的分配，能够满足蒙古皇室、族长和各个将领的要求，让他们都能在华北分到一份自己满意数量的属民和领地。可这并不是一件简单的事情。从蒙古的传统上来看，当一名将领带领军队攻陷城池或村落时，被攻陷的土地和人口就可以归这名将领管辖。所以在当时，华北地区的势力早已错综复杂。

最后，中国北方还是按照蒙古帝国向来左、中、右三分的原则被分给了帝国的将领和王族。其中东方的山东地区被分给了东方三王族和五投下的左翼势力，中部的河北、河南地区被分给了以窝阔台和拖雷两大家族为首的中央兀鲁思的诸王与将领，西部的山西地区则被分给了右翼的王族术赤和察合台等家族。分配的标准与成吉思汗立国时候一样，都是以千户为单位。大致上王族的人得到的千户都是十的倍数，将领得到的千户数量则是五的倍数。如果是有功勋特别显著或者特殊恩典的情况，得到的千户就会加倍。

与此同时，华北各地层出不穷的当地汉族武装势力也被重新整合了。中小努力集团被归入更大的势力集团之中，各地的势力范围也发生了大幅的变动。这在当时被称为"画境"。

"画境"的结果是在蒙古的权威之下，华北地区出现了许多大军阀，如保定有张氏，真定有史氏，东平有严氏，济南有张氏，益都有李氏。这些大军阀的势力范围与蒙古领主的领地产生了重叠。华北一带呈现出蒙古分封势力和当地军阀势力并存的双重权力状态。不管情愿不情愿，这两重势力在华北各地不得不展开较深层次的来往。有的地方呈现出了交织融合，有的地方则出现了冲突与对立。

这次华北人口领属权的重新整合于1236年正式实施，史称"丙申分封"。而在此基础上在华北出现的这种势力分布的新状态直到三十年后忽必烈当政时才逐渐被正式承认。这与金

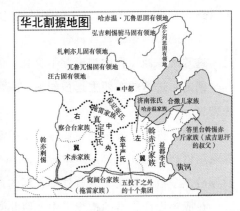

朝之前的行政区划、地方制度基本没有关系，是一种先成为既定事实，再在形式上加以强化的实现过程。

世界战略

1235 年库力台大会的另外一大议题便是向东西两方的大远征。

几乎在与对金战争的同时，在东方，窝阔台的庶长子贵由率领一支军队向东进发，灭掉了以东北地区的图们江流域为中心、由女真族的蒲鲜万奴创立的东夏国。在西方，花剌子模王朝的最后一个君王札兰丁（算端摩诃末之子）为了重振势力开始在今伊朗西北一带活动。为此，窝阔台于 1229 年派部将绰儿马罕率三万"探马赤军"进行西征（探马赤军在波斯语中被称为 lashkar-i Tamā，这种部队是为了驻扎于前线而特别进行编制的，多是多部族混合的军队）。

这两次东西出征的规模并不算大。但若是考虑到这是在吞并金朝之后进行的东西大远征的话，其规模远比上一次远征更为宏大。

当时蒙古西征的目的主要是完全控制钦察草原，即当时世界通用语波斯语中的دشـــــــتقپچاق、Dasht-i Qipchāq。在完成这一目标后，蒙古的目光又会放到更往西的地方。

在成吉思汗原本的构想之中，西北欧亚大陆是将要分封给长子术赤的领地。西方三王族中，术赤的领地之所以被划在最西北边的额尔齐斯河附近，大概也是出于这样的考虑。不过术赤在西征花剌子模王朝的后半阶段，率领部队行军到锡尔河以北、现阿富汗一带即将大展身手时，却突然去世了。

因而这次西征也有完成术赤未竟事业的一层意思。担任远征军总司令的则是术赤的次子、当时作为术赤一家之主的拔都。术赤的长子斡儿答由于体弱多病，所以负责镇守其父生前所管辖的钦察汗国，并把家主的位子让给了二弟拔都。恐怕斡儿答这个名字也是表示守护父亲主账（蒙古语称斡鲁朵）的一个绰号。

除了拔都所率领的术赤家的诸王之外，察合台、窝阔台、拖雷各王家的长子或其他较重要的王子也参与了西征。后来成为蒙古可汗的贵由（窝阔台之子）、蒙哥（拖雷之子）也在这次战役中扮演了重要角色。

另外，辅佐这些成吉思家族的王子、实际上扮演了主将角色的则是老将速不台。十五年前，在成吉思汗西征时，速不台奉命抓捕花剌子模的算端摩诃末，与部将哲别一起率领两万骑兵从阿塞拜疆一直长驱直入罗斯（今俄罗斯）。他是成吉思汗"四獒"之一，也是蒙古帝国屈指可数的战斗指挥官，同时又具备西征花剌子模的经验，熟悉当地的地形和政治状况，这次由他来担任副将再合适不过。

这次西征在历史上被称为"俄国、东欧远征"①，是一次

---

① 即"长子西征"，或"拔都西征"。——编者注

非常有名的远征。与此齐名的还有蒙古对南宋的远征。

蒙古南征南宋主要由帝国东方的诸势力出兵。担任总司令的是窝阔台的第三子，也是被窝阔台拟立为继承人的阔出太子。阔出率领中央军由汉水南下，窝阔台的次子、受封西夏故地的阔端则率领西路军从甘肃、陕西交界的地方深入四川。剩下的东路军由哈赤温家的按赤台率其领辖的左翼势力组成，其跨越势力交错的华北，自山东南下。这次作战采用的依然是蒙古传统的左中右三军式进攻。

西征的拔都和南征的阔出，以及参与这两次远征中的各位王子，已经是成吉思汗的孙子一代。大汗窝阔台自不必说，察合台与斡赤斤也都没有直接参与这两次征讨，只是在首都哈拉和林通过驿传线路远程控制蒙古军队。

通过这次东西两大远征，蒙古终于开始具备了一点点可以被称为世界战略的意识。

蒙古军队中的少年部队

成吉思汗时代采用的作战方式是"民族移动"，即生活在蒙古高原上的一个千户全体参与战斗，并随着战斗进行迁移。而到了拔都西征时，在长久持续的远距离对外征伐中，就很少再采用这种方式了。主力军从草原牧民中选拔——例如每十户中挑选两名年轻人组成军队。

蒙古远征军的主力是少年部队。出发时，有许多士兵都是十到十五岁的少年。在漫长的远征过程中，经过种种考验和实地训练，他们终于成为素质优良的成年战士。蒙古远征军各部队的指挥官都是手段丰富的老手，而士兵则大多是年纪轻、行动快的人。所以蒙古部队的军事动作也十分迅速。这些少年士兵坦率温顺，也十分听从指挥官们的指令。而且他们大多没有妻室儿女，顾虑较少，能很快适应远征的环境。与中年士兵和老年士兵相比，他们为了战斗的胜利更能吃苦、更为卖力。对这些少年士兵而言，远征也是他们人生征程的开端。

这种作战方式的改变使得蒙古本土的千户群得以保存。大家可能会担心，用这样征兵的方式进行远征，次数一多的话，在蒙古高原生活的成年男子不就会越来越少了吗？但事实上，我们并不需要有这样的顾虑。

蒙古的远征军部队经常会在征服的地方定居下来。出征时的青少年长大成人，并在那里有了自己的后代，但作为"蒙古人"应有的东西依旧存在。他们的兄妹家人和一族亲属还在遥远的蒙古高原上，他们心中所系的依然是故乡蒙古高原。随着帝国的不断扩张，蒙古人的分布范围也越来越广。在他们之间有一条看不见的线将彼此紧密联系起来——那就是在蒙古高原上长存未绝的大蒙古国。

对于逐渐成为名副其实的世界帝国的"也客忙豁勒兀鲁

思"而言，其本土的千户群才是重中之重。高原是他们的祖宗兴隆之地，也是"国家根本之地"。能够管理这片土地和生活在这片土地上的千户是大汗地位的象征，也是蒙古帝国所有权力的根源。

首次大败——阔出南征

蒙古帝国的东西远征都开始于 1236 年（此前一年远征军从本土出发）。然而上演在帝国东部的阔出南征，即第一次宋蒙战争，却以彻底的失败收场。

1236 年 2 月战争刚刚开始，主将阔出便不幸死亡。其死因虽然无从考证，但这种突然死亡无论如何也不像是自然死亡。

不管其死因为何，总之，由于在战争之初便失去主将，蒙古的作战计划从根本上土崩瓦解。中央军为护送阔出遗体而逐渐后退。失去了指挥核心的蒙古军队群龙无首，只是各自进攻南宋的城池。但是防卫严密的南宋并没有让蒙古军得到任何好处。在这场战争中，蒙古军队甚至未能攻至长江，反而被名将孟珙在最前线率领的南宋军队压制。蒙古军队之前攻下的汉江流域被南宋一点点夺回，汉江中游最大的据点城市襄阳最终也失守了。

这次战争是蒙古各大远征中的首次大败。此后，蒙古与南宋在边境的攻守战中都各有得失。这种胶着的状态持续了约20 年。

罗斯之地——拔都西征

术赤家的牧地从锡尔河以北延续至乌拉尔山的东南麓，即今天哈萨克草原的东部。1236 年，拔都的西征军越过亚伊克河（今乌拉尔河），进入了钦察草原。

古时候起就有突厥系的各部牧民生活在南至里海、高加索、黑海北部，西至多瑙河一带的西北欧亚草原上。这些牧民就是所谓的"钦察人"。在俄语中，钦察人被叫作波罗维赤人。欧洲人则称呼他们为库曼人或昆人。当时的钦察人分为大大小小的诸多部落，分别拥有各自的族长和首领。

蒙古军将钦察人作为西征的第一个目标。虽然有些钦察人进行了抵抗或是向西逃亡，但多数还是被拔都收入麾下，一举壮大了蒙古军队的实力。他们都是游牧民的骑兵军团，而且通过在蒙古统领下被编入、编成成熟的军事组织，从前分散的钦察人摇身一变成为精锐的大军团。拔都西征的第一个目标大获成功。

1237 年，拔都率领这支新编的军队向当时被称为"罗斯"的俄国方向进军。除了钦察人，拔都在西进的过程中还席卷了伏尔加河中上游的伏尔加保加利亚王国和大匈牙利王国，断绝了后顾之忧。接着他又向伏尔加保加利亚西邻的罗斯东北发动攻击。

当时的罗斯正处于各个公国分裂割据、反目争斗内忧之中，对蒙古侵略的外患更是没有还手之力，惨遭完败。据说，当时的罗斯全境皆沦为一片废墟，俄国的不幸，即"鞑靼的桎梏"便从那时开始。

但需要纠正的一点是，在蒙古的迅猛攻击中，大多数的城池并没有受到破坏。只有蒙古军行进途中拒绝开城投降的城市才受到了攻击。不仅如此，遭到破坏的城市也在战争结束后很快得以重建。1240年发生的基辅大屠杀因柏朗嘉宾的粗略记载而为世人所熟知，但同时期对南面的基辅持冷静客观立场的东北俄国历史记载中，却没有相关的屠杀记录。因而"众所周知"的罗斯灭亡其实存在诸多疑点。反倒有可能是蒙古自己在故意夸大之前进行的破坏，从而宣传其军队的恐怖，在这种恐怖攻势下，自然可以达到不战而屈人之兵的效果。在蒙古军事扩张的时代中，这种应用"恐怖战略"的事例层出不穷，此处也有可能是其中一例。

1240年，在蒙古军队尚未退去的时候，诺夫哥罗德公爵亚历山大在涅瓦河畔击退了瑞典军队。因此，"涅夫斯基"——意即"涅瓦河的"——便成了他的称号。1242年，亚历山大·涅夫斯基又击退了德意志骑士团。他作为俄国的救国英雄一直被人称颂。二战时在与纳粹德国的战斗中，斯大林为了激发国人的民族斗志，将亚历山大·涅夫斯基比作可以与古代的亚历山大大帝相媲美的英雄人物，拍摄了一部电影。但是，亚历山大·涅夫斯基的两次英雄战役都发生在蒙古人席卷俄国与东欧的时代。因而他的事迹是当时罗斯并没有因为蒙古大侵略而完全毁灭的最好证明。

或许，"鞑靼的桎梏"是从亚历山大·涅夫斯基开始的。他为了成为罗斯的新统治者而向蒙古俯首称臣，并压制各种对蒙古的反抗，其中也不乏他自己的兄弟。1252年，亚历山大·涅夫斯基在蒙古人的帮助下成为弗拉基米尔大公，即东正教（俄罗斯正教）主教。弗拉基米尔大公即是罗斯各个公国的统辖者。

这在后来变成了一种"传统"。罗斯的各个公国公爵为了保存性命和权力，纷纷向蒙古人谄媚。最后的成功者便是莫斯科。而在蒙古人进入俄国之前，莫斯科只不过是一个无从考证的小城镇。对于罗斯人来说，"鞑靼的桎梏"事实上是"罗斯大公的桎梏"。

东来狂风

蒙古军队兵分两路，主力军队进入匈牙利，而余下的部队则对波兰展开进攻。察合台麾下的拜答儿等人率领突击队经由克拉科夫西进，与1241年4月9日在莱格尼察东南部平原大败由西里西亚公爵亨利二世率领的波兰军与德意志骑士团联合军。由于后来在这片平原上出现了名为瓦尔斯塔特的村庄，所以莱格尼察之战也被称为瓦尔斯塔特之战。在德语中，瓦尔斯塔特意为"尸体的村庄"——也是这场战役后当地的写照。

然而，对于在世界史上如此为人熟知的战役是否真的存在，目前还未有定论。在同时期的文献中几乎没有莱格尼察之战的影子，在 15 世纪的文献中它却突然被多次提及。至少在当时，波兰诸公爵和最多能动员二百至三百人的德意志骑士团在这场战役前后并没有太大的变化。客观来讲，即使这次战役真的存在，它也只是一场规模极小的战斗。

1241 年 4 月 11 日，即莱格尼察之战的两天后，拔都率领的主力军在赛约河畔打败了国王贝拉四世率领的匈牙利军，史称"赛约河之战"或"穆希草原之战"。在这场战斗之后，蒙古军从多瑙河两岸的布达和佩斯两个城市开始，对匈牙利展开了劫掠。不过除了蒙古人的军队之外，曾被贝拉四世拉拢又被当作危险分子遭到肃清的钦察流亡团体也开始对匈牙利人进行烧杀抢掠。到底是蒙古人还是钦察人造成的破坏更大，我们已经不得而知。

之后，拔都军队的一支分队开始向维也纳郊外的诺伊施达逼近。另外一支分队向达尔马提亚沿岸进发，追击逃入亚得里亚海中小岛的贝拉四世。德意志和意大利的国境内涌入了大量来自波兰和匈牙利的难民，西欧陷入一片恐怖之中。

拔都西征军进攻路线图

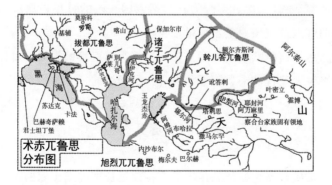

术赤兀鲁思分布图

然而在 1242 年 3 月，拔都在前线收到了窝阔台驾崩的讣报和西征军撤军的命令。但拔都在接到命令后并没有立刻带兵撤离，而是一边继续扫荡着匈牙利，一边慢慢地向东回返。可以说，西欧是死里逃生。

人们之前把这次西征称作"俄国、东欧远征"，不过对这个叫法是否合适还存在一些疑问。例如 1238 ～ 1239 年，蒙古军在进攻罗斯东北与西南两地的间歇期间，曾向高加索地区北麓一带进军，扫平钦察残部的同时还平定并吸收了阿速族（又称阿兰族，即今天的奥赛梯族）。自那之后，蒙古全盘接收了钦察草原。蒙古人攻下钦察草原、吸收钦察人和阿速族的意义比对罗斯和东欧作战的意义还要大。从这一层事实来说，这次西征应该被称为"蒙古对钦察、高加索、罗斯和东欧的远征"。不仅如此，迄今为止包括俄国在内的种种以西欧为中心的观点都应该要重新加以审视。

总之，西欧在蒙古远征中并没有受到直接的损失。对于西欧来说，蒙古的来袭就像是一阵一刮即过的"东来狂风"。

庞大的术赤兀鲁思

窝阔台逝世的消息传出后，构成远征军的诸王家的军队接连东归。然而拔都并没有率领术赤家的军队直接返回蒙古本土，而是在 1243 年左右回到了伏尔加河下游的草原上——拔都在之前就将这片土地当作自己的大本营。拔都一部在安顿下来之后，便开始按兵不动，静观蒙古本土的继承人之争。

拔都所领的术赤一家在蒙古帝国群龙无首的情况下，几乎接收了此番西征的全部成果，钦察草原也成为他们独享的领地。此后拔都自己率领的拔都兀鲁思与术赤一家最东方的斡儿答兀鲁思（由斡儿答建立）、以及其他零星分布的小汗国形成了三极并存的结构。除了上边提到的领地之外，拔都还占领了罗斯和高加索地区北麓一带。

当初成吉思汗仅仅分封给术赤四个千户的蒙古牧民。术赤的儿子们分家之后，便以这些蒙古人作为自己力量的基础，吸收了庞大的钦察牧民等部族，逐渐壮大起来。

虽然术赤兀鲁思是蒙古帝国的一部分，但事实上，突厥系的钦察族人占到其人口的一半以上，可以说是蒙古帝国中的一个特例。术赤兀鲁思的人们在语言和容貌上开始迅速突厥化。拔都的庶弟别儿哥即位后，术赤兀鲁思更是走向了伊斯兰化。现在西北欧亚大陆的突厥系穆斯林分布便与当时蒙古人的政策有直接关系。从事实上来看，我们也可以说是术赤兀鲁思的蒙古人被钦察人同化了。这也是其俗称"钦察汗国"的背景来源。不过"蒙古"在本质上自一开始就超越了人种和民族的意义。

随着蒙古人的到来，西北欧亚大陆的政治版图发生了巨大变化。雨水稀少但是草场肥沃的南部大草原是牧民的世界。而雨水较多但土壤贫瘠的北方森林地带则零星分布着勉强为生的农民（如西北方的罗斯人等）。蒙古人到来之后，虽然南北的大致分区没有改变，但在已有效组织起草原力量的蒙古人影响下，原本农牧民缺乏向心力的情况也开始改变，慢慢地走向统合。

这片区域最后成为一个整体，而这一多重结构联合体的统治者便是拔都一家的家主。其斡鲁朵随着季节变化在伏尔加河南北两畔时时移动。这一巨大的蒙古包在俄语中被称作"Золотая Орда"，意思是"黄金斡鲁朵"，表示蒙古包内部被装饰为金黄色。在英文中有"Golden Horde"的说法，简化译为日语即"金帐"[①]——这便是"金帐汗国"一称的由来。

术赤兀鲁思是世界上首个占有庞大西北欧亚地区的国家。虽然以术赤一家的蒙古族为中心的关系图式逐渐减弱并丧失，但它依旧维续了三百年。后来出现的俄罗斯帝国也是从它之中诞生。从蒙古西征到术赤兀鲁思的一连串历史，都与西欧没有太直接的联系，所以在今天西欧中心论的影响下往往被人忽视。尽管如此，这也是在世界史上真实存在的一段历史。

---

① 中文译作"金帐"。——编者注

3

帝国的动摇

混乱的遗产争夺

1241 年 12 月，窝阔台逝世。察合台也于同年去世，但具体时间仍有争论。有人认为察合台是在 1241 年 5 月，即窝阔台死前七个月去世的，也有人认为察合台是紧随窝阔台的离世而去世的。总之，窝阔台政权的两名中心人物几乎是同时离开人世。

这两人的死从根本上撼动了十年以来一直稳定的政治结构——成吉思汗的儿子们全都不在了。从此，蒙古惊人的扩张戛然而止，在蒙哥政权确立前的十年中，其国内一片混乱，停滞不前。

窝阔台在生前，先后从七个儿子里选出四子合失和三子阔出立为皇太子，但两人在即位前就相继去世。于是窝阔台将阔出的儿子失烈门指定为继承人，又将刻有"东宫皇太子之宝"的印玺赐予二儿子阔端。后者已经在曾经的西夏领土上建立了新的兀鲁思。

不过还有一个问题是，蒙古时代汉语记录中的"皇太子"到底是指什么？在波斯语的史料中，阔出、合失和阔端都是"瓦里阿互都"，或"拔里—阿尔—阿互都"，意思是代行统治的人。这个词语和汉语语境中的"皇太子"意思是否一样，本身就是一个待研究的问题。

尽管如此，窝阔台生前想指定后代来作为继承大业的"皇太子"，并对其他人的安排明显不同，这都是事实。但窝阔台的想法终归只在他生前具有效力。对于蒙古帝国的所有子民来说，唯一应当仰仗的只有大汗一人。

下一任大汗并不是由上一任大汗决定的，而是由蒙古人的总意愿来决定——在相当于蒙古国会的库力台大会上，蒙古人将会选出自己希望的下一代大汗。无论在任的大汗是否依据自己的判断来指定继承人，事实上都没有关系。当他去世后，他的话就不再具有任何效用。大汗一变，一切都会改变。从这个意义上来看，蒙古的大汗交替就相当于王朝的交替。

窝阔台死后，成吉思汗孙子辈的后代开始登上舞台。其中比较出众的除了阔端之外，还有拖雷家族的蒙哥和术赤家族的拔都。当时，察合台的爱子木阿秃干已经去世，继承察合台家族的是其嫡孙哈剌旭烈。由于哈剌旭烈已经是成吉思汗的曾孙一代，所以不具备当选下任可汗的资格。

但是当时阔端正在自己的领地甘肃凉州一带对西藏、四川作战，拔都则在遥远的匈牙利，而蒙哥正慢慢地行进在返回东方的途中。西征过程中，在平定钦察草原和进军罗斯之间，大汗窝阔台的儿子贵由和察合台的孙子不里与主将拔都起了争执，惹怒了大汗。所以大汗下令召回这二人，并由蒙哥一路看守。总之，当时蒙古帝国中有权有势的继承者候选人都不在蒙古本土。

老将斡赤斤的野心

其实在前述候选人中，贵由的情况最为微妙。在父亲的召还命令之下急忙踏上归途的贵由实际上距离蒙古本土最近。

贵由虽然是窝阔台的长子，但却是六皇后（可敦）乃马真皇后所生。所以贵由实际上是庶长子。在窝阔台掌权时，贵由控制着父亲即位之前的领地——叶密立与霍博一带。与窝阔台的其他三个儿子阔出、合失、阔端相比，贵由所受待遇明显要更低——窝阔台对贵由并没有多大的期待。

另外，在窝阔台的宫殿大斡鲁朵里，他的正皇后（蒙古语"也客·可敦"，即大皇后）孛剌合真大皇后已先他一步而去。地位在大皇后之下的昂灰二皇后为他进行了丧葬的仪式，并将大汗驾崩的消息传达给欧亚大陆各处的皇室诸王。此时蒙古的中央机构可以说是一个空壳。

在这个当口上，东方之雄斡赤斤突然发难。由于皇室诸王全都集合到蒙古本土参加葬礼需要很长的时间，斡赤斤就从自己的领地呼伦贝尔出发，率领军队逼近了窝阔台生前的宫殿。

对此，拉施特的《史集》中有一段有趣的记载。斡赤斤领军赶到后，出面应对的是乃马真皇后。她向斡赤斤提出了这样的问题。

"您为什么带领这么多人，大老远地来找儿媳妇呢?"

"儿媳妇"一词听上去可能有点奇怪。其实在蒙古，可以按照辈分将家族里的人统称为"父、子、孙"等。所以对于成吉思汗的末弟斡赤斤来说，外甥窝阔台的妻子就是"儿媳妇"。

斡赤斤的目的事实上是以上任大汗的遗骸和遗孀作为筹码，让政治形势偏向于对自己有利的一方，并将自己的命令假托成先帝的遗诏。如果能够顺利控制葬礼和之后的库力台大会的话，就有可能夺得汗位。但毕竟，斡赤斤只是成吉思汗的弟弟，不是成吉思汗的后代，这是难以克服的弱点。

正巧的是，贵由到达领地叶密立（位于蒙古本土西侧）的消息传到了宫中。由于窝阔台的长子贵由归来，斡赤斤"守卫宫殿"的名义就讲不通了——当窝阔台的儿子们全都不在之时，才轮得到家族中辈分最大的斡赤斤出场。

如此看来，乃马真皇后说出的"儿媳妇"这种奇怪的字语可能就是要告诫斡赤斤应遵守辈分。另外，此言还可能包含如下言外之意：如今应当即位为新可汗的人已经是斡赤斤的孙子辈了，斡赤斤作为两代前的人已没有即位的资格，应该认清自己的年龄和立场。

总之斡赤斤的野心只有短短一瞬，很快就消失了。

孤注一掷的乃马真皇后

不久后，昂灰二皇后也离开人世。乃马真皇后和儿子贵由的确是幸运的。

乃马真皇后掌握着窝阔台的斡鲁朵，并拥有全权处理新任大汗即位前的"国事"的立场。她为了让自己的儿子当上大汗，用尽了贿赂、威胁和怀柔等手段。即使这样，她的计划也没能很快实现，反而持续了四年多的时间。不过最后，她还是凭借攻势强大而又坚持不懈的努力赢得了多数派的支持，实现了目标。

贵由的幸运有两点，一是最早回到蒙古本土，二是有一个溺爱自己、并掌握了窝阔台的斡鲁朵的母亲。贵由凭借这两点，在窝阔台去世五年之后的1246年夏天，终于通过库力台大会的选举成为新一任大汗。

乃马真皇后的孤注一掷可谓人人皆知。但由于乃马真皇后无视窝阔台的遗志鲁莽行事，窝阔台家族中实际上已经产生了罅隙。贵由即位成为新的大汗这件事，给贵由一派带来的绝不全是好处。

贵由即位之后，对斡赤斤之前的所作所为进行了查问。结果归罪于斡赤斤手下的将领校尉们，将他们判处了死刑，斡赤斤本身则没有受到惩罚。不过斡赤斤在那之后不久也撒手人寰。狡兔死，走狗烹。无论是处罚，还是斡赤斤的死，都是存在疑点的。

拥王者

围绕着贵由即位的一系列事件为蒙古帝国埋下了巨大的祸根。

贵由即位之路之所以充满坎坷，一个原因是原本称汗就很困难，另一个原因则是拔都坚持强硬的反对态度。在之前打压自己的两个叔父窝阔台、察合台相继死后，拔都作为独占西征成果的术赤家族家主，无论是实力、年龄、门第、声望还是战绩，在成吉思汗的孙子、曾孙中都是出类拔萃的。但是拔都由于父亲身世之谜的影响，并没有自己称汗的想法。术赤的名字有"客人"的意思，本身就包含有对其身世的怀疑。所以不论身世之谜的真假，术赤的子孙大概都会感觉自己与他人有些不同。

拔都与贵由向来不和。当乃马真皇后竭力请求他参与库力台大会时，拔都静坐在伏尔加河畔不为所动。拔都心里其实是向着蒙哥的——蒙哥在长子西征时曾率领拖雷家庭的部队向拔都施以援手；在后来征讨钦察人、与贵由发生争执时，蒙哥也一样站在拔都一边。拔都与蒙哥两人的父亲都有悲惨的命运，因此两个家族的家主便成了心灵相通的盟友。

还有一点我们不能忽视——拔都的母亲和蒙哥的母亲是姐妹关系，因而拔都、蒙哥二人在母亲这边又是"表兄弟"的关系。蒙哥、忽必烈、旭烈兀、阿里不哥四人的母亲唆鲁禾帖尼与拔都的母亲必黑秃惕迷失都是蒙古最高血统原克烈王国的公主，也是景教教徒。拔都的母亲和蒙哥的母亲地位如此之高，自然就看不起母亲出身低微的贵由。在蒙古人心中，母亲的血脉占据着很重要的位置。

贵由上台后，立即策划了大西征。他命令股肱之臣野里知吉带带为先锋队长，领军赶赴东地中海，自己则率领军队先到叶密立、霍博地区停留，做好准备后引军西进。然而在向西进军的途中，贵由于横相乙儿暴毙——他的统治尚不到两年就结束了。

大汗的位置再次空了出来。当时拔都听闻贵由西进的情况之后，迅速带兵从伏尔加河畔出发向东进军。新汗贵由与实力强劲的拔都之间的大战一触即发之即，贵由却突然去世。从很早前就有人猜测贵由是死于拔都的刺客之手。

在贵由死后，拔都借助术赤家强大的军事背景，开始执蒙古帝国之牛耳。同时他打破了以往的惯例，不是在蒙古本土，而是在中亚直接召开了库力台大会，强行推举蒙哥成为新汗。在新汗即位之前，拔都命贵由的皇后斡兀立海迷失掌握斡鲁朵为中心的、特别是在蒙古本土的诸项事务。虽然之前有乃马真皇后的先例，但拔都仅仅作为皇室中的一员便做出如此决定，也算是超出了其本分的越权行为。

拔都这样的强硬做法受到了窝阔台、察合台两家中的贵由支持者的反对。如果不加以调和，成吉思汗四个儿子的势力势必会分成两大阵营展开武力对抗。然而，东方三王族的核心、斡赤斤家族的老臣们将刚刚承袭家业的塔察儿（斡赤斤之孙）推出，与另外两个家族一同参加了拔都召开的库力台大会。这一行为向贵由一派发出了强烈的信号。

承认年纪尚幼的塔察儿成为斡赤斤家族家主的正是乃马真皇后。对她来说，承认塔察儿的袭封可以暂时避开斡赤斤家族的威胁。其实在贵由即位不久之后，乃马真皇后就去世了。在她去世时，可能怀着心愿已了的心情——自己的儿子终于登上了大汗之位。然而，乃马真皇后留给蒙古的却是一堆烂摊子。斡赤斤家族对贵由的憎恨也并没有因此消失。

东方三王族发出的信号令拔都召开的库力台大会在名义上正当化，同时也决定了大势所趋。

物极必反

两年之后的 1251 年 7 月，在蒙古本土再次召开了库力台大会。蒙哥的统治者地位也在这次大会上正式确定下来。

是年蒙哥 44 岁。他除了能够熟练使用多国语言之外，还精通欧几里得几何学等东西学术、文化知识。东随父到过三峰山，西领兵战过高加索，他见识广博、能力过硬，无论是实力、成绩、名望还是血脉都无疑是王子中的佼佼者。在历史上，像蒙哥一样生来便被寄予厚望，具有成为帝王的宿命，同时又有跨越欧亚大陆东西实战经验的这般真正有实力的人物，无论是作为个人还是统治者，都是前无古人后无来者的。

贵由则体弱多病，过于细腻且神经质，待人接物也不甚和善。缺少作为可汗的能力和可靠性，并不适合做蒙古帝国的领导人。冒犯地说，贵由做事爱虚张声势，这就是他悲剧的地方。而他的父亲窝阔台可以认清自己的平庸之处，在受到周围掌控的同时掌控周围的人和事，虽说平凡却仍有其优势。

与贵由相比，蒙哥占据了绝对的优势。但蒙哥过分的出色也为他的悲剧埋下了伏笔。

蒙哥继位之后便着手肃清反对派。对窝阔台和察合台两家中反对自己即位、不出席库力台大会，或是意欲突袭即位贺宴的人，不是处以极刑就是判处流放。他进而将窝阔台、察合台两家的领地进行细分，尤其是将帕米尔以西的地方置于自己与盟友拔都的共同统治之下。仅重要将官就多达 77 名的大肃清风暴，造成了前所未有的恐怖。蒙古共同体深入人心的"共享富贵"传统此次受到了巨大冲击。

窝阔台家族分裂成了两部分，一部分是以甘肃为中心的阔端兀鲁思，另一部分则是以叶密立、霍博为中心的其他诸王子领地。历史上的"窝阔台兀鲁思"或是"窝阔台汗国"自此便不复存在。

势力遍布中亚的察合台家族被逼回到了蒙古帝国初创时的家族据点伊犁溪谷。莫赤也别[①]一系和阿必失哈等旁支后代与阔端家族的人交织呈点状分布在较东的地方。

蒙哥也许在最初即位时便打算成为一名专制君主。他的目的是将成吉思汗留下的种种弊病消去，重新加强帝国的统治。但是他过于果断和极端的做法反而激化了蒙古帝国的不稳定因素，为以后的分裂埋下了种子。

第二次征服世界的计划

蒙哥的动作向来迅速。在他大量肃清反对派之际，就表明要将攻略东方（主要是以中国为中心的地区）的任务交给自己的弟弟忽必烈。在蒙哥即位大典的一个月之后（1251年8月），忽必烈就出发了。

与此同时，蒙哥完成了以札剌亦儿族元老忙哥撒儿为首的中央政府的人事任命，还确定了华北、中亚、伊朗三大领地的财务、税收机关负责人。其中，中央政府的官员是纯正的蒙古

---

① 莫赤也别为察合台长子。——编者注

人和畏兀儿人。而地方三大征税管辖区在保留窝阔台时代的基本形式的基础上，对人员进行了大换血，并分别派蒙古的驻军团长和伊朗系的穆斯林财务官僚进行管理——这种地方官员的构成格局变得更为明确。东至华北、西藏，西至罗斯，蒙哥下令重新展开在这一区域人口调查和税收统计。从窝阔台时代以来就被放任的诸多弊病被蒙哥清扫一空，中央的统治也变得更为严格。

蒙哥将"伊朗之地"在内的所有西方领地的攻略都交给三弟旭烈兀。在此次大西征中，蒙哥采取了蒙古本土十户挑两名年轻士兵的征兵办法。另外，作为西征的一部分，蒙哥还交给部将撒里那颜一支军队，令其攻打克什米尔和印度斯坦（即现在的印度）。在波斯语的史料中有这样的记载：撒里那颜向蒙哥大汗询问自己的军队要在印度驻扎到何时，得到的回答是"永远"。

就这样，加上之前已经派往东方的忽必烈，蒙古帝国又开始了在东西两方的同时作战。蒙哥的基本政治构想是将欧亚大陆分隔成几大部分，西北边交给拔都率领的术赤家族，西南交给旭烈兀率领的西征军，东南交给忽必烈率领的东征军，东北交给塔察儿为首的东方三王族，西蒙古这一拖雷家族的广大传统势力领地交给幼弟阿里不哥。蒙古本土则由蒙哥大汗全权管辖。除了东西两侧的拔都和塔察儿之外，其余的四人蒙哥、忽必烈、旭烈兀和阿里不哥都是拖雷与王后唆鲁禾帖尼的儿子，从而形成了"兄弟政权"。蒙哥自然也早已在蒙古首脑群体中明确了"征服世界"的意图。

蒙哥大汗可谓踌躇满志。窝阔台时代发动的东西两次远征至少在策划之初是很难说到底有没有"征服世界"的明确意识的。但是这一次，蒙古帝国的第二次远征计划中，就明确地表现出了征服世界之意。还可以看到，蒙哥从其自身的体验和见闻出发，也怀抱着东征至南宋、西征至中东与欧洲的野心。

4

与欧洲的碰撞

祭司王约翰的传说

1096 年，在罗马教皇乌尔巴诺二世的指示下，十字军向圣地耶路撒冷发动了第一次东征。在东征途中，十字军消灭了突厥塞尔柱王朝的部队，并于 1099 年打败了以埃及为据点的法蒂玛王朝，占领了耶路撒冷。之后，耶路撒冷王国、埃德萨伯国、安条克公国、的黎波里伯国等十字军国家在叙利亚的地中海沿岸建立起来。

但是在与伊斯兰世界的对立中，西欧的成功转瞬即逝。特别是当阿尤布王朝的创始人萨拉丁（自称 "Salāh al-Dīn"，意即拯救信仰的人）出现之后，形势便急转直下。他在 1187 年 7 月，于哈丁（现以色列国最北部，在临近加利利海的提比利

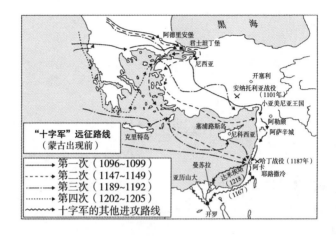

黑 海

阿德里安堡

君士坦丁堡

尼西亚

开塞利

安纳托利亚战役
（1101年）
×

小亚美尼亚王国

阿卡

阿勒颇

阿萨辛城

克里特岛

塞浦路斯岛

尼科西亚

"十字军"远征路线
（蒙古出现前）

→ 第一次（1096～1099）
---→ 第二次（1147～1149）
-·-→ 第三次（1189～1192）
·····→ 第四次（1202～1205）
~~~ 十字军的其他进攻路线

曼苏拉

亚历山大

达米埃塔
（1218）

（1167）

×哈丁战役（1187年）
耶路撒冷

开罗

亚西北方）打败十字军，夺回了耶路撒冷。在今天有名的英国历史话剧《狮心王理查一世》中讲述的则是此后第三次十字军东征时阿卡（位于今以色列国最北部，海法东北方向的港口城市。阿拉伯语中称عكا，欧洲语言表记为 Acre）攻防战的情形。在哈丁战役的影响下，埃及的阿尤布王朝势力从巴勒斯坦延伸到了叙利亚一带。叙利亚沿岸的以"十字军国家"为名的拉丁小王国群难以为继。

从那之后，这样一条传闻在欧洲流传开来：在比自己的敌人穆斯林更东的位置，有一个信仰景教的国家，他们的国王同样是祭司，在与波斯的穆斯林战斗，这些基督徒攻陷了穆斯林的首都并开始向耶路撒冷进发。那个国王的名字便是 Presbyter Johannes，也就是祭司王约翰，英语中称 Prester John。祭司王约翰可能会成为面临绝境的"十字军"的救世主——这一期待在欧洲和十字军之间逐渐散布开来，这便是"祭司王约翰的传说"。

现今可知的关于祭司王约翰的最早记录出现著名的德意志弗赖辛的主教奥托所著的《年代记》中，1145年的部分。有一名使者向教皇尤金三世汇报"十字军"的艰苦处境，带来了这名不可思议的东方圣王的消息。

仅看这件事的话也并不是完全没有依据的。因为在四年前，即1141年时，耶律大石率领西辽军队从东向西席卷了中亚，并在撒马尔罕近郊打败了塞尔柱军队。"波斯"的穆斯林可能指的就是塞尔柱王朝。另外，虽然身属契丹王族的耶律大石本身是佛教徒，但他的麾下可能会有信仰基督教聂斯脱里派的牧民战士。

在唐代，基督教聂斯脱里派（景教）传到了中国本土，这在西安碑林现存的著名的"大秦景教流行中国碑"中也有记载。唐代末期，景教徒和佛教徒皆因唐武宗的镇压而蒙受"法难"。后来，景教徒们向畏兀儿和蒙古高原的牧民世界扩散。当年与成吉思汗争霸的克烈部和乃蛮部便是聂斯脱里派信徒。

耶律大石对中亚的压制大概对东部穆斯林世界多多少少产生了一些冲击，而这一消息对在东地中海沿岸活动的"十字军战士"来说，反而可能是一丝曙光。不管怎样，这其中一定是有一些事实的。且不论其正确与否，欧亚大陆东西的信息传递确实是越来越容易了。

然而，人们的期待已经远远超越了现实，并且不断膨胀。期待的假象越来越强，现实的影响越来越弱。曾有一封"来自祭司王约翰的信"在欧洲流行起来。当时被称为神圣罗马帝国皇帝的德意志国王正处在与罗马教皇对立的白热阶段，而这封信正是前者为了动摇对方而实施的计谋。也就是说，德意志国王想利用祭司王约翰这一"圣者"的形象来贬低罗马教皇。

比较贴近现实的蒙古战士画像（17世纪初，莫卧儿帝国）

被描绘为恐怖且带有恶意的蒙古战士画像（15世纪上半叶，意大利）

欧洲大地被"十字军"和"祭司王约翰"所动摇。虽说现实和幻想被糅合在一起,但与之前相比,有一件事情发生了根本的变化:欧洲人对东方越来越关心。这,就是蒙古登场之前的西方。

憧憬与恐怖的东方

成吉思汗开始西征仿佛是实现了传说一样。祭司王约翰也更名为大卫王,开始在波斯攻城略地,最远甚至到达了巴格达一带。这一消息传到了罗马教廷为首的整个欧洲。那一年是1221年,正是十字军第五次东征埃及的最高潮。

这一年,成吉思汗率领的蒙古军的确正将花剌子模逼至绝境。据称大卫王的军队共有387000人。而拉施特的《史集》记载,成吉思汗时代的千户集团军总计有129000人——大卫王的军队人数正好是其三倍。此时我们就能看出传说对事实的恣意歪曲和夸大。虽然细节上有夸张成分,但消息本身并非完全捏造,而这一消息不间隔年份地从东往西由亚洲一直传到了欧洲。

中东的伊斯兰世界事实上受到了来自东西两方的攻击。十字军认为幻想中的救世主会从东而至,所以自己也从西方开始对阿尤布王国的首都开罗发动猛烈攻击。结局当然是东方的援军并没有出现,十字军自己也遭到惨败。

不仅如此,这次又有恐怖的消息从罗斯和黑海传来——哲别和速不台率领的蒙古先锋队先后踏破了格鲁吉亚、亚美尼亚和罗斯。虽然这几个地方并不属于罗马天主教会，但它们都是基督教国家。在罗斯的《诺夫哥罗德年代记》中1224年一条有如下的记载。

> 我等有罪，未知部族自东来。来者何人、自何处来、以语何、人种何、信仰何，我等一概无知。然来者自称塔耳塔罗（Tartar）。

拉丁语中的"塔耳塔罗斯"（Tartaros）指的是冥界、地狱。当时的人们由此产生误解，加深了对蒙古人的恐惧。其实，当时有人用过去高原上的强大势力"塔塔儿（Tatar）"来称呼蒙古人。与新兴的"蒙古"相比，像塔塔儿这样自古已有的民族更为人所知，所以当时的人用塔塔儿来称呼同样发源于蒙古高原东部的蒙古人更为方便易懂。而这个"塔塔儿"刚好又与表示地狱的"塔耳塔罗"（Tartar）谐音，蒙古人也就成了"地狱来客"。

暂且搁置"祭司王约翰"和"地狱来客"这两个完全相反形象的问题，目前蒙古距离欧洲还有较远的一段距离。欧洲人依然相信，在比伊斯兰世界更靠东的地方，存在一个比充满污秽的欧洲更为和平、富饶的人间乐园——这样的憧憬依然存在于欧洲的土地上。但是也有些欧洲人认为，东方的土地上生存着让人不寒而栗的未知怪物。对东方，欧洲人的心中是一种矛盾二重的想象。

马修·帕里斯的证言

1237 年，当拔都的西征大军出现在罗斯大地上时，这一冲击性的消息便立即在欧洲大陆传播开来。事到如今，类似祭司王约翰这种不切实际的期待转眼已化为泡影。

目前欧美研究蒙古帝国史的代表性人物——英国的大卫·摩根援引 13 世纪西欧最具代表性的英格兰历史学家马修·帕里斯的《大纪年》（*Chronica Majora*）一书，为我们介绍了一些颇有意思的关于蒙古进攻的内容。

> 哥特兰和弗里斯兰的人们因为害怕"蒙古进攻"，哪怕到了鲱鱼收获的季节，也没有像往常一样去英格兰的雅茅斯卖掉，而平常他们往往会装上满满一舱的货。正因如此，鲱鱼剩了太多，只能像白送一样低价卖出，哪怕离海最远的地方，四五十条最好的鲱鱼也只卖一枚银币。

由于害怕蒙古军队的进攻，波罗的海的海贼留在母港不敢出动，导致鲱鱼价格大降，这件事就发生在 1238 年。

同一年，据说有一名叫作"山中长老"（从阿拉伯语、波斯语 Shaykh al-Jabal 直译而来，由于伊斯玛仪派的教主住在坚固的山城里而得名）的使节从伊斯兰世界来到欧洲，相继向法国国王（当时为路易九世）、英格兰国王亨利三世请求基督教国家的援助，以对抗蒙古。如果此事属实，那么就等于"阿萨辛派"（Assassin），也就是俗称的"暗杀者""暗杀教团"向西欧的基督教国家提议联手对抗蒙古的进攻。

这件看似不可理喻的事情在此后很长一段时间内都为人们所怀疑，然而摩根却从意想不到的地方发现了可能证实这件事的突破口。据英格兰的史料记载，亨利三世在 1241 年拥有十便士重的金币。据了解，当时如此重的金币只有在阿富汗的伽色尼，由古尔王朝的苏丹才能铸造。从波斯语史料来看，在蒙古军队出现后，古尔王朝的使节拜访了伊斯玛仪派的教主。当然，我们无法否认在 13 世纪上半叶，古尔王朝的金币可以通过其他的途径到达英格兰。但是，这究竟是不是来自阿拉穆特的"山中长老"为请求结盟对抗蒙古出使时带来的呢？谜团反而更增魅力了。

拔都率领的蒙古军队在 1240 年后，从罗斯继续向东欧进攻，西欧的基督教世界已不再觉得事不关己，而是感受到了直接的威胁。马修·帕里斯生动地记录下了当时的冲击和震荡，只是他口中的蒙古仍带有些想象和虚构的色彩。由于缺少客观的信息，他们对于真实的蒙古是什么样的还无从得知。但无论如何，恐惧还是占据了上风。

　　1241 年，拔都的军队击败了当时被视作欧洲最强的匈牙利王国军队，匈牙利国王贝拉四世向罗马教皇格列高利九世请求援军。但对于罗马教皇来说，最紧要的还是同神圣罗马帝国皇帝腓特烈二世的争夺。在如此的危机下，教皇与皇帝的争夺却仍在继续，这给了圣奥尔本斯教会的马修·帕里斯很大的冲击。贝拉所期待的欧洲联合军队最终还是没有实现。

　　拔都率领的蒙古军队占领匈牙利平原的意图已十分明显，匈人领袖阿提拉曾经统治过的这片草原，对蒙古的战马来说也是块难得的宝地。从 1241 年到 1242 年，拔都的军队冬天一直在匈牙利平原上宿营。毫不夸张地说，西欧的基督教世界已经陷入危机。从匈牙利草原这片绝好的牧地和大本营出发，拔都的军队到底想要攻向何方，谁都不得而知。

　　但幸运的是，拔都收兵了，而且再没有踏上匈牙利平原。连联合军队都没有来得及组建的西欧得救了。从亚得里亚海的小岛回国的贝拉四世，总结了"蒙古侵袭"的经验教训，带着蒙古军队再次进攻的危机感着手巩固国防，被世人称为"匈牙利第二建国者"。这便是蒙古入侵促进国家和权力组织化的诸多实例之一。

伟人英诺森四世

　　谁都无法保证蒙古军队不会卷土重来。1243 年，出生于热那亚的英诺森四世被选为罗马教皇。在同罗马教廷的宿敌——皇帝腓特烈二世继续争夺的同时，对于不可思议且充满未知危险的东方世界和蒙古，英诺森也必须采取些对策了。

在腓特烈的阴谋策划下，英诺森离开罗马，前往教皇领地之一的法国里昂。1245 年 6 月，他在此召开了史上著名的第一次里昂公会议，这时距拔都撤兵已经过了三年。

会议除了讨论腓特烈问题、第四次"十字军"（1204 年，在威尼斯商船队的鼓动下东罗马帝国被驱逐，即所谓的远征）的结果、支援在君士坦丁堡成立的拉丁帝国之外，还有抵御"塔耳搭罗（Tartar）"，即蒙古再次进攻的对策——包括阻断蒙古军路线的防御墙建设、向教皇汇报蒙古动向、由教会提供经费，等等。

对于蒙古问题，除了直接防御之外，欧洲人也期望让其放弃进攻欧洲，尽可能地将蒙古本国变成一个基督教国家。为此，会议决定派出托钵修会的修道士组成使节团出使蒙古若干次。当然，他们也肩负着侦察敌情的重要任务。

作为东方传教的一部分，中东地区的传教由已经开始传教活动的道明会负责，而北方的德国、东欧、罗斯等地区则由方济各会负责。作为教会创立以来最重要的成员——柏朗嘉宾（意大利中部、佩鲁贾西北方向村庄的拉丁语名，意大利语写作 Pian del Carpine。通常将出生地作为这个人物的名字）的乔凡尼，其实已经在里昂公会议召开两个月前受英诺森四世之命前往蒙古。教皇在会议上将此事告知了众人。

在罗马教廷，特别是英诺森四世强有力的发起及领导下，西欧基督教世界的蒙古战略得以不断推进。当时神圣罗马帝国的皇帝腓特烈二世的势力范围以德意志为中心，已经扩大到了意大利北部，进而到西西里岛、意大利南部等地区，但他仅仅在拔都军队带来的恐慌达到极点之时，才将号召统一行动的文书送至欧洲各个君主手中。他并没有表现出要主动推进、带领欧洲抵御外敌的姿态。与其形成鲜明对比的是，教皇英诺森勇敢面对步步逼近的危险和恐惧，冷静应对，更试图实现同"敌人"的正面交涉，同时还下令收集情报。

英诺森四世志向远大。在教会内部积极推进改革的同时，在对外方面，英诺森意图把以中东地区景教为首的各大流派，以及罗斯地区的正教一并纳入教会，旨在实现基督教会的大统一。他明确地向世人证明，无论是神权还是世俗，能够代表欧洲的领导人并非皇帝或其他人，而只能是教皇。蒙古政策在广义上也是"东方政策"，暗藏其欲借此机会进一步扩大教皇权力的想法。

在十余年教皇生涯的后期，英诺森四世成功压制了意大利南部，在霍亨斯陶芬王朝皇帝的统治中打下了楔子。正因为身处"蒙古恐惧"至极的时代，英诺森四世才得以借此"良机"将统领欧洲和基督教两大"世界"的教皇权力发挥到极致。可以说，英诺森四世是为中世纪西欧"十字军时代"画上休止符的一位伟人。

拉施特耗时近半个世纪完成了《史集》的后期编纂，其中，在"法兰克史"一节里，他毫不怀疑地将罗马教皇看作欧洲最具权力的领导者，法国国王次之。而被称作神圣罗马皇帝的德意志国王的权力，在蒙古看来已微不足道，恐怕现实中也是如此。

幸运的柏朗嘉宾

相传在 1180 年前后出生的柏朗嘉宾，已经在以德意志为中心的地区领导了二十余年的传教活动，是位年逾花甲的"大人物"。教皇曾交给他两封给塔耳塔罗君主的书简，其抄本仍珍藏在梵蒂冈公文书馆中。文中义正辞言地阐明了基督教的教义，奉劝蒙古停止侵略及破坏，并自信满满地劝告蒙古应及时转投基督教的和平之路。

柏朗嘉宾一行于 1245 年 4 月 16 日从里昂出发，朝拔都的大本营——伏尔加河流域行进。陆路途经他之前的任地科隆，以及克拉科夫、弗拉基米尔、基辅等地，最终到达拔都行宫。拔都自己虽不愿关心蒙古本土的动向，但从书简的内容来看，拔都则劝柏朗嘉宾去面见蒙古的新任大汗。随后，柏朗嘉宾仅由一名波兰的方济各会修道士——贝内迪克特（出生于现在的弗罗茨瓦夫，并有旅行日记留存下来）陪同，经过拔都认可的站赤路线，于1246年7月22日，到达哈拉和林近郊的夏营地"昔剌斡鲁朵"，即蒙古语中的"黄金帐篷"之意。在那里，二人幸运地见证了新帝贵由的即位仪式。在不到四个月的时间里，柏朗嘉宾一行会见了贵由及中书右丞相镇海等人，体验见闻良多。特别是在新帝即位的库力台大会上，上至蒙古帝国的重要人物，下至各领地的王侯及有影响力的人士，所有显赫的人物都在此齐聚，因而是观察蒙古的绝佳良机。

同年11月13日，踏上归途的柏朗嘉宾一行原路返回，再次途经拔都的大本营，并于1247年秋回到里昂。柏朗嘉宾在返回过程中，于罗斯写下题为《蒙古人的历史》①的报告书。

报告书的内容主要偏重于分析蒙古的实际情况及作战对策，其中探查敌情的意图十分明显。也正因如此，文中的叙述十分直接，史料性很高。但不知是柏朗嘉宾的性格使然，还是由于当时以罗马教廷为首的基督教会众的通病，书中总让人感觉到些许莫名的自大，并且有过于主观地评价、描写事态发展的倾向。柏朗嘉宾在描述蒙古时，尤其强调其"野蛮"、破坏和杀戮，并极力主张"基督教文明"的优越性。同时，还不断强调自己蒙古之行的价值，煽动"危机感"。因此，我们也不能无条件地相信柏朗嘉宾的记载。

但是无论如何，作为使节的柏朗嘉宾，是西欧目睹并亲身

---

① 此处为日文直译，中译本为《柏朗嘉宾蒙古行纪》。——编者注

接触神秘蒙古的第一人，他也因此在欧洲一跃成为名人，有着像现在的巡回演讲一样巡游各地的经历。柏朗嘉宾无疑是一位幸运儿。

贵由的回信

柏朗嘉宾带回了贵由写给教皇的回信，这也是蒙古皇帝写给欧洲有权之人的首封"国书"。

据柏朗嘉宾的报告书中所述，这封书信用蒙古语写成，由镇海翻译成波斯语，再由柏朗嘉宾翻写成拉丁语版本。在随后的很长一段时间里，世上仅流传着拉丁文本。直到 1920 年，人们在梵蒂冈图书馆中偶然发现了波斯文本，三年后，法国东洋学的代表性人物——保罗·伯希和对此进行翻译注释并研究发表。

信中只有开头的三行为突厥语，这是蒙古下达命令的文书中几乎共通的格式。余下的正文部分均为波斯语。在长 112 厘米、宽 20 厘米的纸上，印有两处刻着畏兀儿文字蒙古语印记的贵由大印玺。

信中虽将教皇称作"伟大的父亲"即"大教皇"，但贵由仍希望教皇可以带领诸侯臣服于蒙古。像众所周知的那样，他明确表示，无论世界各地是否都已臣服于蒙古，其最终均应向蒙古臣。特别是文中的一句"凭神力，凡日升日落所及之地均为我所有"，被看作蒙古的"征服世界宣言"，也可以感受到当时蒙古，或者说是贵由的极度自信。

　　我们无从得知以英诺森四世为首的教廷的反应，但这封回信与此前教皇阐述基督教教义的信简内容完全相悖，因此不可能被他们接受。而柏朗嘉宾的报告书有数种抄本和版本，由此可见此书已被世人广泛阅读、熟知；与此相对，书信原件作为最高掌权者之间交流的最权威资料，在之后的六百余年中却无人知晓，或者也可能是被故意"藏匿"了起来。

　　关于这封书信，尚存许多未解决的疑点。比如说，如果波斯文本为"译本"的话，那么上面为何会印有贵由的印玺？至少我们不得不说波斯文本也是"原本"之一。当时波斯语是国际语言，对于西欧来说，波斯语可能比蒙古语更易于理解。那么，像柏朗嘉宾所说的蒙古语"原本"是否真的存在，甚至是否真的有制作两部"原本"的必要呢？

　　以上的疑问暂且不论，根据蒙古语的印玺刻字及书信开头的突厥语，人们往往认为蒙古是依靠"王权神授"思想来使自己的"征服世界"正当化。然而，蒙古朴素的"长生天"① 崇拜是否能和欧洲的"王权神授思想"混为一谈呢？此前，南宋使节的随员们在《黑鞑事略》一书里记录

---

　　① 蒙古语为"Mongka Tängri"。——编者注

下了窝阔台时代的蒙古。书中提到，那时蒙古人一般会先说一句"赖长生天之力"，之后再开始互相对话，可以说，"长生天"崇拜对于蒙古人而言已经成为口头禅一样的日常习惯。与英诺森四世信简中提到的以基督教为中心的世界观相比，是否就能断言蒙古一方习以为常的"长生天"崇拜就是"野蛮神权思想的流露"呢？

但是，从这封书信中，我们至少可以得出几个确定的结论。例如，蒙古当时已经开始清晰地意识到"世界"这一概念。这里的"世界"仅单纯分为"伊利（il）"和"不勒合（bulqa）"，即"和平、同伴"与"不服从、敌人"两个概念。这与穆斯林的世界观——"伊斯兰之家"和"战争之家"①两大概念出乎意料地相似。另外，虽然蒙古并未将基督教世界的欧洲视为强敌，但已经认识到罗马教皇代表着欧洲世界的中心。

不幸的使节团

同柏朗嘉宾的"成功"相比，道明会的使节团却遭遇了不幸。被认为是出身意大利北部伦巴第地区的亚杰利

---

① "伊斯兰之家"，阿拉伯语为 Dar al-Islam，指信仰真主、服从真主意志的地区；"战争之家"，阿拉伯语为 Dar al-Harb，指尚未皈依的战争地区。——编者注

（Anselmo di Lombar，或为意大利语中 Ascelino）带领使节团启程赶往西亚地区的蒙古军队"探马赤军队"大营。

这支特别部队占领了从伊朗西北方向的阿塞拜疆到小亚细亚鲁姆苏丹国的全部领地，拜住从绰儿马罕手里接过指挥权，并扎营在大亚美尼亚（位于高加索地区南麓的原本为亚美尼亚人的土地。那时，位于地中海东部沿岸最北部，塞浦路斯岛对岸的奇里乞亚地区，还存在另一个亚美尼亚王国）的西西安。

1247 年，到达拜住营地的亚杰利一行递上教皇的书信，并要求面见拜住。然而，他们不容分说地一味主张基督教的优越性，表现得过于自大，因而激怒了蒙古的大将们。据同行的来自圣康坦（位于法国北部，拉昂西北方向的城市。拉昂位于距巴黎东北 120 公里的位置）的洗满记载，他们当时只是表达了真实的想法，错在蒙古一方。然而细读其记录的交涉过程就会发现，道明会的修道士一方才是不一般。与无论局面是好是坏都能够应对自如的柏朗嘉宾相比，道明会显然欠缺外交上必不可少的灵活性。

结果，他们没能如愿见到拜住，最后带着落款为 1247 年7 月 20 日的拜住回信踏上归途。回信为在皇帝贵由领导下，由拜住发出的"令旨"，即蒙古语中称作"话语"（uge）的命令文书。

从蒙古朝廷的习惯来看，只有唯一的最高权力者——大汗的命令或文书可以称为"圣旨"，蒙古语里被称作"君主之命令"（蒙古语发音为 jarlir，突厥语发音为 yarlir）；而其他的王族、后妃、族长、将领、臣僚等发布的命令全部称作"令旨"，清晰地与"圣旨"相区分。不过无论是国书，还是保护特许状，对蒙古人而言全都意味着"命令"。

拜住的回信里果然还是要求教皇自身要先臣服于蒙古，这同柏朗嘉宾携归的贵由回信的内容如出一辙。可以看出，在贵由即位尚不足一年的时间里，其想法早已贯彻到了蒙古西边最前线的拜住大营。

英诺森四世接到柏朗嘉宾携归的回信后，没过多久又拿到拜住的回信，此时此刻，他和罗马教廷的人究竟是怀着怎样的心情读完信件的呢？这给世人留下了很大的想象空间。但必须承认，"蒙古恐怖"丝毫没有褪去。

圣王路易的挫折

在这里我们要介绍教皇之外的西欧另一位领导者，他便是被称作"圣王"的法国国王路易九世。

路易是极为虔诚的基督教徒，并怀有扩大法兰西王权和进军东方世界的野心。当然，作为"十字军"的路易也曾尝试率领第七次"十字军"进攻埃及。

1248 年，路易九世为准备攻打埃及而住在塞浦路斯岛的尼科西亚。一天，两名自称是蒙古长官野里知吉带①派来的景教的"使者"来访。野里知吉带是贵由新政权中新一代中东进攻军队的前线司令官。二人递上了用波斯语写成的野里知吉带书信。路易九世下令让道明会隆格瑞莫（位于巴黎南西南方向的城市）的安德烈②将其译成拉丁语。安德烈是奉英诺森四世之命出使中东的另一个道明会使节团的成员，并曾经同阿塞拜疆的景教代表——审温·列边阿答（Simeon Rabban-ata）进行会谈，探求教会统一的可能性。

由这封书信的内容，似乎可以感觉到蒙古对基督教有些好感，同时两位"使者"也通过自己的言行让路易九世感受到了蒙古的好意。他们表明，蒙古皇帝贵由以及司令官野里知吉带均已成为基督教徒。事实上，贵由的确可以这么说——虽然他还不能被称为景教的信徒，但至少贵由确已对景教产生了浓厚的兴趣。

圣王路易心动了。他为了求得友好与合作，派出了包括安德烈在内的三名道明会修道士作为法国国王的正式使节，与蒙古的两名"使者"一同前往蒙古。这时，已经是1249年2月了。

事实上，贵由已于前一年去世，进攻中东的计划自然也就

①　亦称"宴只吉歹"，1247年被任命为征西军统帅。——编者注
②　即中文著作中常见"安德烈·隆如莫"。——编者注

此结束，而蒙古政局则不断发生急剧变化。已经到达野里知吉带军营的安德烈等人一行，被安排去拜见贵由的皇后——斡兀立海迷失，因为在汗位空悬期间由斡兀立海迷失皇后摄政。1250年，安德烈一行终于到达斡兀立海迷失的斡鲁朵，地点为原贵由领地的中亚叶密立河畔。为了祝贺蒙古皇帝改宗，安德烈一行献上了路易九世的礼物，包括帐篷形状的豪华礼拜堂、圣经、圣器等。特别是可移动的礼拜堂，它用深红色的纺织品制成，还带有描绘耶稣基督一生的精美刺绣。

不达斡兀立海迷失皇后似乎对路易的示好提不起兴趣。1251年4月，安德烈一行带着皇后的回信回到巴勒斯坦向路易九世复命。这封回信让路易九世失望了，皇后在信中对路易加以恐吓，要求其必须以金银向蒙古纳贡，否则便可能像其他国家一样被毁灭而走向灭亡。

路易九世为派出使节一事后悔不已。和蒙古皇帝一东一西协同作战，打倒穆斯林势力，光复圣地的愿望不过是一场幻梦。路易在这一年中尝到了两次屈辱的滋味。在前一年进攻埃及的过程中，他将阿尤布王朝逼至绝路，但却一时大意只带了少数随从冲到最前线，最终沦为俘虏。位于达米埃塔的法国军营为救回路易国王，付出了大量的赎金，并不得不撤兵。路易那颗高傲的心承受了接连失败带来的打击。

虽然如此，斡兀立海迷失的处理方式也略显拙劣。法国国王主动提出的中东战略对于蒙古来说无疑是一个良机，她却眼睁睁地任其错过。毕竟，斡兀立海迷失本身可能也不具备领导者应有的判断能力、战略能力和责任感。路易的使节团回国后的第二年，她和镇海及其他贵由旧部就都被新任大汗蒙哥下令处死了。

鲁不鲁乞的旅行

在欧洲处于"蒙古恐怖"的这一长时段内下，方济各会修道士鲁不鲁乞（鲁不鲁乞本是弗兰德地区的村庄，现位于法国里尔市的西西北部）写下了关于蒙古最准确、最有意义的报告书。然而和柏朗嘉宾的《蒙古人的历史》不同的是，鲁不鲁乞的《旅行记》[1] 只流传有四种抄本，而其重要性也只是到了近年才为世人所知。在漫长的时间里，它的存在甚至有可能是被故意掩藏了。

鲁不鲁乞去往蒙古高原的、从 1253 年到 1254 年的这段旅途，并不像柏朗嘉宾一样一帆风顺，反而充满了不可思议的色彩。

他虽受路易九世之命来到蒙古，却并非正式使节，因为路易九世已经尝到了上一次遣使失败的苦头。路易从安德烈一行的汇报中得知，在蒙古的领地上已经有了众多的景教及雅各派

---

[1]　此处为日文直译，中译本为《鲁兀鲁乞东游记》。——编者注

信徒；也有传闻称，拔都的长子，也就是作为其接班人的撒里答也已经成为基督教徒。路易九世仿佛又在东方世界看到了希望之火，但实在不想再次受辱。因此，仅为一介修道士的鲁不鲁乞，为了向撒里答"传道"而自愿踏向前往东方的旅途。虽说他带着路易九世和英诺森四世的亲笔书信，并有两名随从相伴，但同八年前的柏朗嘉宾相比，鲁不鲁乞的旅程显得艰苦和不幸得多。

鲁不鲁乞一行从巴勒斯坦出发，经由依然处于拉丁帝国统治下的君士坦丁堡，渡过黑海，在克里米亚半岛的著名意大利殖民贸易港口苏达克（俄语地名，在欧洲语言中被称作索尼达尼亚）登陆。踏上钦察草原的鲁不鲁乞一行继续赶赴目的地——撒里答大营。撒里答受父亲之托统领"拔都兀鲁思"中包括罗斯在内的西方领土。在《史集》等诸多波斯语史料中提到的撒里答是拔都的"宰相代理"即"接班人"一说，可以从这得到印证。

撒里答并不是什么基督教徒，而且他也无法决定传教是否可行，于是将鲁不鲁乞一行送至伏尔加河畔的拔都营地。拔都告诉鲁不鲁乞，想得到传教的许可必须去见皇帝蒙哥。

人们一般认为有一个叫"拔都萨莱"的城市——或许是首都——拔都和鲁不鲁乞就是在那里会面的。但当时的术赤兀鲁思还没有建成固定的"首都"。"萨莱"为波斯语，有"家、住所、宫殿"等意，可能是人们将移动式帐篷"宫殿"这一

拔都的"斡鲁朵",译成了波斯语的"萨莱"。史上闻名的
"拔都萨莱"这座城市,其实并不存在。

不过是一介"传道者"的鲁不鲁乞经历了重重磨难,终
于在1253年12月27日,在严寒中到达了哈拉和林南郊的蒙
哥的斡鲁朵。在随后七个多月的时间里,鲁不鲁乞会见了蒙
哥,参观了哈拉和林都城,并目睹了景教徒、穆斯林、道教
徒、佛教徒等宗教信仰者的论争。尽管鲁不鲁乞一直强调自己
去到撒里答的领地只是为了传教,但蒙哥却将其看作为臣服于
蒙古而来的西方使节。为此,鲁不鲁乞反而得到了蒙哥相应的
优遇和恩惠。

1254年7月,鲁不鲁乞带着蒙哥写给路易九世的回信踏
上归途。这封回信是应取代三年前斡兀立海迷失回信的信件。
从鲁不鲁乞记录留下的内容来看,信中明确否定了斡兀立海迷
失的做法,并且承认路易是"法兰克"国王,并命令其在
"法兰克"领地即欧洲传达蒙哥的旨意。

无疑,蒙哥的这封回信中也洋溢着蒙古作为"世界"霸
主的自信。但是贵由及斡兀立海迷失的回信均有种虚张声势的
感觉,蒙哥则恰恰相反,他在信中恰如其分地反映了现实的情
况,足以令人信服。蒙哥将"世界"的"安宁""喜乐""和
平"作为大义名分来歌颂,如果除去英诺森四世写给贵由的
信中的基督教色彩,其实二者的理念在本质上并无太大差别。
从这一点来看,之前人们一味强调蒙古"野蛮的征服欲"的

态度尚有待商榷。

鲁不鲁乞在回程时，经过了蒙古的站赤路线，很快到达了伏尔加河畔的拔都斡鲁朵，并南下越过高加索地区，途经小亚细亚，于 1255 年 8 月 15 日到达了的黎波里。然而路易九世此时已经回到了法国，于是鲁不鲁乞来到阿卡，写下向路易九世复命的报告文书，即前述《旅行记》。

鲁不鲁乞的《旅行记》比起柏朗嘉宾的《蒙古人的历史》及其随从贝内迪克特或是圣康坦的洗满等人的记录来说，内容更加充实，信息也丰富得多。同时，他的表述十分直观，处处体现着他敏锐的观察力。《旅行记》也因此成为欧洲人对蒙古及 13 世纪欧亚大陆中部的最好记录。在柏朗嘉宾和其他人的记录中会经常出现过分夸张的成分，或是为把蒙古塑造成一个危险野蛮的"破坏者"而蓄意歪曲事实的表现，在《旅行记》中则几乎看不到这样的内容。

可以说，鲁不鲁乞是一个优秀的人，但是他为何未被世人所熟知呢？是因为他所著的《旅行记》只是写给路易九世个人的复命报告吗？这仿佛也不能成为理由。无论如何，柏朗嘉宾为欧洲了解蒙古发挥的作用固然是很大的，但站在重构历史的角度上来看，鲁不鲁乞无疑是现代历史研究学者们更加亲密的朋友。

Ⅱ　世界史面貌的改变

〈上图〉《中国历代帝后像》中收录的忽必烈肖像图。忽必烈一出生，成吉思汗便说他的脸像是中原人一般。这句话暗喻了忽必烈日后会建立起屹立东方的大元帝国，同时也说明成吉思家族的人容貌并不一定与忽必烈相似。

〈下图〉伊朗描绘旭烈兀的细密画。画面中的旭烈兀将杯子送到嘴边，而弓和鞭就摆在手边，显示出了纵横沙场的大将风范。其蒙古人特色的发型展现出了他自 1251 年出征至逝世以前六十五年的武人心得。在画面最左边明确地记载着这是旭烈兀的画像。

5

忽必烈夺权

忽必烈和旭烈兀

随着蒙哥政权成立，还有一批人物也登上了历史舞台。他们便是蒙哥的弟弟们：忽必烈、旭烈兀和阿里不哥。如果不是蒙哥即位，拖雷家族重新掌握了大权，他们三人是否能为人所知还是个未知数。特别是从忽必烈和旭烈兀两人不同的命运来看，大元帝国和旭烈兀兀鲁思甚至可能不会存在。世界史的发展方向也可能完全不同。一个极细微的变化就会引起整个世界历史的巨大变动。

在兄长蒙哥的命令下，忽必烈在东，旭烈兀在西，共同负担起蒙古东西两侧的统辖。但是两者是否有高下之分，或者说是为何你在东我在西，却不得而知。

忽必烈和旭烈兀的前半生都是充满谜团的，从 1251 年开始，二人才突然登上了历史舞台，并且自登台起，就是世界上屈指可数的重要人物。关于他们的一切，则存在于自此之后的活动中。

剧变之年

1259 年 8 月，忽必烈率领新编制的骑兵步兵大部队进驻在中原地区中央的汝南之地（位于淮河上游，汝水之畔，同时也是金朝灭亡时的蔡州）。那里正位于蒙古与南宋的国境线上。忽必烈当时的目标正是长江中游的最大据点城市——鄂州，即现在的武汉。兀良哈台则从云南高原出发，从南宋的背后进行包抄，与忽必烈军在鄂州会师。

正在此时，忽必烈的庶弟木哥①派出的密使从四川的蒙古主力部队带来了可汗蒙哥驾崩的消息。《元史》中记载，木哥的密使是在蒙哥死后一个月的 9 月 26 日（换算成公历纪年）到达忽必烈的军帐的，当时忽必烈军队刚好抵达长江北岸。然而《史集》和其他的记录则认为，是密使先到达驻汝南蒙古军的营中，"正式使者"是在其后前来通报的。由于《元史》是在一个政治局势较为微妙的背景下编纂的，所以其记述有一定的政治目的。

忽必烈和木哥是同一年出生的同父异母的兄弟。他们之间

---

① 为拖雷第八子，也称"末哥""穆哥"。——编者注

虽然没有同母的血缘关系，但是由一个乳母抚养大的乳兄弟，两个人的关系也十分亲近。拖雷的正室唆鲁禾帖尼在生下忽必烈之后，便将他交给了刚刚生下木哥的拖雷侧室——这位贵妇并没有亲自养育自己的儿子。在蒙哥亲征四川时，木哥的部队刚好也归属在蒙哥的主力部队之中，这可以说是忽必烈的幸运。如同自己分身一般的木哥在得知蒙哥驾崩之后，于正式的使者公布这一消息之前便把它第一时间传达给了忽必烈。而且在后来蒙哥大军回撤时，掌握了部队指挥权的不是别人，正是木哥。

此时从成吉思汗白手起家算起已经过了半个多世纪。蒙哥本应该掌控着欧亚大陆的大部分土地，然而他却在最前线的军营中突然死亡，享年五十二岁。这样的突发事件一下又让蒙古帝国陷入了紧张的气氛中。

此时的蒙古帝国正在欧亚大陆的东西两侧同时进行着战斗。东方是蒙哥大汗亲自参与的对南宋战争；西方是皇弟旭烈兀一人率领的西征军，当时已行进至北叙利亚。其中东方的战斗本应是忽必烈的任务。情势变化至此，帝国走上了可能分裂的道路。在蒙古分裂的威胁和诸子夺位的影响下，蒙哥驾崩后的 1259 年至 1260 年间成为世界史上罕见的剧变之年。

不　睦

在南征之前，蒙哥大汗与受命攻略东方的忽必烈之间还有一段纠葛的历史。

1251 年，忽必烈将位于蒙古高原东南角、距离中都也不远的金莲川草原设为自己的大本营。成吉思汗时代以来，负责经营东方的是札剌亦儿部的木华黎国王家族。忽必烈的指挥中心（金莲川幕府）就是在重编了包括木华黎一家在内的一系列帝国东部势力的基础上建立的。其进攻东方的第一步便是对云南大理的远征。他希望能够从侧面或背后实现对最大目标南宋的包夹。

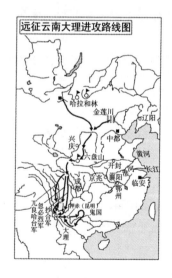

远征云南大理进攻路线图

中原地区中央有一条自西向东流淌的淮河。它南北两岸的带状区域由于金国和南宋长达一百二十年的南北对抗而变得满目疮痍，基本上成为一片荒野。这片长达 300 千米至 400 千米的荒野犹如一座"空白之壁"横亘在淮河流域。如果想从华北直接进攻南宋，要如何穿越这一区域、如何在行军过程中获得补给便成为大问题。即使有幸能够突破这片荒野，蒙古军队还要面对长江"江水之壁"这一大障碍。

除此之外，想要逐个攻破被严防密守的南宋城市也并非易事。恐怕在当时的整个欧亚大陆中，中原南部城市的防御能力也是首屈一指的。

因此以忽必烈为核心的金莲川幕府决定不采用对南宋短期决战的方式，避免正面强攻。1253年秋天，忽必烈对云南的远征胜利结束。于是他将后续事务交给了副将兀良哈台，自己则于1254年末返回金莲川。在那之后忽必烈便按兵不动，摆出了长期战争的架势。在1256年春，忽必烈还下令划出金莲川草原的一部分，修建了中国式的小型都城开平府。

忽必烈的这些行为招致了蒙哥的不满。性急的蒙哥以陕西京兆（蒙哥在忽必烈远征云南之前授予他的领地）的财政会计有错为由，派遣政府要员前往监查。当时的监督调查极为严苛，忽必烈为了管辖京兆地区而提拔任用的汉族官僚都被判处死刑或流放。在1257年春天，蒙哥大汗更是决定御驾亲征南宋，他希望通过短期决战来与南宋一决胜负。

忽必烈则被剔出了远征南宋的大军。但是在《元史》的《宪宗本纪》和《世祖本纪》中都没有提到其中的缘由。主要记载蒙哥治世相关内容的《宪宗本纪》大致是以《宪宗实录》为基础编纂的，而后者是在忽必烈统治时期完成的。还有，记述忽必烈统治的《世祖本纪》以《世祖实录》为蓝本编写，但《世祖实录》是又在忽必烈的孙子、元成宗铁穆耳统治时整理完毕的。所以它们并没有"说实话"。而在拉施特的《史集》中提到，蒙哥以忽必烈"脚痛"（即痛风）为由，令其静修。在蒙古，"脚痛"可以作为不参加一切活动的理由，所以忽必烈当时相当于被蒙哥下了禁令，被禁止参与对南宋的远征。除此之外，《史集》也没有明确阐述忽必烈离开南征大军的理由。

但是我们可以确定，蒙哥与忽必烈之间有《元史》和《史集》都不能明说的秘密。而这两人的不睦在其他史书中也基本没有记载。

蒙哥暴毙

不管理由为何，蒙哥和忽必烈两巨头之间的不和是显而易见的了。蒙哥希望让东方三王族盟主斡赤斤家族的塔察儿来代替自己二弟的位置。而当时塔察儿还只是一个可能连 20 岁都不到的"小孩"。

蒙哥在南征作战构想中继续采用了传统的三军团策略。塔察儿率领以东方三王族和五投下为核心的左翼军团作为东路军。蒙哥自己则率领中央军团和右翼的诸王和将领（中路军），从京兆、六盘山一带进入四川东部。剩下的西路军就是从云南出发的兀良哈台的军队了。

战斗的输赢与塔察儿有很大的关系。他所率领的左翼军团避开了"空白之壁"，从中原中央偏西的位置沿汉水蛇行南下，对长江中游一带进行压制。蒙哥的军队则在之后缓慢进军。1257 年秋天，塔察儿率领的左路军开始对汉江两岸的襄

阳和樊城展开进攻，但不出一周便引军撤退——这当然激怒了
蒙哥大汗。

塔察儿的撤退至今仍是个谜。《元史》中仅将其原因归为
持续了长达两个月的阴雨天气，但却没有记载为何仅凭连绵秋
雨就逼退了蒙古帝国首屈一指的强力军队，甚至让塔察儿完全
放弃了作战计划引军北归。另外，《史集》中记载蒙哥是以
"贪酒误事"为由训斥塔察儿的。但塔察儿明知道会激怒恐怖
的蒙哥大汗，为何却又会"贪酒误事"呢？其理由和塔察儿
的心理活动在《史集》中都没有记载。

作战计划于制订之初就出现了巨大变故。做事果断的蒙哥
立即将塔察儿从东路军主将的位置上撤下，反而重新启用了忽
必烈。作战计划再次被突然改变。强硬的蒙哥给忽必烈和塔察
儿两个"问题人物"安排了更为严苛的作战任务。

新编的东路军在忽必烈的带领下跨越黄河、淮河直接南下
逼近长江。当时塔察儿的部队已经归忽必烈统率。塔察儿率领
东方三王族的部队在忽必烈的东边，从淮河下游的荆山南下扬
州，继而剑指长江下游地区。忽必烈和塔察儿的部队都突破了
"空白之壁"，到达了长江"江水之壁"之前。

但此时，问题又回到了蒙哥自己身上。忽必烈和塔察儿忙
于东路军的重编时，蒙哥虽贵为大汗，也不得不站到最前线，
亲自参与四川的战事。四川的酷暑天气和南宋的山寨这双重难
题让他饱尝苦头。由于蒙古方面迟迟打不开局面，战况几无进

展，蒙哥便亲自披挂上马了。当时周围有人建议蒙哥暂且北退以避酷暑，可他还是执意进行强攻。

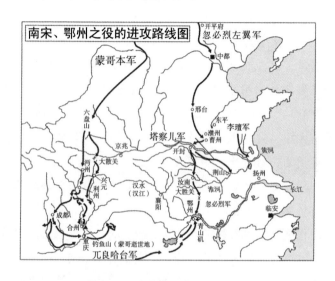

就是那时，一场怪异的疫病袭击了四川的蒙哥军队。《史集》中将这场疫病称作"拔巴"。它在波斯语和阿拉伯语中的意思是"传染病""痢疾""霍乱"等，但具体是什么也无人可知。甚至有人猜测那便是"鼠疫"。如果真是这样，在14世纪将以蒙古为中心的繁荣欧亚大陆毁于一旦的黑死病便是起源于13世纪中叶以后的亚洲。可是现在并没有能够确切证明当时的疫病就是鼠疫的证据。

1259年8月蒙哥染病去世了。同时也存在蒙哥被南宋军队的箭矢射中身亡的说法，孰真孰假我们已经无从判断。总之，正是蒙哥一次又一次的勉强进攻，才招致了自己的悲剧。

继承者的资格

据拉施特《史集》记载，忽必烈接到兄长蒙哥去世的密报后，马上与谋士霸突鲁进行了秘密交谈。霸突鲁是木华黎国王家族推荐给金莲川幕府的得力干将，肩负着让日渐衰败的木华黎家族走向复兴的重担。但更为重要的其实是，霸突鲁娶了察必皇后的亲姐姐，也就是说他是忽必烈的连襟，也是忽必烈最信任的人。

是进是退？考虑到要争夺王位，立即北上自然是一计良策。

此时列入蒙哥继承人考虑的有两个群体。一边是胞弟忽必烈、旭烈兀和阿里不哥；另一边是儿子班秃、阿速台、昔里吉和玉龙答失。但事实上，蒙哥的儿子们恐怕难以担此大任，那时他们都只有二十几岁。对于蒙古人来说，这个年纪虽然无疑已经是成年人了，但若要成为大汗还要另当别论。

细数蒙古的大汗，从开国的成吉思汗，到窝阔台、贵由、蒙哥，即位时均已过了知天命之年。虽然我们不知道当时蒙古人的平均寿命是多少，但可以说四十多岁已经是相当大的年纪了。虽说大汗手握着绝对权力，但这份权力是建立在为"蒙古兀鲁思"这一共同体带来繁荣和安宁的基础上的。也正因如此，大汗是由最有资格的人和大家认可的人"互选"出来的。因此大汗既是"蒙古共同体"的"主席"，也要承担协调诸多事宜的责任。从这个角度来看，无论血统多纯正、能力多优秀，没有一定的年纪和阅历的话，都是完全无法胜任"协调负责人"这一角色的。

分散在欧亚大陆的诸多蒙古王族当中，成吉思汗的孙辈也就是蒙哥这一代正值壮年，发挥着"蒙古兀鲁思"核心力量的作用。有三位无论血统年龄都无从挑剔的蒙哥的胞弟在，只能说蒙哥的儿子们的时代还"为时过早"。

接下来我们来介绍一下这三个人。三人在资格上均互不逊色，只是此时旭烈兀远在海外，而选举新大汗的库力台大会必须要在蒙古本土举行。

因此，是在忽必烈和阿里不哥中做选择。且不论两者实力如何，就名分而言，曾与蒙哥对立的忽必烈较为不利。虽说蒙哥已经去世，但原蒙哥政府仍然留在哈拉和林。阿里不哥是拖雷嫡子里边年龄最小的，掌握着拖雷家族在蒙古本土西部杭爱山到阿尔泰之间的许多领地。在之前蒙哥亲征的时候，他被留在蒙古本土，随后一直在哈拉和林。原蒙哥政府必然会站在阿里不哥一边，而蒙哥的儿子及后妃们也没有理由支持与蒙哥对立、间接导致悲剧发生的忽必烈。显而易见，客观形势上是阿里不哥更加有利。

决定命运的赌博

然而，霸突鲁给出的答案并非北还，而是南进。霸突鲁这样解释道："我方率军如蝗蚁般到达此地。未完成任务如何凯旋？恐落人口实。"

《史集》中描绘出了忽必烈与霸突鲁的雄风，以及简单果断的态度。拉施特用蒙古众人通俗易懂且值得信服的方式，不加主观意见地叙述着国之基本的微妙之处。但《史集》中引用的霸突鲁的话，归根到底只是结论，而事实上做出这一决断并非易事，而是一场命运的赌博。

霸突鲁的判断是正确的。若是在名分上占下风的忽必烈此时匆忙北还，在库力台大会上称汗的可能性微乎其微，所以不如就按照前任大汗蒙哥制订的作战计划，包围鄂州。就在人们都猜想忽必烈会选择北还时，他却带领蒙古大军战胜对"海"的恐惧成功渡过长江，展现了其继承前任大汗遗志的态度，这成为扭转舆论劣势的关键点。同时此举也让他自己的军队主动成为散布在中原各地的蒙古各军队的"后卫"，在形象上有了极大的提升。

忽必烈也通过这一行动支援了北上敌军领地的兀良哈台大军。兀良哈台是大将速不台之子，也是拖雷阵营的元老，据波斯语史料记载，他曾在蒙哥即位的库力台大会上，义正言辞地驳倒了政敌的主张。毫无疑问，兀良哈台属于亲蒙哥派。他曾作为副将追随忽必烈参加了对云南的远征，但据传二人之间产生了嫌隙。或许是由于忽必烈过早收兵回国的奇怪表现。对于忽必烈而言，若是不管不顾的话，不仅会背上对友军见死不救的骂名，而且他日若兀良哈台得以生还，必会成为其最强有力的敌人；但若是施以援手，得到的好处就不仅只有支援友军的美名这一点了。

此外，忽必烈还抱有另外一个想法。正如当年蒙哥即位靠的是术赤和拖雷家族麾下兵团的庇护一样，库力台大会说到底还是以兵力为背景的争夺。没有兵力的支持，即使再有能力、声望也只是徒然。尤其是在当时形势异常严峻的情况下，随时有可能发生伴随着武力争夺的动荡。

虽然忽必烈统率着大部队，但从组编部队到现在还不到一年。据《史集》记载，忽必烈于1258年12月27日被再次起用，当时他匆忙从金莲川开平府的根据地出发，率领的直属蒙古部队只有一万人。而原本应算作忽必烈麾下的五投下军队，在原塔察儿东路军解体之后还留在前线，前文所说的一万人可能也是夸张了。虽说之后南下的过程中，队伍有所壮大，但截止到驻扎汝南之时，纯正的蒙古骑兵也不算多，此外还有契丹、女真、汉族等兵员组成的"汉人"部队，其中大部分编入部队还不足四个月。

第二年，也就是1259年夏天，忽必烈南下到了华北平原，在山东西部汉人军阀严忠济领地驻扎作为夏营地。此地也就是东平地区的"曹濮之间"，即黄河冲积平原上曹州与濮州之间一望无际的大草原。忽必烈在这块营地度过了炎炎夏日，同时也同严氏幕僚在内的许多华北人士推心置腹地交流。手握"东平五十四城"的严忠济，拥有可以称为地方政权的实力，是当时反蒙情结最强的军阀。对于忽必烈而言，来到这个走错一步都可能招来杀身之祸的地方，不可谓之大胆。

事实证明，忽必烈的这招险棋成功了。之后转投忽必烈政权的以宋子贞为首的严氏幕僚，在此被忽必烈打动了。为了翻越"空白之壁"，忽必烈得到了兵站及补给线的保证。不光是兵粮方面得以补充，汉人军队也在此时编入了忽必烈大军。有了这样的支持，忽必烈的东路军便不会因为"空白之壁"和"江水之壁"而一筹莫展了，到了秋天，他们渡过黄河继续南下。

若是此时北上，好不容易编成的军队可能又会四散各地，尤其汉人部队更可谓是一把"双刃剑"，一旦回到黄河北岸，谁都不能保证他们不会同各自根据地的留守部队联合起来背叛忽必烈。一向对蒙古内部动向了如指掌的汉人军阀，也必定清楚此时阿里不哥局势占优。因此，为了即将到来的汗位之争，也为了当下的稳定，将大部队控制在自己手中继续南下反而是更好的选择。另外，此时位于四川的主力部队由于没有了蒙哥的领导，已是军不成军，而蒙古高原的主力部队全部出营，实际上也意味着阿里不哥手下也没有太多兵力。综观蒙古东部区域，只有忽必烈和塔察儿拥有较为完整、稳定的大量兵力。

霸突鲁的话中就藏有这样的考虑和判断，忽必烈遂决意南下。时不我待，忽必烈迅速在汝南阵中与汉人谋士一同商讨，也召集了主要将领召开紧急会议。此时，传达蒙哥死讯的密使的到来也被公之于众。郝经是忽必烈汉人谋士中的一员得力干将，在其文集《郝文忠公集》中对此有明言记载。不管怎样，忽必烈已经下定了决心。

1259 年 9 月 10 日，忽必烈东路军从汝南出发渡过淮河干流之后，继续南下，只用了两周的时间便到了长江北岸，随后立即准备船只，于同月 29 日渡江。据《史集》记载，为了让迷信的蒙古将士安心渡江，军中还特意准备了"护身符"让士兵带在其身上。史上著名的"鄂州之战"便就此展开了。

长江之畔

位于长江南岸的鄂州，就是人们所说的武昌。汉阳位于自北流入长江的汉江北岸，汉口则面向汉江与长江的汇合处。武昌、汉阳、汉口就是后来人们常说的"武汉三镇"，也就是现在的武汉。

鄂州不仅是长江中游地区的最大城市，更是水陆交通的要塞枢纽。蒙古将鄂州作为攻击目标，是想将靠长江而生的南宋阻断成东西两半。虽说最后这一想法还是以失败告终，但这和

"阔出南征"以及塔察儿旧东路军的构想是如出一辙的。

忽必烈大军作为首次横渡长江的蒙古军队，虽然已经摆出了包围鄂州的架势，但事实上并非真的想攻陷鄂州。而南宋却万万没有料想到忽必烈会渡过长江，本应实力强大的南宋水军眼睁睁地任其渡江，这给南宋带来了很大的冲击。此时，从四川东部地区的各个守卫部队也已经传来了蒙古举兵的消息。另外，还有消息称兀良哈台大军在广西、湖南、江西的各个城市间徘徊，仿佛在寻找目的地一般，同时不断改变路线渐渐北上。加之忽必烈大军的渡江，南宋实在无法理解蒙古这一连串的行动。

忽必烈大军的南下和渡江，也给蒙古各支军队带来了很大的冲击。首先，分散在中原各地的各支军队开始采取行动与之响应。木华黎国王家族的现任首领——忽林池①率领着以札剌亦儿部军队为核心的蒙汉大军，直接渡过长江来到了叔父霸突鲁所在的忽必烈军营。

在五投下中，弘吉剌惕驸马家族与木华黎国王家族实力不相上下，也是成吉思汗皇后的孛儿帖的老家。当时家族统领纳陈还在"淮甸"，也就是淮河附近，随后开始在后方支援忽必烈大军。实际上，纳陈同前一年去世的哥哥，也就是家族前任统领斡陈一样，都是忽必烈察必皇后的兄长。也就是说，纳陈

---

① 亦称"忽林赤""虎林赤"等。——编者注

通过察必皇后成了忽必烈的大舅子（另，驸马则是指皇帝的女婿，在蒙古语中叫作呼日根，突厥语叫作丘来根。著名的帖木儿被称作驸马帖木儿，就是因为他娶了成吉思汗家的女儿）。

进而，塔察儿率领的东方三王族的军队也表明了与忽必烈大军会合的意向。塔察儿此前与蒙哥及其政府关系并不好，因此便将自己的命运赌在了忽必烈身上。塔察儿的影响力是不容小觑的。

以此为界，情况发生了大逆转。一直在观望事态发展的蒙古诸股势力蜂拥站到了忽必烈一边。就连四川地区的各支军队，包括原蒙哥主力军残余部队的大部分也表示愿意投靠忽必烈。这样看来，目前忽必烈已经没有继续留在长江沿岸的必要了。在 11 月 24 日，郝经呈上了请求北上的奏折，这篇名叫《班师之议》的文章也收录在了他的文集中。

忽必烈在同北上的兀良哈台取得联系之后，向麾下的军队下达了北还的命令。为了支援兀良哈台的军队，忽必烈把副将霸突鲁留下作为殿后军队，自己则于 12 月 23 日（公历），从鄂州东郊的青山矶再次渡过长江，快马加鞭地踏过华中、华北大地。忽必烈一派各路军队约定在中都集结。

在南宋方面，宋理宗派出宠臣贾似道率救援部队进驻鄂州东部，并暗地里同忽必烈阵营达成了停战协议。然而在与兀良哈台军会合之后的霸突鲁部队，正按照之前的协议准备率军渡过长江之时，却遭到了南宋部分军队的袭击。尽管蒙古一方受损并不大，但贾似道却回报谎称敌军大败，损失惨重。随后贾似道英雄一般地回到了都城临安（今浙江杭州），开始了自己的独裁政权。

鄂州之战就战争本身来说并无特别之处，然而就战争双方及对阵来说，的确给以后的历史发展带来了巨大的影响，成为一个时代的转折点。鄂州之战后，诞生了帝王忽必烈和大元帝国，以及贾似道执政的十五年。从这个意义上来说，1259年秋冬的鄂州和长江之畔，不仅是当时蒙古人、南宋人关注的焦点，也是在回溯历史之时值得关注的时间和地点。

大汗阿里不哥

随着忽必烈大军在中都会合，公元1260年的大幕也就此拉开。

由于阿里不哥留守在蒙古本土，作为其分内工作，他一方面向全国发布了蒙哥葬礼的消息并召集有关人员参加；而另一方面，为了增强当下手中尚显微弱的兵力，他也向各地派遣了原蒙哥政府要员，风风火火地开展起了征兵工作。

而忽必烈一派的各支军队则在中都近郊开始了集体冬营，到了春天继续北上，前往开平府的金莲川草原。在金莲川草原上，忽必烈先发制人，在蒙古本土库力台大会之前召开了只有己方人员参加的库力台大会，并被推选为大汗即位。那时的忽必烈四十六岁。

而哈拉和林的中央政府以及阿里不哥一派，之前一直要求忽必烈回来参加蒙哥的葬礼，但随着忽必烈态度明朗化，阿里不哥也不再犹豫。似乎是受忽必烈"即位"所迫，阿里不哥也召集了蒙古本土及首都哈拉和林附近的民众，一个月后在位于哈拉和林城西郊阿勒台河畔的夏营地召开了库力台大会，阿里不哥成为新任大汗。

至此，蒙古帝国首次出现了两位大汗并存的情况。从正统性来看，全权操办蒙哥葬礼，并在蒙古本土中央召开库力台大会即位的阿里不哥才是真正的大汗，而未出席前任大汗葬礼仅在蒙古高原东南一隅称帝的忽必烈，至少在当时，应当算作叛乱者。

阿里不哥才是正统皇帝的这一认识，在蒙古内部广泛传开。

别儿哥就是其支持者之一。兄长拔都去世后，其嫡子撒里答，甚至嫡孙乌剌黑赤都接连去世，在这种极其罕见的情况下，不得不由别儿哥继承了术赤兀鲁思的首领位置。由于相距较远，加之阿里不哥库力台大会的匆忙召开，别儿哥没能直接列席大会，但他明确表示支持阿里不哥，甚至还发行了印有阿里不哥名字的钱币。

再来看察合台家族，兀鲁忽乃在丈夫哈剌旭烈去世后，由

蒙哥任命为继任的女性首领。由于兀鲁忽乃直接参加了库力台大会，她支持阿里不哥的态度显而易见。

而在帝国纷争中最终建立了新汗国"旭烈兀兀鲁思"的旭烈兀一支中，为留守蒙古高原西部的旭烈兀领地及斡鲁朵而没有随父亲西征的嫡子木木忽儿也参加了拥戴阿里不哥的库力台大会。但在帝位争夺战开始后不久，其父亲旭烈兀听说似乎忽必烈一派更占上风，于是向木木忽儿下达了紧急命令，木木忽儿随后离开了蒙古本土而赶赴伊朗。

然而，不争的事实是，就连拉施特编纂的《史集》中，在《忽必烈纪》之后，不仅似乎按照同样的标准为阿里不哥另立一纪，更是在可以看作"世界皇统图"的波斯语系谱集《五族谱》（请参考下册Ⅳ章1节中"东西和睦"一段）中，将阿里不哥作为历代皇帝之一列入，且没有明确表示阿里不哥和忽必烈各自是第几代皇帝。由于《五族谱》与《史集》密切相关，那么它必定也是在旭烈兀兀鲁思编纂完成的。旭烈兀兀鲁思虽然有必须否定阿里不哥曾经"在位"的政治立场，然而在现实中却无法抹去阿里不哥曾是"大汗"的历史记录。

随后，在帖木儿王朝沙哈鲁统治下的中亚地区，伟大历史编纂事业的核心人物——哈菲兹·阿布鲁将成吉思汗及帖木儿两大家族放在一起，编纂了一部名叫《显贵世系》（Mu'izz al-Ansāb）波斯语大系谱集。这是关于蒙古帝国及帖木儿王族的基本史料。在这部巨大数据群的前半部分，阿里不哥依旧在历代蒙古皇帝中占据着一席之地。

《史集》《五族谱》和《显贵世系》中，关于阿里不哥的一系列见解已十分明了。可以说，编纂时期越晚，人们便越能从将阿里不哥作为禁忌的政治束缚中解放出来，记录历史的本来面目。

然而，在保存着唯一的《五族谱》抄本的伊斯坦布尔托普卡帕宫博物馆中，还收藏着被称作《拜宋豁儿[①]全集》的帖木儿王朝绘画、素描和设计集。其中的十几张为成吉思汗、帖木儿两大王朝的皇统简图，并附有主要历代君主的画像。其中

---

① 拜宋豁儿（Gīat al-dīn Bāysonĝor, 1397～1433），帖木儿王朝王族，沙哈鲁第三子，在诗歌、绘画、音乐上造诣很深。——编者注

也以同等资格收录了阿里不哥和忽必烈，展现了二人朝气蓬勃的英姿。

总的来说，阿里不哥曾做过"大汗"是毋庸置疑的事实。至少在1264年因忽必烈军变而失败之前的不到五年时间里，蒙古帝国上下几乎都将阿里不哥视作现任大汗。原来人们经常提到"阿里不哥的叛乱"，其实是被当时主张中华式"正统主义"的汉文文献误导的结果。

原本继承蒙哥成为蒙古"第五代"皇帝的应是阿里不哥，之后凭借强大的实力篡位成功的忽必烈，应被看作是从1264年起至1294年在位的"第六代"皇帝，而不是从1260年起。只是这样的话便无法与当时文献中的皇帝顺序相吻合。在忽必烈王朝，忽必烈必须被看作蒙古"第五代"皇帝，而之后的历代大汗都在遵循这个顺序，甚至常常高调地炫耀这一点。

负遗产

然而，且不论正统是谁，依靠武力争夺帝位在蒙古尚无先例。长达四年的帝位争夺战开始了。

关于战况，"叛乱军"的忽必烈阵营从一开始就占据了优势，忽必烈的核心部队——东方三王族和五投下实力强大。另外，忽必烈自不必说，将赌注压在忽必烈身上的塔察儿及其他人，若是失败不仅自身难保，连整个家族都将走向灭亡。因此，众人都怀着必死的决心踏上战场。

反观另一边，阿里不哥在乱局中匆忙接手了蒙哥政府，成为堂堂正正的"现任大汗"，但是他却失去了行动的自由，怀着必死的信念将身家性命赌在阿里不哥身上的支持者也比较少。追随阿里不哥的人，或者被军队动员起来的人们都觉得赢是理所应当，只要维持现状便足矣，原蒙哥系统的人们也依旧狂妄自大。相反，若是竭力奋战之后，结果还是输给忽必烈一派的话，那便更加凄惨了。所以，他们不可能全力作战。

本来，在阿里不哥一派中，大多数人都只是没有背离蒙哥以来的哈拉和林政府罢了，他们并不像从未尝过山珍海味的"叛乱军"——忽必烈阵营一样，拥有必须舍身冒险的理由。在一点点将蒙哥体制过渡到阿里不哥体制的旧蒙哥政府人员中，应该也有不少人对现状抱有怀疑，也会有人对捆绑在"现政权"的名义下、最终走向全军覆没的结局感到不寒而栗。甚至，内心对极其强硬的蒙哥体制感到抵触却又没有表明态度的人也绝非少数。

在阿里不哥阵营中，除了他和整个家族之外，拼命效忠的人屈指可数：只有把阿里不哥作为蒙哥的"替身"拥戴为大汗的蒙哥一族、原蒙哥政府的要员们，以及依靠阿里不哥政权可以获得荣华富贵的阿里不哥妻子家族——斡亦剌惕一族。位于蒙古高原西北部的斡亦剌惕一族自成吉思汗时代以来，就被认为是独立不羁而实力强大的"森林之民"，除此之外，事实上阿里不哥已经没有可以依靠的势力了。

而现实中，士气饱满且实力强劲的忽必烈大军集结在以左翼军队为核心的周围，将表面上手握"现政权"的阿里不哥牢牢压制。一旦实力上的破绽显露出来，潜藏在蒙哥体制下的种种问题，便无可避免地化为"负遗产"，给予阿里不哥沉痛一击。

察合台家族的背叛

察合台家族的背叛，便正是所谓的"负遗产"。

在军事上的劣势之外，由于忽必烈的经济封锁，从华北向哈拉和林的粮饷、物资运输被切断，阿里不哥政府的经济情况每况愈下。为了打开局面，1261年，阿里不哥决定让身边的察合台家族旁系成员阿鲁忽继承该家族家主之位。作为交换条件，阿鲁忽约定从领地内的绿洲运送粮草给阿里不哥。

然而随着阿鲁忽取代女性家主兀鲁忽乃的位置，察合台家族便开始将矛头指向阿里不哥的哈拉和林政府。早在蒙哥即位之时，察合台家族中成年的诸王便纷纷被处死、流放，而自创建者察合台以来形成的巨大的势力范围也被蒙哥和拔都统统没收。对于察合台一族的诸王、诸将来说，延续蒙哥体制的当下政权是被强烈仇恨、无法容忍的存在。

而在察合台一族中，必须追随阿里不哥政权的，可以说只有兀鲁忽乃，她一心想让位给自己与亡夫哈剌旭烈的儿子木八剌沙。但族中其他诸将对兀鲁忽乃的愤慨之情溢于言表，认为她作为一个非察合台家族血统的女人，完全成为蒙哥的傀儡，无视察合台家族的利益，对中央政府唯命是从、任其操纵。也正因如此，即使家主之位被阿鲁忽"篡夺"，他们也没有抵抗，甚至觉得家主之位本就应该由男人担任，并把它看作重振察合台家族辉煌的良机。另外，阿鲁忽本人也认为，一旦自己成为家主，那么在对待察合台家族这一点上延续了蒙哥强硬作风的阿里不哥政权，就只是应该唾弃的存在了。

燃起复仇之火和重振之愿的察合台一族，对阿里不哥现政权展开了打击。忽必烈和阿鲁忽开始合作，而阿里不哥政府可谓是腹背受敌。

走投无路的阿里不哥一派，放弃了代表了自身政权正统性的首都哈拉和林，奔赴察合台家族历代的根据地——伊犁溪谷。阿里不哥已经于一年前向正面大敌忽必烈发起了一决雌雄的挑战，结果却被忽必烈军队击退；对于当下的阿里不哥大军来说，除了攻陷并夺取身后的"背叛者"阿鲁忽及其察合台家族领地来缓解紧张局面之外，已别无选择。

遭受蒙哥打压而实力大减的察合台家族，无法抵挡阿里不哥亲率"政府军"的疯狂攻势，因而舍弃了伊犁溪谷，退至河中地区。阿里不哥成为首位打破开国始祖成吉思汗制定的帝国体制原则的蒙古大汗，占领了一个家族兀鲁思的根据地。

1262～1263 年的冬天，阿里不哥的军队在此宿营，并图谋挽回颓势。

然而在此次冬营期间，阿里不哥却犯下了无法挽回的大错：他将俘虏的察合台家族将士全部处死了。

这只能用愚蠢来形容。蒙古大汗是因"蒙古共同体"的存在而存在的，要对其怀有无限的慈爱之情。即便是"大汗宝座的争夺"，抑或是"骨肉相争"，流血的代价也应仅限于当事两方，一般的"蒙古共同体"成员完全不应为此承受受伤或丧命的代价。也正因如此，之前如此行事的蒙哥已经遭到了许多蒙古人的怨恨，而虽然当时蒙哥留下的阴影已经笼罩在阿里不哥身上，但他似乎也完全没有认识到兄长的这一败笔。

无论是被俘虏的察合台家族将士，还是阿里不哥麾下的将官兵卒，都不曾怀有蒙古人之间自相残杀的想法，更何况阿里不哥如今还面对着占据优势的"叛乱军"忽必烈，是希望得到更多人支持的现任"大汗"。阿里不哥军队上下都为此震惊不已，转念放弃了眼下这位大汗。

分散在中亚地区的窝阔台各派也将对蒙哥的怨恨转嫁到阿里不哥身上，因此，目前已经几乎没有人对明显每况愈下的阿里不哥及其"政府"伸出援手了。至于行宫位于甘肃地区原西夏领地的阔端一族，其现首领只必帖木儿早在刚刚开战的阶段，就对趾高气昂的原蒙哥政府成员怀有不满，现在更是完全归入忽必烈一派，在陕西、甘肃地区为忽必烈的胜利提供支持。

蒙哥的盟友别儿哥所领导的术赤一族可以说是阿里不哥唯一可以依赖的家族兀鲁思，但其东部的"斡儿答兀鲁斯"的统帅火你赤由于其领地距战场并不远，为了明哲保身也放弃了向阿里不哥提供积极支援。事到如今，阿里不哥已被孤立了。

雪上加霜的是，1263 年春天，伊犁溪谷遭受了严重的饥荒，民众接连死亡，景象十分凄惨。阿里不哥军队难以承受内部与外部、自然与人为的双重打击，最终走向解体。而孤身无援的大汗阿里不哥，仅带着少数原蒙哥政府成员向忽必烈投降，此时已是 1264 年 7 月。

靠政变换来的政权

推翻当下政权，依靠武力迫使时任大汗退位，这在蒙古开国以来尚属首次。

或许称忽必烈政权为"靠政变换来的政权"更为合适。此次忽必烈成功夺取政权的最关键因素，是因为有以东方三王族及五投下两股势力为核心的左翼部队作为强大支撑。

在此之前，成吉思汗的诸位弟弟所领导的东方三王族，除了在窝阔台去世时，斡赤斤曾一度尝试夺取大汗之位以外，从未直接参与过成吉思汗后代们的"骨肉之争"。与其说他们一直选择站在实力较强的一边，不如说他们是将以"蒙古国"东西方力量均衡原则为基础的"正统性"，赋予占优势的一方。可以说他们握有关系到新政权成立的"决定性一票"，也可以说其处世方针便是冷静地判断出"胜利之马"后，毫无差错地选择骑上这匹马。而此次，他们却参加了决定成败的一战，并收获了成功。这是因为此时的帝国纷争，已经不允许他们继续保持首鼠两端的暧昧态度了。

而五投下面临的抉择更难。虽说他们是成吉思汗时期以来势力强大的姻族和同盟集团，但毕竟并非王族，失败对于他们而言就意味着"死亡"。尽管如此，五位首领仍然齐心协力站在了忽必烈阵营的最前列，可以说是很了不起的。

目前为止，人们大体上把这次汗位争夺战看作蒙古本地派和汉地派，或是游牧派和定居派的争夺。这是因为战争结束后新诞生的元朝往往被看作"中华王朝"，而这一印象又被随意代回战乱时期的阵营结构中，从而束缚了思维。但这与事实大相径庭，不得不说只是单纯且牵强的臆想。有趣的是，从前人们通常将阿里不哥派定位为"保守派"，而将忽必烈派称作"革新派"，也就是执着于游牧体制和以农耕定居社会为基础的两大派系。保守派、革新派本身的内涵就很难理解，而假如用这样的标准来看的话，当时的两派几乎都应算作"保守派"。将范围仅局限在中原地区这一"臆想"，只对一部分汉文史料的只言片语做夸大解释，或是随意地得出这样的结论，只能说是狭隘视野下无根据的肤浅论断。

偏爱这种肤浅论断的人们，喜欢将忽必烈的军事胜利归为汉人部队的功劳，这也是一种曲解。当初忽必烈从汉人军阀手中选拔一万、随后扩大为三万的被称作"侍卫亲军"的首都部队，几乎都是为了防备中都地区冬营时的突发状况。其实，这也只是表面上的理由。对于将内蒙古草原作为根据地的忽必烈大军来说，需要防范身后的华北地区出现不稳定因素，这才是其真正的目的，即"向南"的布局。

两派的主战场在蒙古高原东部，地势平坦，一望无际。除了灵活性较强的骑兵之外，其他兵种难以撑起大局。事实上，在两军正面交锋的前后三次战役中，对阵双方几乎都是蒙古精锐骑兵。

最有名的当属 1261 年的"昔木土脑儿会战"。阿里不哥大军为了夺回当初战败失去的哈拉和林，假装投降；随后，为了挽回局面，全军一举越过蒙古戈壁，突袭位于开平府的忽必烈大营。这是两军主力部队事实上的"决战"，以《史集》和《元史》为首，东西方的文献中均有多处相关记载，从中我们可以大致把握两军的阵容。

这是一场蒙古高原东西部的决战。阿里不哥大军的主力为蒙古西部的斡亦剌惕部军队，而忽必烈大军则采取了传统的三军作战方式：以忽必烈直属部队为中军，左侧为东方三王族及成吉思汗庶弟——别里古台王族组成的"左翼诸弟王族"军团，右侧为弘吉剌惕部的纳陈驸马、亦乞列思部的帖里该驸马、札剌亦儿部的忽林池国王、兀鲁兀惕部的卡达克郡王，以及忙兀惕部的忽图忽，也就是由各部首领所统帅的五投下军团。我们再回头看阿里不哥的军队：由于是一次几乎没有粮饷储备的奇袭，因而他们不得不早早地撤退至蒙古戈壁以北，凭借自己力量取胜的希望破灭了。

因此这场会战中，起到决定性作用的是忽必烈军遥遥领先的游牧战斗能力。所谓游牧派、汉派的分类只是虚构。而补给、兵站的问题，在两军隔着蒙古戈壁对峙的后期便显现出来。忽必烈的背后有汉地这一补给基地；而位于哈拉和林的阿里不哥军队，素日主要依靠从忽必烈的根据地，也就是遥远的汉地获得物资补给。随着战线越拉越长，阿里不哥的劣势便愈发明显。

总的来说，在军事力量和兵站两个方面，忽必烈均占据了上风。以左翼游牧军团为主力，在蒙古帝国东部掀起叛乱并借此建立的政权，便是忽必烈政权。政权的基础从一开始便偏向了东方，这在日后为蒙古帝国，乃至全世界的走向都带来了巨大的改变。

6

旭烈兀的旋返

西征的目的

公元 1260 年，对于蒙古帝国和世界历史来说，都是一个重要的分岔点。这一年，在东方世界发生巨大变革的同时，对西方的伊斯兰世界及中东历史，抑或是欧洲的历史来说，也都发生了不容忘却的改变。

旭烈兀的征西部队于 1253 年秋从蒙古高原出发。各个蒙古千户中，每十户出两个年轻的蒙古战士，他们组成了旭烈兀远征大军的主力军团。旭烈兀大军的核心就是这一支"少年部队"。军队成员集合了蒙古本土及其周边的各个部族的人员，可以说这个阵容是整个"蒙古兀鲁思"的缩影。同时，此次远征还带来了预想之外的结果：以远征部队为核心的

"旭烈兀兀鲁思"，也理所应当地成为与"也客忙豁勒"（即大蒙古国）一模一样的、仿佛其缩小版一般的"国家"。

旭烈兀此行西征的真正目的，我们还不得而知。目前存在确切或不确切的种种观点。

第一个目标，是打倒被称作暗杀者教团的伊斯玛仪派，这是毋庸置疑的。据鲁不鲁乞的《旅行记》记载，伊斯玛仪派为了杀害蒙哥大汗，向哈拉和林派出了多达四百名的刺客。如果此事属实，那么的确是要无条件地打倒伊斯玛仪派。且不管暗杀蒙哥计划是真是假，蒙古想进一步确立在伊朗地区的统治地位，伊斯玛仪派都无疑是最大的障碍。

第二个目标，是讨伐位于巴格达的阿拔斯王朝哈里发政权。哈里发政权作为逊尼派的象征，在十几年前逐渐从长期国力低迷的状态中摆脱出来，慢慢显现出权力回归的迹象。

尽管如此，若是按照一般的观点，旭烈兀此行西征只是为了消灭伊斯玛仪派和阿拔斯王朝两股势力，平定整个伊朗的话，那么为什么要如此大费周章地准备，又有什么必要派出如此规模浩大的军队呢？

我们也可以看到其他意见，即旭烈兀西征的目的，就是在"伊朗之地"建立"旭烈兀兀鲁思"。依据拉施特《史集》的记载，蒙哥曾暗地里传唤即将出征的旭烈兀，并向他下达了这个秘密命令。

但《史集》里最突出强调的一点，还是"旭烈兀兀鲁思"的正统性。《史集》无法如实记载以下事实，即在帝国纷争愈演愈烈之时，旭烈兀将当时皇室的共有领土"伊朗之地"据为己有。将偶然的结果说成是当初的既定目标，这是"旭烈兀兀鲁思"的想法。而事实上，"旭烈兀兀鲁思"对伊朗的统治并不是蒙哥下达的命令，而是旭烈兀靠实力取胜的结果。

伊朗与远方

实际上，蒙古的统治早已渗透到伊朗地区。当初，窝阔台时期设立的伊朗总督府只负责管辖伊朗东部的呼罗珊地区和里海南岸的马赞德兰地区，随后，其管辖区域开始渐渐向西部扩大。当旭烈兀举兵西征时，位于阿姆河南侧的伊朗总督府的影响力已经由总部所在的伊朗东部，延伸到了整个伊朗。

而在西边，在伊朗西北部从阿塞拜疆到高加索地区南麓，以及安那托利亚高原的东部地区，拜住率领的三万"探马赤军队"早已将高山与溪谷交织而成的草原作为牧地，开始了行动。这支军队作为蒙古在中东地区最前线的驻扎部队，其威慑力不仅集中在伊朗高原，也覆盖了缺少强大统治势力的整个伊斯兰世界东方。

如前所述，蒙哥向"克什米尔"（源自史料记载，事实上为现在的阿富汗地区）派遣了撒里那颜一军作为其在兴都库什至印度地区的布局之一。另外，在呼罗珊地区的主要城市赫拉特，从古尔王朝以来就定居于此的卡尔提德王朝的夏姆斯·阿尔丁·穆罕默德，已经被认为是蒙古体制内的地方权力。

像这样，可以说在阿姆河以南的"伊朗之地"上，蒙古方面的各股势力已经占领了要地。大汗蒙哥希望即将西征的旭烈兀可以吸收、统一蒙古的诸多势力，并取得某些"成果"。

暗杀教团

在伊斯兰世界之中，与占多数的正统逊尼派相对，少数派的什叶派认为，穆罕默德的堂弟、迎娶了穆罕默德女儿法蒂玛的第四任哈里发阿里是穆罕默德的继任者，是只有其子孙才能成为穆斯林（信仰伊斯兰教的人）的领导人。在什叶派当中，有一支为"十二伊玛目派"，另一支为"伊斯玛仪派"。伊斯玛仪派在与其他派别展开激烈的对立斗争的同时，于 10 世纪初期，以埃及为中心成立了法蒂玛王朝（以穆罕默德女儿法蒂玛的名字命名），并建设了开罗城。

在突厥人蜂拥至中亚，塞尔柱王朝占领巴格达并以伊拉克地区为中心绘制了巨大版图的 11 世纪中叶，伊朗有一位叫作哈桑·本·萨巴的人物度过了他不平凡的一生。他途经伊斯法罕、大马士革来到开罗，用一年半的时间亲身投入伊斯玛仪派的教学后，再次回到了信奉逊尼派的塞尔柱王朝统治下的伊朗。他在不断奔波传教之后，于 1090 年，定居在了厄尔布尔士山脉深处的阿拉穆特山城。

〈右〉厄尔布尔士山脉中伊斯玛仪派的山城群之一，位于拉姆萨尔城南壁一隅的高塔旁边。利用天然地势建造起来了坚固的城墙、壮观的高塔和瞭望楼，这种建筑技术在伊朗空前绝后，通过"十字军"对西欧的建城方式也带来了很大的影响。

〈左〉阿拉穆特城内挖出的石室。阿拉穆特城周围都是悬崖峭壁，只有通过通往这间石室的唯一路径，大概是利用绳梯等，才可以到达阿拉穆特城的中央。室内有 13 平方米左右，山下情况一览无余。各个山城中还建有各种地下设施。

照片来源：本田实信先生。

从那以后，哈桑·本·萨巴再也没有离开过这座城市，但他以阿拉穆特的岩石高山为根据地，在厄尔布尔士山脉一带增建山城，并将传教区域延伸到伊朗东部的科希斯坦，以及伊朗西南部的札格罗斯山脉，甚至还将山城建设到了遥远的西方——叙利亚。而面对塞尔柱王朝的打压和攻击，以著名的1092 年宰相尼查姆·穆尔克暗杀事件为首，哈桑·本·萨巴用叫作"菲达伊"也就是"献身者"的刺客予以回应。

就这样，在独立山峰及巨大岩山这些天然要害旁通过独特的筑城技术建设易守难攻的山城群，并制造无法预知下个目标的暗杀恐惧，这两大利器使"东方伊斯玛仪派"很快成为让人胆颤心惊的存在，它同法蒂玛王朝的关联也不复存在。那时，在塞尔柱王朝的权力分化和随之而来的政治不稳定的背景下，其宣扬根据"真正的伊斯兰"构建新型世界秩序的口号则牢牢抓住了许多伊朗人的心，"东方伊斯玛仪派"超越了教团界限，隐然成为一大宗教王国。

伊斯玛仪派对伊斯兰其他教派燃起了仇视之火，在叙利亚地区与旨在光复耶路撒冷的"十字军"接触后，与"阿萨辛"，即"暗杀者"这些词语一样，这一充满恐怖色彩的教团的消息也传向了欧洲。其中并不只是将其作为伊斯兰教的过激派，更是伴随着"山中长老""美女的乐园""不惧死亡的刺客"等不可思议的、令人毛骨悚然的气息。

随后，以"马可·波罗"为名的某人在其所著的游记中详细地讲解了关于他们包括吸食毒品在内的内容，充满谜团的阴森气氛更加浓重了。但关于其真实情况，还有很多不为人知的地方。另外，虽然"阿萨辛"的词源为阿拉伯语的"哈希什"（hashish），也就是"大麻"，但常吸食毒品这一看法实际上只是误解。

对于蒙古方面，第六代教主哈桑三世在成吉思汗西征之时，率先派出了代表臣服的使者。但在窝阔台时期后，蒙古逐渐显现出统治伊朗的欲望，二者的关系也开始对立起来，甚至发生了蒙古部将被伊斯玛仪派刺客暗杀的事件。而到了贵由时期，作为尚未完成的进攻地中海计划的其中一环，他甚至已经开始命令长官野吉知吉带出兵攻打暗杀者教团，即被正统穆斯林贬为"邪教成员"的伊斯玛仪教团。

厄尔布尔士的雪

在蒙古的征西大军之中，由旭烈兀亲自率领的主力部队的行进速度出奇缓慢，几乎用了整整两年的时间从蒙古高原到达中亚地区，仿佛游山玩水一样悠哉地前进着。并且，他们在阿力麻里受到了兀鲁忽乃统领下的察合台家族上上下下的包括宴请、狩猎等活动在内的热情款待。

而在一路上，旭烈兀主力部队不断充实粮饷、与各路军队途中会合，在到达河中地区时已经发展壮大成为大规模的军队。不仅有王族迭古解儿率领的察合台家族将士、连术赤家族也派出了由王族孛勒合①和秃塔儿指挥的数以万计的兵力加入。

---

① 亦称"巴剌海"。——编者注

1255 年初秋，旭烈兀大军到达了撒马尔罕，在郊外享受了猎狮之乐后，在同年 11 月，于怯失受到了伊朗总督阿鲁浑的迎接。而在撒马尔罕一个多月的停留对于旭烈兀而言，是决定远征成败与否的关键。旭烈兀也在此首次将伊斯玛仪派及其山城建筑群明确为首要攻击目标，并统一向"伊朗之地"的所有王侯、首领号召提供参军人员、粮饷和武器，以试探他们的意向。

在西部，以安那托利亚高原鲁姆苏丹国的苏丹为首，包括伊拉克、法尔斯（伊朗西南部的地区。历史上阿契美尼德王朝发祥于此，因此欧洲人也称此地为波斯）、格鲁吉亚、阿塞拜疆等较远地区在内，各地的首领们纷纷赶到了位于怯失的旭烈兀大营。自此，伊朗各地区势力投向蒙古的局面已十分明朗。历时两年行军极其缓慢所带来的无形压力，此时发挥了作用。

于是，公元 1256 年 1 月 1 日，旭烈兀终于渡过了阿姆河。在渡河之前极其慎重地行动，以及选择具有象征意义的吉日来渡河，都明确表示着蒙古以阿姆河为界划下自己的统治范围。在伊朗的传统概念中，"伊朗之地"就意味着"从阿姆到开罗"，即从阿姆河到埃及的辽阔区域，几乎相当于整个古阿契美尼德帝国的土地。旭烈兀以"伊朗"为明确目标制订了自己的行动计划。

关于旭烈兀大军讨伐"暗杀教团"的战争，日本杰出的蒙古时代历史以及伊朗、伊斯兰历史研究者——本田实信根据典籍文献进行了精密细致的研究，下文将主要以其研究为根据进行叙述。

早在旭烈兀主力部队从蒙古高原出发之前，蒙哥皇帝已经令乃蛮部的怯的不花带领一万两千人的先锋军队，于 1252 年 7 月率先启程。怯的不花大军在第二年 3 月渡过阿姆河，清除了科希斯坦地区的伊斯玛仪派势力，随后，来到了位于厄尔布尔士山脉中的敌军城池。然而，面对牢不可破的山城群，怯的不花大军无功而返，并没有取得预想的胜利，无论如何攻击，伊斯玛仪教团的阵地似乎都坚不可摧。原本，蒙古在开始正式作战之前都会屡次派遣"先遣军队"试探虚实，这次军事行动也不例外，先试探一下，为正式采取行动做足准备，也可以算作一种敌情侦查。一切行动，都以等待旭烈兀大军的到达为前提。

然而，此时却出现了预料之外的情况。1255 年 12 月，第七任教主——阿剌丁·摩诃末三世竟突然被亲信杀死。这一时间点的微妙之处在于，当时还在怯失扎营的旭烈兀正在筹划如何消灭伊斯玛仪教团，并召集了伊朗地区的全部首领。

阿剌丁虽说没有特意再做防备，但无论如何，他是站在反对蒙古一边的。而取而代之的第八任教主，也就是其儿子鲁克纳丁·忽儿沙，面对节节逼近的蒙古大军采取了与其父亲截然相反的态度，表示要通过臣服和和平来守住其宗教王国。这暗示着刺杀摩诃末三世的人，正是忽儿沙。

在新教主的统治下，伊斯玛仪教团的态度有了巨大的转变。忽儿沙希望可以通过谈判避开蒙古的攻势，尽量保证相安无事。但是，比起稚嫩的忽儿沙，旭烈兀要老道得多。他在亲自将大本营撤后的同时，将麾下的各支部队布署在从伊朗东部到厄尔布尔士山脉南北的区域，在与忽儿沙在谈判中讨价还价的背后，其真正目的在于以敌人腹地——阿拉穆特地区为中心，渐渐收起包围之网。

被要求拿出臣服证据的忽儿沙，依次提出废弃部分山城、提供人质等小的让步方案，以观望旭烈兀的态度。但旭烈兀每次得到让步后，都会向忽儿沙要求再度让步和更加明确的态度，而前线部队的威胁攻击也没有停止，用软硬两面不断向其施压。阿拉穆特地区被完全封锁，无法与外界联络，伊斯玛仪教团正逐渐土崩瓦解。

到了1256年秋天，为了迫使一直犹豫不定、不来臣服的忽儿沙做出决断，旭烈兀下令让全军进入战斗状态，尽管如此，忽儿沙还是采取拖延战术，一点点让步，明显在等待冬天和雪的到来。在雪天的阿拉穆特行军打仗，对于哪怕已经习惯严寒的蒙古大军来说，也是不可能的。而一旦撤兵，到了第二年春天冰雪消融，情况可能也有了变数。

究竟是会准时开战，还是议和呢？在旭烈兀大军渐渐迫近忽儿沙所在的城池——麦门底斯堡时，每天都有使者往来于两军之间。1256年11月19日，当蒙古全军在麦门底斯山下集结开始作战后，忽儿沙终于开城投降了。他最终还是没有等到下雪。而整个教团也没有明确给出敌对或臣服的指令，而且随着最关键的核心地区形势每况愈下，伊斯玛仪派的各座城池事实上也已经处于瓦解边缘，他们已经无法进行有组织的抵抗了。

忽儿沙得到了礼貌的对待，在他的命令下，主城阿拉穆特也和平开城，其他各城依次投降，并被蒙古废除。这样，本来并非可以轻易攻陷的伊斯玛仪教团山城群，通过旭烈兀对忽儿沙的有效利用，除个别城池之外，纷纷不战而降，成为旭烈兀的囊中之物。

自此，让伊斯兰世界和"十字军"毛骨悚然的中东最强势力，在经历了一百六十六年的辉煌后，事实上走向了终结。旭烈兀取胜所用的时间比预想少了很多。伊斯玛仪派的灭亡，对于其他穆斯林来说无疑是个好消息。然而另一方面，在令人难以置信的短时间内消灭了伊斯玛仪派，使得蒙古身上的恐怖色彩变得更加浓重了。

忽儿沙在得到旭烈兀的优待之后，决定前往大汗的宫廷。1257 年，蒙哥在亲征南宋启程之前，并不希望伊斯玛仪派的教主家族存续下来，因此拒绝了忽儿沙的谒见。失望的忽儿沙在回程的路上被蒙古护卫军杀死了。而留在伊朗的忽儿沙一族，也在蒙哥的命令下被赶尽杀绝。不过据说有幸存者得以逃出生天，而辗转过后在现在的印度留下古迹的阿迦汗，据说正是其后裔。

巴格达沦陷

蒙古的进攻脚步很快。消灭了伊斯玛仪派之后，旭烈兀在伊朗高原便再无敌对势力了。因此他可以与阿塞拜疆方面的"探马赤军队"联合起来，大范围地分散部署军队。

旭烈兀经过了哈马丹，骑马奔向现在的伊拉克地区。同时，他部署各支军队从北方大范围包围巴格达。此时，没有人愿意援助巴格达的哈里发政权。以"神的赐予"命名的这座城市，从 8 世纪以来一直是阿拔斯王朝哈里发的都城。

在旭烈兀周全且迅速的命令下，巴格达一带被蒙古重重包围，陷入孤立状态。旭烈兀也十分慎重，在保持万无一失的包围布阵以及随时可以开战的临战状态之外，同时也进行谈判和谋略，尽可能地避免时间和兵力的损失。

以《史集》为首的史书中详细记载了旭烈兀与阿拔斯王朝哈里发穆斯台绥木之间的交涉。二者的争论意味深长，也充满了历史的讽刺。穆斯台绥木的言辞脱离现实，过于夸大，他说这块土地上所有的穆斯林都是自己的军队，大有虚张声势之意。哈里发虽说是"信士们的埃米尔"（Amīr al‑Mu'minīn），即"穆斯林的领袖"，但这只是表面的虚名，距离现实还远得很。旭烈兀则十分冷静地回应了穆斯台绥木。不合时宜的装腔作势与极其冷静的现实主义均被史书记载下来，而当日后穆斯林读到这一段之后，定会觉得对比更加鲜明吧。

交涉过后，穆斯台绥木拒绝接受旭烈兀的开城劝告，但与此同时，哈里发政权内部也开始出现分裂。哈里发的宰相是什叶派信徒，虽然其深知武力抗争毫无益处，但却无法说服哈里发的穆斯台绥木讲和或投降。于是他按照旭烈兀的战略，反而撤掉了一部分巴格达的防卫兵力。政府首脑内部的意见相悖进一步导致巴格达的全城混乱。

最终，哈里发在无法提出有效对策之际，迫于蒙古大军步步紧逼包围巴格达的压力，无奈之下决心投降。1258 年 2 月，巴格达没有经历战火便沦陷了，市民和居民遭到了包围军队的抢劫和掠夺。关于哈里发投降后的结局，有人说他被幽禁在塔里饿死，也有人说他被卷进毯子里遭马蹄践踏而死，而第二种是蒙古处死显贵人士的方法。

自此，延续了三十七代、五百年历史之久的阿拔斯王朝画上了句号。被称为"平安之都"的巴格达随后陷入沉沦，虽然在蒙古时期仍然作为都市得以存续，但已经失去了往昔的荣光，在进入近现代之前一直无缘于历史舞台。

哈里发一族逃往埃及，随后，被马木留克王朝的苏丹拜巴尔封为正统的哈里发，并在开罗建立了傀儡政权。然而，平淡悠闲的哈里发虽然在维护马木留克政权的大义名分和正统性上起到了一定作用，但除了活动范围所在的埃及和叙利亚，仅仅得到了印度的德里苏丹国等一小部分地区的认可。

　　曾为正统伊斯兰教象征的哈里发在现实中不复存在，而令人惊讶的是，许多逊尼派信徒接受了这一现状。在随后很长一段时间里，实际意义上的哈里发从伊斯兰世界中消失了。直到很久之后，奥斯曼帝国晚期，或者说是其苏丹权力出现阴影和动荡之时，才制造出了苏丹权力与哈里发权力兼具的"苏丹·哈里发"的相关解释和传说。在那之前，"无哈里发"的世界一直没有改变。

　　对于逊尼派信徒而言，现实中的影响暂且不论，至少在精神上，阿拔斯王朝的灭亡和巴格达的沦陷按理应该给他们带来很大的冲击，特别是在学者、文人中间，哪怕有人将其看作"天魔作祟"也是理所应当。然而，就如同并不是所有的穆斯林都庆幸于伊斯玛仪教团的灭亡一样，关于哈里发和巴格达遭受的不幸，也不是所有人都觉得悲伤。什叶派中甚至还有许多人将其看作对信仰歪曲的惩罚，反而感到喜悦。

　　蒙古仅用了两年的时间，便相继攻克了什叶派和逊尼派的核心地区。由此，已经在伊斯兰世界及穆斯林之间被广泛承认的两派对立，以一种迫不得已的方式告终，在历史上留下了深深的烙印。

　　无论如何，蒙古为伊斯兰教和中东地区的历史带来了巨大的转机。但对于蒙古来说，那只不过是初战告捷。从旭烈兀渡过阿姆河、踏入"伊朗之地"算起，仅仅过了两年。西征之路才刚刚开始。

命中注定的旋返

旭烈兀随后率兵北上来到地势较高、空气干燥的阿塞拜疆地区，全军休养过后重整旗鼓，启程前往叙利亚。此时正值1260年，是改变命运的一年。

似乎已经没有什么可以阻止旭烈兀大军的进击，残存在叙利亚的阿尤布王朝实力同样微若。大马士革的纳昔儿王在一战过后即沦为俘虏。2月，普遍认为易守难攻的阿勒颇（阿拉伯语中叫作Habab）被攻陷；4月，重要的城市据点大马士革沦陷。

各路部队纷纷投向了旭烈兀麾下。以鲁姆苏丹国以及摩苏尔（伊拉克北部的重要城市）的阿塔贝格国为首，西亚各地的穆斯林部队也加入进来。另外，在蒙古到来之后，以位于奇里乞亚的亚美尼亚王国海屯国王军队为首，安条克和的黎波里的"十字军"也加入了蒙古阵营。

"十字军"的指挥官——安条克的波希蒙德虽明知会被教会开除，但他若是不向忽必烈投降的话，其势力必定会被轻松击溃。当下已经不是按宗教派别决定立场的时候了。而蒙古军也没有偏袒或冷落哪一派，而是一视同仁；同时，各路军队既然选择加入蒙古大军，就要无关宗教而同等地向远征军提供部队，这也是应尽的义务。

在地中海东部沿岸地区历时一个半世纪的"十字军"与

伊斯兰势力的战斗，由于双方均缺乏一击致命的能力，一直保持着奇妙的平衡状态。但事到如今，可以颠覆一切的强大力量出现了，它可以征服一切，带来一个虽不知是好是坏但却是全新的时代。

埃及马木留克王朝的苏丹忽都思为抵御蒙古的攻击，向阿卡的"十字军"当局请求支援。尽管马木留克王朝没有得到援兵，但"十字军"当局允许其军队通过基督教徒的领地，也同意向其提供物资。

英国的彼得·杰克逊及大卫·摩根否定了一直以来欧洲基督教世界的观点。这一观点认为，对于"十字军"来说，其上述行动意味着错过了与带有对基督教"好意"的蒙古联手，以夺回圣地、清除伊斯兰势力的"大好机会"。而事实也的确如这两位学者所否定的那样。

当时，蒙古不可能加入任何一个宗教。虽说二三年后，"旭烈兀兀鲁思"对基督教采取了友好政策，但这也是因为之后的政治结构发生了根本性的变化。在 1260 年这一决定性的时刻，阿卡当局虽未明确向本应为敌方的马木留克王朝提供援助，却提供了相应的便利，这也是为当时的情况所迫，不得已而为之。这些也足以证明当时旭烈兀大军令人恐惧的进攻，以及仿佛要吞噬一切的气势。

1260 年 2 月，旭烈兀率领着由不同人种、宗教组成的排山倒海一般的庞大军团，攻陷了阿勒颇，并继续向埃及的马木留克王朝进军，企图再进一步。这时，蒙哥大汗去世的消息传到了旭烈兀大本营。

旭烈兀决定立即返回。据当时在场的亚美尼亚海屯国王的记录，旭烈兀也暗藏争夺帝位的野心。旭烈兀将后续工作委托给了先锋部队指挥官怯的不花，自己率领剩下的所有军队立刻旋返，启程前往阿塞拜疆方面。当回到大不里士之时，使者带来了忽必烈即位的消息。

当时，旭烈兀放弃了对帝位的争夺，转而留在"伊朗之地"上，决定依靠远征大军构建自己在西亚、中东地区的势力范围。他大概想在此基础上，观望蒙古帝国的走向，伺机而动。

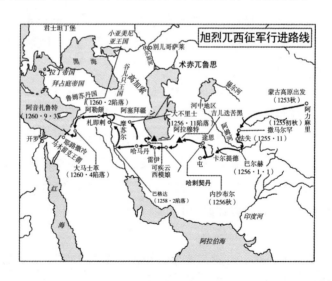

以 1260 年的此时此刻为节点，"旭烈兀兀鲁思"诞生了。在此之前的记述和年代划分中，"旭烈兀兀鲁思"是以 1258 年阿拔斯王朝的灭亡为标志诞生的。伊斯兰研究者们普遍想把阿拔斯王朝的灭亡作为一个时代的分割点，这个观点反映了学者们的一种心情，从某种意义上来讲无可厚非，但却并不符合事实。

大约二十年前，窝阔台的离世将西欧从覆灭的边缘拉了回来，人们认为这次也是蒙哥的突然逝世拯救了马木留克王朝和伊斯兰世界西部。的确是这样，若是旭烈兀没有撤兵返回，此时已经没有任何力量可以抵挡其庞大军团的进攻，更何况除了纯客观的军事力量比较，蒙古还拥有更加"无敌的神话"和"恐怖的战略"。

在中东世界的人们眼中，旭烈兀大军一举歼灭了具有最强防备的伊斯玛仪派和最高权威的阿拔斯王朝，无疑是人类史上空前绝后的无敌军团。势不可挡、无所畏惧的蒙古大军，自成吉思汗西征以来，便有意识地采取了制造恐怖的战略。旭烈兀也是一样，动员占领地区的民众以展示手下的实力，将自己的军队打造成一个看似拥有无限力量的大军团，并且散播消息称，有人若是哪怕有一点违抗其意志，旭烈兀的军队可以毫不犹豫地施以无理的杀戮和破坏，是一个脱离人之常理的集团。

在五百年古都巴格达沦陷之时，就有消息称当时有八十万民众遭到了大屠杀，这明显也是其战略的一环。哪怕是在巴格达最繁华的时候，也没有那么多民众，更何况那时的巴格达已经明显开始衰败。所谓的"辉煌的文明、文化被破坏"虽然很容易理解，但其中很有可能也涵盖了精神层面。

其中，在1262年旭烈兀写给法国路易九世的书信中，提到在巴格达有超过二十万人被杀，这个数字被许多学者当作支持其观点的一大证据。然而，正是因为这是旭烈兀本人的说法，所以反而不能轻信，其中必定含有夸大的成分。

本来，旭烈兀在那封书信中提到，自己离开叙利亚是因为马匹的饲料和牧草用尽了。令人惊讶的是，真的有学者将这句话当作旭烈兀撤军的真相。试想，倘若真的出现了饲料和牧草不足的情况，只要从后方阿塞拜疆、安那托利亚地区调配过来就可以解决（虽并非易事，但也不无可能）。蒙古一直致力于确保兵站和粮饷的充足，有人说叙利亚缺少适宜的牧地，这一看似很有道理的主张其实十分荒谬。蒙古人口中的"马匹消瘦""饲料不足"其实都是不想继续行动或撤退时的借口。旭烈兀在写给路易的信件中，不可能说出蒙哥去世、蒙古陷入混乱之类的"真实情况"，更何况在1262年当时，蒙古帝国皇位争夺的结果还并不明朗。

无论如何，对于当时的人们来说，"蒙古恐怖"的程度之深可以想见。在当时的情况下，恐惧的威力要高于实际意义上的武力，况且当时的旭烈兀大军势头正盛。现实中拥有高度组织化的最大军团，且当时并无后顾之忧，加之恐怖气氛与强大气势的相辅相成，这对于进攻一方的军队来说，是极佳的状态。

然而最终，旭烈兀收兵旋返了。看似计划周全的远征行动，在即将收获胜利果实的时候，却无奈遭受了挫折。叙利亚以西的亚洲、北非、欧洲地区，无疑是幸运的。

未竟的远征

那么旭烈兀西征的最终目标究竟在哪里？其在"伊朗之地"上几乎均是不战而胜，可以说，只有在以伊朗东部科希斯坦地区和阿拉穆特为首的、分散在厄尔布尔士山脉中的伊斯玛仪派的山城群，以及以巴格达为根据地的阿拔斯王朝的哈里发政权，才留下了其真正战斗过的痕迹。但那大多也是先通过运筹谋略和外交谈判，从而使敌人自动败下阵来。甚至可以说，整个过程中几乎没有可以称得上是战争的战争。

而最关键的一点在于，旭烈兀主力部队由于蒙哥去世这一突发情况，无奈从叙利亚北部的进攻中撤回，而且当时先锋部队已经将目标为埃及。至少，旭烈兀想要攻下叙利亚、巴勒斯坦和埃及这一地中海东部沿岸地区的野心是毫无疑问的。

换言之，旭烈兀进军地中海的意图已十分明朗。虽然这一目标最终没有实现，但蒙古从贵由时期便已经开始考虑向地中海方面发起进攻了。在仅仅五六年前，且不论其出身如何，作为先遣部队长官的野里知吉带还向当时在塞浦路斯岛上做准备的路易九世派遣了代表友好与合作的使者。

　　同时，拔都西征的时候也是一样。在这种"举国"远征的情况下，蒙古的军队渴望到达所有可以企及的地方。当然，他们会预先设定几个阶段的目标。但当第一个目标完成之后，便会为了第二、第三个新的目标完善阵容、继续前进，并根据现实中发生的事情和情况，选择最恰当的方针。成吉思汗眼见阿姆河以南的作战行动没必要继续下去，便命令他们全军撤回；拔都在席卷波兰、匈牙利之后本想继续向西欧进军，但却因为窝阔台去世的消息而无奈撤回。

　　而假设旭烈兀的远征军成功控制了叙利亚和埃及地区，那么之后还会攻向何方呢？答案不难想象。路易九世从西向东进攻地中海地区的例子就摆在眼前，蒙古虽然没有船队，但若是真的想要，可以从威尼斯或热那亚等海上势力手中租借，甚至也可以将现有的船舶重新组成"船队"，从东方忽必烈政权的例子来看，蒙古拥有出人意料的灵活性，因此重组"船队"也必定不是难事。我们几乎找不到理由否定旭烈兀军队会向地中海、西欧发动进攻。

　　当然，所有的可能性都是建立在假设的基础上。若认为旭烈兀的西征仅仅是为了蒙古以更加稳定的方式控制此前已经在控制范围之中的伊朗及其周边地区，那这也太过于兴师动众了。从古到今，在某种程度上以漫长的时间为前提动员了大量人力、调配了大量物资的大型项目，都是预先设定好了与之相符合的目标的。否则动员是不会成功的。

但归根到底，旭烈兀旋返了，其西征也成了"未完成"的远征。此次远征的真实目的，在史实中并没有显示出来。

阿音札鲁特的惨败

旭烈兀的主力部队撤退了，然而受其委托负责叙利亚地区的怯的不花，在 1260 年 4 月攻下大马士革后，向埃及的马木留克王朝派遣了劝降的使节团，但使节团却被埃及方面处死。怯的不花看出埃及军队想要进攻叙利亚的势头之后，随即挥军南下。他麾下的部队是自 1252 年成为先遣队后就一直忠心耿耿的一万二千余人的先锋部队。为何怯的不花仅带着手下的直属部队选择了南下，说实话我们无从得知，或许是因为他低估了马木留克王朝的实力吧。

单就客观而言，既然主力部队已经撤回，那么怯的不花的部队就应该专心确保蒙古在叙利亚的利益。当时的情况对蒙古还是很有利的，除了埃及的马木留克王朝之外，在中东地区不存在任何可以与其抗衡的敌对势力。即使旭烈兀大军从伊朗继续向东，怯的不花的地位也完全处于臣服于蒙古的各股势力之上，如果可以有效地将其组织起来进行应对的话，怯的不花军队完全可以压制马木留克王朝一方。仅仅依靠一万二千人开展全面进攻实在有些势单力薄，相反，用这些人将归属蒙古的各股势力集结起来以维持现状，还是绰绰有余的。一万二千人的精锐骑兵部队，在当时的世界范围内也算得上是很强大的阵容了。

或许当时的客观形势超乎我们的想象，哪怕领兵长驱直入埃及也可以有十分的胜算；抑或是怯的不花想利用旭烈兀主力部队撤回的真相尚未公诸世人的时机，趁蒙古制造的恐怖迷雾还未散去之时，从混乱中奇袭敌军的大本营；抑或是当时马木留克王朝北伐之意已十分明确，因此怯的不花判断若是留在叙利亚迎面接受敌人的攻击，那么聚集在蒙古一边的当地势力可能会分崩离析，反而更加危险。具体的情况我们无从得知，但不管怎样，怯的不花的确领军独自南下，并尝试如疾风一般地对埃及展开攻击。

苏丹忽都思率领的马木留克军队也从埃及出发，为迎击蒙古而开始北上。埃及，特别是首都开罗，因为难民较多而杂乱无章。当时马木留克军队到底有没有胜算，我们不得而知，但可以确定的是，比起南下的怯的不花军队，马木留克军队应该会更加觉得恐惧和不安。

1260 年 9 月 3 日，两军在巴勒斯坦狭路相逢。确切地说，是在贝特谢安和纳布卢斯之间的位置。在这个无比干燥的丘陵地带流着一条细细的小河，这条小河的上游一带在阿拉伯语中被称作"阿音札鲁特"，意为"歌利亚之泉"，来源于《旧约圣经》中年轻的大卫通过奇袭，用投石器杀死非利士巨人歌利亚的故事（著名的米开朗基罗的大卫像，刻画的就是当时的姿势）。

根据马木留克方面的记录，其兵力有十二万人，但同时，蒙古军队的人数多计了一位数。虽然无法把握准确的数据，但可以确定的是马木留克一方的人数要稍多一些。

战争以马木留克军队的压倒性胜利而结束。有人说怯的不花战死沙场，也有人说他成为俘虏后被处死。蒙古军队被打得节节败退，溃不成军。而蒙古的根据地也依次被占领，不久之后，蒙古军队被逐出了叙利亚。这和五个月之前形成了巨大的落差，蒙古一下失去了原有的威信，"不败的神话"也就此终结。蒙古自此之后不再能继续保住叙利亚，原本不被看好的马木留克王朝反而赢得了埃及民众的热烈支持，在埃及和叙利亚构建了稳固的势力范围，形成了一个长期政权。

蒙古的西征止步于此。伊斯兰教中东世界在1256年到1260年之间，两大旧势力灭亡之后，形成了蒙古和马木留克东西两大新势力对立的局面。而变化不仅仅发生在中东地区。不论性质是好是坏，欧洲对东方的关心程度和与东方的利益相关程度都在日益加深，而随着蒙古和马木留克的情势变化，欧洲也发生了巨大的改变。

蒙古帝国诞生了之前未曾料想过的权力中心，即东方的忽必烈政权和西方的旭烈兀兀鲁思。蒙古帝国整体上进入了必须在内容和性质上进行变革的新时代。自此，蒙古帝国和全世界一起，迈入了一个与过去截然不同的转型期。

7

多极化时代的序幕

讯　问

　　1264 年，蒙古帝国的纷争算是告一段落。这时，蒙古帝国几乎有五个政治势力集团同时存在。

　　这五股势力分别是：东北地区为塔察儿率领的东方三王族，蒙古本土和华北地区及其周边为大汗忽必烈及其直属势力，中亚为阿鲁忽统领的察合台家族，西北欧亚大陆为拥护别儿哥的术赤家族，西亚地区为旭烈兀领导的旭烈兀兀鲁思。其中前两股势力无疑已经融为一体。

　　在阿鲁忽的领导下实现了复兴的察合台家族，可以说和忽必烈之间存在着同盟关系；而以别儿哥为代表的术赤王国，在诸多势力之中，被视为与忽必烈新政权关系最浅的一方。但事实上，旭烈兀家族对忽必烈政权的态度也并非旗帜鲜明。对于纷乱的蒙古帝国内战，旭烈兀与阿鲁忽的立场较为相近，只不过阿鲁忽在打倒阿里不哥旧政权的血肉之争中选择成为"忽必烈支持者"；反观旭烈兀，他认为无论是忽必烈还是阿里不哥做大汗都可以，而且也不能否定他有等待二者两败俱伤之后伺机而动的想法。但从结果上来看，旭烈兀也是"忽必烈支持者"。

在介绍各个势力集团与忽必烈新政权关系的同时，另一种对立理论出现了，即术赤兀鲁思和旭烈兀兀鲁思的南北对立。

术赤一家很早以前就憧憬着高加索以南的绿意盎然的溪谷和山野，特别是阿塞拜疆的广袤草原，可以说，这是他们的夙愿。在旭烈兀征集远征军时，术赤家族不遗余力地予以支持，同意让原本在自己控制范围下的伊朗总督府被旭烈兀吸纳，并向旭烈兀提供援军。对于术赤家族而言，虽然忽必烈新政权的上台是在预料之外，但旭烈兀占领伊朗更是万万没有想到，这触碰到了术赤家族的直接利益。

老练的别儿哥对旭烈兀的动向极为敏感。1261～1262年，也就是旭烈兀独占伊朗的欲望刚刚显露出来之时，别儿哥即亲率大军离开伏尔加河畔，径直南下，意图翻过高加索山。而面对这样的情况，旭烈兀为了自卫，也不得不率领麾下的西征大军主力部队北上迎击。两军的冲突并没有明确的结果。

即使旭烈兀有介入东方的汗位争夺战的意向，但由于北方的威胁，也只能作罢；在西方，即使他想为怯的不花的战败和叙利亚被占领而找马木留克王朝报仇，那也不是一朝一夕可以做到的。从 1260 年后半年开始，旭烈兀虽然好不容易建立了"旭烈兀兀鲁思"，但却并不像现代历史学家描述的那样顺风顺水，旭烈兀自身其实也有许多的无可奈何吧。

如之前介绍的一样，与忽必烈新政权保持一定距离的旭烈兀和别儿哥，已无法继续冷静观望至高权力者，也就是大汗的动向。另外，在察合台家族中，从旁系一跃升为首领的风云人物阿鲁忽，深知自己的立场于内于外都十分危险，于是他以汗位争夺战争中取得的"功绩"为后盾，希望得到忽必烈的正式认可。但最终，三个人的处境均未发生任何变化。

忽必烈和塔察儿充分利用了这一形势。1264 年农历七月，随着阿里不哥及其一党的投降，忽必烈接连采取了一系列的举措。首先，他发表了迁都宣言，将都城从多年以来的哈拉和林迁至忽必烈的根据地开平府（后更名"上都"）以及此前金国的首都中都（于前一年的阴历五月，阿里不哥败局已定的时候，将开平府改为上都；而将金国的中都正式作为首都是在阿里不哥投降后第二个月，即阴历八月十七日。进而在两天后，将年号由"中统"改为"至元"）。其次，是对阿里不哥等"反叛者"的讯问。这两大举措若是在平常，必定会引起蒙古全国的抵抗和异议。

忽必烈紧急召开的军事法庭，参加者只有其新政权的核心诸王。其中原委在拉施特的《史集》中有生动的记载。以阿里不哥本人为首，包括幸存下来的拥护者孛鲁合、秃满、阿里察、脱忽思等将领，从《史集》中记载的情况来看，他们在法庭上绝没有输。毋宁说《史集》是借被告人的口，道出了事件的真相。阿里不哥对塔察儿和忽必烈说道："彼时吾是，今时汝是也。"

而在陕西、甘肃方面帮助忽必烈取得胜利的窝阔台系阔端家族统领只必帖木儿当初实际属于阿里不哥阵营一事，也在暗中浮现出来。当讯问即将结束时，忽必烈这样说道："孛鲁合必阇赤于窝阔台汗和蒙哥汗言听计从，故释之以活之。来日提旭烈兀诸王之证言来复。"孛鲁合曾是原蒙哥政府的丞相，作为唯一的畏兀儿长老，是一位难得的文武双全的人物。忽必烈这次只饶恕了他一个人，并派他向未能出席的旭烈兀等皇室成员争取对自己有利的证言，也是可以解释得通的。

然而，蒙哥的儿子，也是最支持阿里不哥的阿速台得知孛鲁合被释放一事后，与其对质道，"何只孛鲁合获释？吾欲论于其，使其知其大罪"，"汝非曾引蒙古之谚耶？吾起之事端，纵可回头亦不可待，此乃尔之大罪也"。孛鲁合也表示了认同。忽必烈听到之后便说道："若是如此，那便依法来办。"而《史集》中所说的"大罪"，只能说是站在当下忽必烈掌权基础上的"大罪"。

据说由于蒙古王族之间不能互相残杀的原则，阿里不哥和阿速台得以保住性命。阿里不哥在两年之后去世了。但孛鲁合以下的所有将领全部被判"有罪"，依据"大札撒"即成吉思汗制定的军律，全部处以死刑。

像这样对包括皇室成员在内的蒙古成员的处分，本应在库力台大会上根据所有人的意见进行判决，这在《史集》中也有明确说明。而以忽必烈和塔察儿为首的"靠政变获取的政权"的首脑们，明知这一原则，却利用了蒙古帝国西部的实力派别儿哥和旭烈兀的对立，以及阿鲁忽的弱小，以其"未参会"为由巧妙地清除了障碍。

貌似统一的库力台大会

据《史集》记载，忽必烈和塔察儿为使全国上下知晓并承认对阿里不哥一党的处分，向中亚以西的三名手握实权之人派遣了使节团。

使节团首先来到了最近的阿鲁忽处。阿鲁忽希望可以在新体制中认可自己作为察合台家家主的地位，并提议召开囊括蒙古帝国全部地区的统一库力台大会。由于忽必烈一方本已了解阿鲁忽的这一愿望，因此这可能是阿鲁忽在忽必烈授意下的故意表演。

问题在于余下的两个人。使节团向"伊朗之地"出发了。此时，旭烈兀已经与别儿哥以高加索山为界进行了两次对峙。

《史集》中没有明确记载旭烈兀的反应，但无论如何，旭烈兀以别儿哥的参会为条件，同意了库力台大会的召开和出席。

使节团继续向北行进，最后到达的是伏尔加河畔的"黄金斡鲁朵"。据《史集》记载，别儿哥很是犹豫。但对别Repost哥而言，只有自己缺席的话实在说不过去。况且如字面的意思，库力台大会是"皇室总会"，对于这一明确需要其出席的活动若是表态"不参加"的话，就意味着不承认新体制，也就是"忤逆"。再加上别儿哥已经两次派出"南伐"大军，展现了十二分的威风，"马匹消瘦"这一借口也说不过去了。

术赤兀鲁思从拔都时期以来，一直是独来独往，在亲自创建了蒙哥体制后，也一直在帝国西部随心所欲地行动。但既然忽必烈新政府必将持续下去的话，孤立就意味着危险。新任大汗忽必烈已经在与阿里不哥的四年抗争中展现了其毋庸置疑的实力。再加上原本可能与忽必烈相抗衡的旭烈兀，如同他在西征时展现的出色的协调能力一样，是一名果敢、善于运用战略策略的作战家、战略家，而连如此强大的旭烈兀都放弃了汗位的争夺，建立了自己的汗国。若是旭烈兀愿意帮助长其两岁的兄长忽必烈，二人一东一西联合起来讨伐术赤兀鲁思和别儿哥的话，术赤兀鲁思必将走向灭亡。

曾经，别儿哥作为兄长拔都的代理人率领术赤兀鲁思的大军来到翰难河上游地区，参加了蒙哥的即位仪式。对他而言，忽必烈和旭烈兀也可以算是熟知的旧友。那时，不同于今日阿鲁忽等人的一步登天，一旦将往事搁置不提的话，事情就可以得到圆满的解决。而如今，在取代蒙哥成立的忽必烈新体制下，如果可以与旭烈兀讲和的话，就可以重拾拖雷一族与术赤一族的友好。最终，别儿哥以旭烈兀的参加为条件，同意了大会的召开，并约定于后年，也就是1266年到达忽必烈处。这样，忽必烈与塔察儿的判断和盘算似乎是准确的。

蒙古帝国为了在1266年召开统一的库力台大会，已纷纷开始行动。若是此次库力台大会可以实现，那么就是自窝阔台时期的东西两大远征决议以来，时隔三十年再次召开的全体皇室成员大会。蒙古帝国以窝阔台去世为分界点，陷入了长期的混乱、对立及纷乱，现在终于可以再次通过沟通交流重拾"蒙古共同体"的秩序和安宁。不管怎样，先定下了沟通交流这一基调。虽说各派都有各自的想法和隐情，但如果各个实权人物能以忽必烈为中心，全员坐在一起讨论的话，必定可以实现许多方面的协调。这或许会成为决定蒙古帝国和世界未来的一次大会。

当然，别儿哥和旭烈兀的纷争也应该被纳入议题之中，至于会取得怎样的结果还无法预想，但至少动摇蒙古帝国和欧亚大陆西部的南北对立或许可以在当下的阶段结束。若这一想法得以实现，那么就不会让后来马木留克王朝的苏丹拜巴尔抓住机会，恐怕也不会让叙利亚以西的地区再次陷入危机。而之前拔都和旭烈兀两次西征的"大目标"或许也都会实现吧。

总之，蒙古帝国上下虽说由塔察儿、阿鲁忽、旭烈兀、别儿哥等巨头分成了几个大政治体，但一切都在大汗忽必烈的统治之下，这种人类史上空前强大的政治统一体或许将会出现。比起我们现在所了解的世界历史，那时的历史将会以一种更加一目了然的形式呈现出来，单一主权统治的时代将会首次诞生。

无论如何，一切都只是虚构与假设，历史没有"如果"。但那确实是当时人们乐于虚构、描绘出来的愿景。对于新统治者忽必烈来说，这些愿望不可以像梦一样草草结束，而是要落实到现实的政治计划中，在胸中将这些五颜六色的愿景归入一幅画卷中。忽必烈在随后三十余年的统治生涯中，不断挑战新鲜事物和国家规划，若是没有这幅极其壮观的胸中画卷做铺垫，是无法实现其规模和质量的。

然而，一次实现这一愿景的绝好机会，在一系列不可思议的偶然过后，从忽必烈的手中永远地溜走了。因此，忽必烈并没有依靠机遇，而是凭借自己的努力，甚至是拼尽全力的较量来一点一点接近梦想。

所谓偶然，是指蒙古帝国西部的三位大人物，在一年之内相继去世。首先在 1256 年，旭烈兀突然去世；紧接着，别儿哥看到了旭烈兀去世后的大好机会想趁乱而入，于是匆忙挥兵南下，但到了第二年，他在与旭烈兀的庶出长子阿八哈的军队以高加索山南麓库拉河为界对峙时，突发急病去世了；另外，虽然目前我们还无从知晓具体时间，但阿鲁忽也在 1255 ~ 1256 年因病去世了。

他们每个人的逝世都难以解释，特别是旭烈兀和别儿哥之死，更是充满了不可思议的色彩。但所有的史书都没有关于这三个人去世的具体记载。若是有人行刺的话，可能的继承者也有很多，无法将焦点集中在某个人身上；况且本来三个人就都有可能是病逝的。若真是这样，也可谓是可怕的偶然了。

蒙古帝国和世界的走向

察合台、术赤、旭烈兀这三个"兀鲁思"分别着手选举新首领。在此过程中，之前被阿鲁忽暂时控制住局面的中亚地区又开始被动乱包围了。

以忽必烈的"大元帝国"为中心的蒙古帝国的基本结构并没有发生根本性的改变，但动乱发生在连结蒙古东西的中亚地区，对于忽必烈来说很是头疼。想要整个蒙古帝国在忽必烈的直接指挥下统一行动，已经是不可能的了。

旭烈兀兀鲁思和术赤兀鲁思的南北对立没有机会得到大汗忽必烈的直接介入或协调，加上旭烈兀和别儿哥的相继去世，进一步促进了对抗的激烈化，事情变得更棘手了。可以说，二者的对立已经超越了一代人的对立，而演变成两个兀鲁思的宿命之争。

当我们稍稍回顾历史时会发现，这两个兀鲁思的南北对立，对于在阿音札鲁特战役之后杀死苏丹忽都思并取而代之的苏丹拜巴尔而言，是难得的良机。原本提供给旭烈兀的术赤家族军队，在旭烈兀占领伊朗的意图明显化之后，尝试着逃脱；向北逃亡失败后的军队又转而向西，投奔到了马木留克王朝旗下。

苏丹拜巴尔在欢迎术赤家族部队的同时，也尝试通过海上路线与术赤兀鲁思取得联系并进行交涉。当时由于陆路被旭烈兀兀鲁思牢牢控制，走陆路的话太过冒险。而所谓海上路线，是指从地中海到达爱琴海，通过达达尼尔海峡进入马尔马拉海，再通过博斯普鲁斯海峡进入黑海，最终到达亚速海。在塔纳①登陆后向东行进，不出几日便可到达伏尔加河流域。

问题在于博斯普鲁斯海峡。君士坦丁堡一直掌握着这一要冲，在经历了可谓奇妙的"第四次十字军东征"后，一个叫作拉丁帝国的、某种意义上的殖民国家在这里成立，至此已过了半个多世纪。以弗兰德伯爵博杜安为首任国王的这个不可思议的国家，可以说实实在在地体现了西欧基督教世界的"真实想法"。这一切存在的关键，就在于君士坦丁堡这座城市所拥有的历史及地理位置。

对于马木留克王朝来说，关键的博斯普鲁斯海峡被敌方拉丁人统治，但就在此时，1261 年，又发生了令人难以置信的

---

① 术赤兀鲁思的城池，今俄罗斯罗斯托夫南。——编者注

偶然。沦落在尼西亚城的拜占庭帝国夺回了君士坦丁堡。对于拜巴尔来说，视野又变得宽广了。虽说是"拜占庭皇帝"，但其实力微弱，所以尽管米海尔八世一直注意着旭烈兀的动向，但却没有进行干扰或阻止。此时，以旭烈兀兀鲁思为共同敌人的伏尔加河与尼罗河的南北同盟成立了。

从性质上来讲，这也可以被称作"伊斯兰、钦察同盟"。以拜巴尔为首的诸多马木留克战士其实出生在钦察草原，在很久之前经过以热那亚为代表的从事黑海贸易的奴隶商人之手，那里的年轻人们被卖到中东，于是成了"马木留克"，也就是奴隶军人。因此，也正是突厥系的骑兵军团战胜了怯的不花所率领的蒙古大军。实际上，蒙古军队与马木留克军队十分相似。而迅速突厥化、钦察化的术赤兀鲁思与埃及的马木留克王朝，在各个方面都发展成了"兄弟国"一般的关系。而且，别儿哥允许其民众信仰伊斯兰教，这对于拜巴尔来说，也是宣扬"伊斯兰大义"的大好条件。

陷入夹击窘境的伊朗旭烈兀及其继承者们，为了应对这一"纵向"同盟，只能向欧洲的基督教世界请求发展"横向"同盟。此时旭烈兀家族中伊斯兰教色彩还不太明显，反而对景教抱有好感的人还占据多数。

在这纵横两种组合之际，以威尼斯、热那亚为首的意大利通商国家联合了起来，在政治、经济、外交、通商等方面纵横交错地开展着令人目不暇接的合作。

无论如何，蒙古以自己为中心竭尽全力统治一切的、单纯的"恐怖时代"渐渐褪去，蒙古本身也在尝试进入多极化的时代。而此时世界同样迎来了前所未有的大规模的国际化、多极化时代，世界模式渐渐由军事转向政治、由对立转向通商合作。

转变之时

一个时代已经宣告结束。自从成吉思汗出兵攻打金国以来，蒙古持续了长达半个世纪令人瞠目的军事扩张，并在1260年一系列震荡与变化中达到高潮之时，迅速收起了战势。当然，在之后的三十余年中，蒙古也曾向南宋，甚至包括日本在内的海洋国家出兵，但其主要目的是实现组织化和经济控制，与之前以战争和征服为目的的出兵有本质上的差异。

随着蒙古的变化，世界各地也发生着改变。由于蒙古的出现而几乎失去存在意义的"十字军"，因以意想不到的形式阻止了蒙古向西扩张的马木留克王朝北上，又一次直面了新的冲击，在随后的近三十年里，其分布在地中海东部沿岸的各小型势力集团被一扫而尽。无论影响好坏，在欧洲及伊斯兰中东历史中不容忽视的"十字军时代"，因蒙古和马木留克的存在而画上了句号（认为"耶路撒冷的关键在于开罗"的法国国王路易九世，在前述进攻埃及的战役失败后，于1270年向开罗发动侧面进攻，即向突尼斯发起海上进攻。这是作为"十字军"的最后一次远征。然而，虽然路易九世统治东方的梦想破灭了，但他带回了在东方收获的造城方法。无比牢固且结构优美的卡尔卡松城就是由路易九世设计重建的）。

同时，依靠"十字军时代"在欧洲呈现出来的教皇的无上权威与权力，在"蒙古恐怖"中仿佛显得更加辉煌。但随着"蒙古恐怖"的急剧消散，教皇的王牌"十字军"也失去了其存在价值及依据，教皇权力也随之走向衰落。

而与之相反的是，通过"十字军时代"，欧洲各国及其社会相继开始关注东方世界，他们希望通过以蒙古为中心的政治结构的多极化，以及随之而来的国际形势的稳定化来从东方获得贸易的利润，同时感受东方自由的多元世界，而这一物质和精神两方面的要求出现或被触发后，欧洲开始发生巨变。欧洲各国王权的独立化，也就是所谓的文艺复兴亦随之兴起。此后，欧洲彻底摒弃了"中世"的渣滓，正式迈入下一个时代。

以 1260 年左右为界，发生了如此种种不可思议的剧变。这些剧变在随后接近三十年的时间里，开始呈现出明确的姿态。

而在这三十年时间中，曾长时间处于分裂状态的中国，依靠蒙古再次实现了政治的统一。这并不仅仅是单纯的"复兴"，更是旨在构建更大规模的国家，并对中华民族的历史产生了深远的影响。伊斯兰中东世界由于蒙古和马木留克王朝的对峙分为两大部分，即东部的波斯语文化圈和西部的阿拉伯语文化圈，并固定了下来。而上述中国和中东地区的变化，几乎全部延续到了现在。

　　这些变化几乎发生在同一时期。其中最重要的是蒙古自身——以忽必烈所创建的新型世界帝国"大元帝国"为中心——发生的剧变，这将全世界带入了另一个全新的坐标系中。

　　1260 年，无论对于蒙古，还是对于世界而言，都意味着剧变和新时代的开始。自此以后发生的种种变化，几乎经过整整一代人的时间，渗透进了整个欧亚大陆。而这半个多世纪的巨大变化，在某种意义上也大大地改变着世界历史的走向。

蒙古帝国史年表 （1155～1266 年）

统治者	公历	事件（＊为阴历月）
	1155 年	铁木真出生（也有观点称其出生于 1161、1162、1167 年）。
	1200 年	阿拉乌丁·摩诃末即位花剌子模。
	1203 年	铁木真奇袭克烈部成功，王汗在逃跑过程中被杀。
	1204 年	铁木真讨伐乃蛮部的塔阳汗。当时俘获了畏兀儿族王傅塔塔统阿后，又引进了文书行政、印玺以及回鹘文字书写等制度。
	1205 年	铁木真第一次远征西夏（党项）。
成吉思汗	1206 年	铁木真在斡难河畔召开的库力台大会上即位，尊号成吉思汗。
	1207 年	第二次远征西夏。
	1208 年	向额尔齐斯河流域出兵，斡亦剌惕族投降，乃蛮王子屈出律逃往西辽（哈剌契丹）。
	1209 年	第三次远征西夏。
	1211 年	高昌回鹘王国、葛逻禄王国臣服于成吉思汗。 春天出发，开始全国远征。第一次征金战争（到 1215 年）。
	1212 年	屈出律争夺西辽王位。

统治者	公历	事件(* 为阴历月)
成吉思汗	1213 年	蒙古军突破金国防线。成吉思汗和拖雷连续攻破河北和山东，术赤、察合台、窝阔台攻破山西，合撒儿及其下属席卷辽西地区；金国皇帝卫绍王被杀，完颜珣即位(宣宗)。
	1214 年	与金国议和(城下之盟)，蒙古大军停止对金国首都中都的围攻；金国朝廷迁至黄河以南的开封。
	1215 年	成吉思汗应叛军"纠"之请求，攻下中都；木华黎彻底平定辽东和辽西。
	1217 年	成吉思汗将国王的称号和戈壁以南的领地授予木华黎，命其剿灭金国。
	1218 年	第四次远征西夏。 派遣哲别作为西征先锋队，于帕米尔山中逮捕并杀死屈出律。 6 月，成吉思汗的商队在讹答剌被花剌子模的大将全部杀害。 同年，为镇压契丹大军势力向高丽派兵，与高丽军队协作消灭了契丹势力。
	1219 年	秋天，成吉思汗主力部队因讹答剌事件开始远征花剌子模。将蒙古本土托付给幼弟斡赤斤。
	1220 年	分别于 2 月、3 月攻陷了布哈拉、撒马尔罕；4 月，花剌子模王朝算端摩诃末逃走；6 月，哲别与速不台追击算端摩诃末，随后从雷伊地区中夺走阿塞拜疆和格鲁吉亚。 12 月，算端摩诃末于里海的孤岛上去世。
	1221 年	算端摩诃末的儿子札兰丁离开花剌子模，朝里海方面召集军队。拖雷攻陷呼罗珊的梅尔夫、内沙布尔；成吉思汗在攻克巴尔赫、塔里寒后，于秋天攻克了巴米扬，察合台嫡子木阿秃干战死；失吉忽秃忽部队在八鲁湾败给札兰丁；成吉思汗途经伽色尼后，于 11 月，在印度河畔击败札兰丁，此后为了追击札兰丁，派八剌、朵儿拜向北印度进攻。 哲别一速不台大军进攻格鲁吉亚。 成吉思汗在八鲁湾夏营并决定回国，于撒马尔罕冬营。

统治者	公历	事件（＊为阴历月）
成吉思汗	1222 年	成吉思汗扎营于塔什干近郊的奇尔奇克溪谷，诸王子觐见。
	1223 年	哲别—速不台大军攻下克里米亚半岛的苏达克；5 月于迦勒迦河畔击败罗斯诸侯联军，随后征服伏尔加河上游的保加尔王国，并向东撤返。 木华黎国王进攻京兆失败，撤退至山西南部后去世。 成吉思汗的孙子忽必烈和旭烈兀，在叶密立河畔迎接成吉思汗凯旋。
	1224 年	成吉思汗在布哈·苏赤海举办凯旋庆祝宴会，当时合撒儿之子移相哥在远程射箭比赛中胜出，之后在其领地树立了纪念碑（成吉思汗石碑）。
	1225 年	＊2 月，成吉思汗返回蒙古本土大营。
	1226 年	第五次远征西夏；攻下甘、凉、肃诸州。
	1227 年	术赤在钦察草原去世。 成吉思汗在六盘山夏营；＊8 月 15 日，成吉思汗去世于南麓的清水河；3 天后，西夏都城兴庆被攻陷。 拖雷监国。
窝阔台	1229 年	在 9 月召开的库力台大会上，窝阔台即位大汗；除了制订两大远征计划之外（亲征金国、再征钦察草原），同时决定为讨伐札兰丁，向伊朗派遣探马赤军队。
	1230 年	8 月，窝阔台和拖雷开始向南方的金国进发。
	1231 年	拖雷的右翼大军从陕西掠过南宋北部边境，迫近至开封以南；窝阔台的中央军队从山西横渡黄河，接近开封以北；斡赤斤的左翼大军从山东控制开封以东。 窝阔台派撒里台率军前往高丽，并设七十二名达鲁花赤。 札兰丁在库尔德斯坦山区被库尔德人杀死。

续表

统治者	公历	事件（＊为阴历月）
窝阔台	1232年	＊1月，拖雷大军在钧州三峰山与金国主力大军经历一番苦战之后，加之雪灾的影响，金军溃败；3月，蒙古大军包围开封，全面压制周边地区；窝阔台将包围重任委托给速不台和塔察儿后，与拖雷一同向北撤返；9月，金哀宗放弃开封，渡过黄河选择北进；10月，拖雷突然去世。
	1233年	5月，开封沦陷，此时已有一百万余百姓因疫病死亡；7月，哀宗逃往南宋边境附近的蔡州（汝南）。
	1234年	＊1月，蒙古大军攻破蔡州，金国灭亡；7月，南宋大军打破此前与蒙古的协定而选择北伐，占领开封后，由于兵站无法维系而撤退。 窝阔台在答兰答八思召开库力台大会，商议灭金后的处理对策。
	1235年	建设首都哈拉和林；并在其近郊召开库力台大会，决议东西两大远征（进攻南宋、进攻钦察—保加尔以西地区），以及高丽、克什米尔远征；决定施行税制、站赤（驿站）制度。 窝阔台三子阔出率领南征中央军经由山西南下；次子阔端率西路军前往陕西、四川方面。
	1236年	拔都率西征军出发；征服伏尔加保加尔。 2月，正在讨伐湖北的南征军主将阔出战死，刚刚起步的伐南宋之战失去了统率。 根据前一年对原金国领地进行的户口调查结果，将黄河以北的土地分封给了蒙古王族、族长和臣僚们（丙申年分拨）。
	1237年	西征大军进攻钦察族，并将其吸纳、编入蒙古军队；继续向罗斯发起进攻；12月，进攻弗拉基米尔，攻下梁赞。 别里古台家族的口温不花率左翼大军来到长江流域但之后撤退。
	1238年	2月，横扫弗拉基米尔—苏兹达尔地区；3月，于昔迪河畔杀死弗拉基米尔大公尤里；随后继续南下，征讨科泽利斯克、伏尔加河下游、以及高加索地区。

统治者	公历	事件（＊为阴历月）
窝阔台	1239 年	西征军占领杰尔宾特；贵由、不里等人与主将拔都不和,被窝阔台召还回国；拔都大军进攻克里米亚半岛的苏达克,拉开了南罗斯之战的序幕。 南征军在汉水流域被宋将孟珙击败。
	1240 年	西征军攻下基辅,并于年末开始向波兰发起进攻。
	1241 年	拜答儿部队占领克拉科夫,并击败波兰国王波列斯拉夫五世；4 月,于莱格尼察击败波兰、德国联合骑兵军队,并杀死西里西亚国王亨利克二世；拔都主力军队在塞约河畔击败匈牙利大军,国王贝拉四世逃往亚得里亚海方面。 驻扎在印度北部边境地区的蒙古部队攻下拉合尔。 12 月,窝阔台去世。
贵由	1242 年	窝阔台的第六皇后乃马真皇后掌握实权；斡赤斤试图篡夺帝位。这时,察合台在伊犁溪谷的营地里去世。 西征军接到窝阔台死讯后决定回国,在蹂躏了整个匈牙利之后向东撤返。
	1243 年	拔都等术赤一门留在南罗斯—钦察草原,加上原有的额尔齐斯领地,建立了术赤兀鲁思。
	1246 年	7 月,方济各会修道士柏朗嘉宾等人到达哈拉和林。 8 月,贵由在母后乃马真皇后的支持下即位成为大汗；新任大汗贵由废黜了哈剌旭烈,册立也速蒙哥为察合台家族首领；并将鲁姆苏丹国的苏丹由凯考斯二世换为其弟阿尔斯兰四世；同时将格鲁吉亚王国一分为二,分给争夺王位的二人。 10 月,乃马真皇后去世。 11 月,柏朗嘉宾等人带着贵由写给英诺森四世的回信踏上归途。
	1247 年	8 月,将野里知吉带作为主将派至西亚方面军。
	1248 年	春天,贵由出发前往原领地叶密立—霍博地区；为此,拔都离开伏尔加流域向东进发；4 月,贵由在横相乙儿突然去世,据说是被拔都派来的刺客杀死的。

统治者	公历	事件(＊为阴历月)
	1249年	贵由的皇后斡兀立海迷失在拔都的拥立下掌握政权。 拔都在阿拉卡玛，以拖雷、术赤两家为中心召开库力台大会。
	1250年	法国国王路易九世在远征埃及(第七次十字军)过程中被俘虏。 马木留克王朝取代阿尤布王朝成立了。
蒙哥	1251年	7月，在拔都组织的库力台大会上，蒙哥即位大汗；新任大汗蒙哥处死了反对派窝阔台家族的许多将士。 委托弟弟忽必烈治理东方领土；将蒙古帝国财政分为华北、中亚、伊朗三大区域。
	1252年	8月，蒙哥处死斡兀立海迷失，并对察合台、窝阔台两大家族的反对派王族处以死罪、流放等刑罚；察合台领地就此被蒙哥和拔都一分为二，窝阔台领地被分开继承。 被再次任命为察合台家族首领的哈剌旭烈在返回领地的途中突然去世，其王妃兀鲁忽乃杀死也速蒙哥，成为实际意义上的首领。 在华北地区进行了人口普查，并将未处理的地区分封给拖雷家族的王族和臣僚。 合撒儿家族的诸王也古向高丽出兵，随后发生事变，主将位置被札剌台取代。 决定派出弟弟忽必烈远征云南大理，旭烈兀远征伊朗以西；同时，将撒里那颜大军派往克什米尔方面。
	1253年	10月，旭烈兀西征军从蒙古本土出发。 同时，忽必烈率领兀良哈台大军向云南大理出发。 12月，方济各会修道士鲁不鲁乞到达哈拉和林。 同年，蒙哥命令术赤兀鲁思的别儿哥对罗斯地区开展人口普查。

统治者	公历	事件（＊为阴历月）
蒙哥	1254 年	1 月，南征军攻下大理；忽必烈向北撤返并于六盘山夏营；年末回到了金莲川；兀良哈台大军继续南征。 7 月，鲁不鲁乞带着蒙哥写给路易九世的回信启程回国。
	1256 年	高丽投降。 春天，忽必烈在金莲川建立开平府。 拔都在伏尔加河畔去世。 7 月，在德鲁·阿塔的库力台大会上商议伐宋事宜。 11～12 月，旭烈兀西征军攻下伊斯玛仪派山城群；伊斯玛仪派事实上已经灭亡。
	1257 年	蒙哥对忽必烈领地——京兆开展国库监察，大量会计官吏被处刑；将忽必烈从南征大军中撤出。 春天，召开库力台大会，宣布亲征南宋。 10 月，出征伐宋；斡赤斤家族的塔察儿率领左翼军攻击襄樊失利，蒙哥震怒，改变作战策略，再次起用忽必烈。 12 月，兀良哈台大军攻陷大越国首都——大罗。
	1258 年	2 月，旭烈兀西征军攻陷巴格达，杀死哈里发穆斯台绥木；阿拔斯王朝灭亡。 3 月，大越国向蒙古朝贡；蒙哥主力军开始进攻四川，忽必烈大军进攻鄂州，塔察儿大军进攻荆山；5 月，蒙哥在六盘山夏营后，于秋天赶赴四川；12 月，忽必烈从开平府出发。
	1259 年	8 月，蒙哥在围攻钓鱼山时染疫病去世；蒙哥主力军向北撤返；忽必烈在汝南接到蒙哥死讯后，继续南下渡过长江，于 10 月包围鄂州（鄂州之役）；12 月，忽必烈北还。 9 月，旭烈兀进军叙利亚。

续表

统治者	公历	事件(＊为阴历月)
阿里不哥	忽必烈	**1260 年** （中统元年）	1 月,忽必烈于燕京(中都)郊外冬营。 2 月,旭烈兀大军攻陷阿勒颇,4 月,怯的不花率领先锋队攻下大马士革;旭烈兀在阿勒颇接到蒙哥死讯,决心向东返还。 4 月,在开平府召开的库力台大会上,忽必烈即位大汗;一个月后,在哈拉和林郊外召开的库力台大会上,阿里不哥即位大汗; 6 月,忽必烈改年号为中统。 8 月,忽必烈率领塔察儿等左翼军中心部队控制了哈拉和林;阿里不哥退至吉尔吉斯地区。 9 月,怯的不花部队在巴勒斯坦的阿音札鲁特平原,败给忽都思和拜巴尔麾下的马木留克军队;蒙古大军撤出叙利亚。 10 月,拜巴尔暗杀了忽都思,即位苏丹。 同月,合丹、合必赤指挥忽必烈大军于甘肃大败阿里不哥大军,忽必烈在陕西、甘肃、四川、云南的势力范围已经确定;忽必烈命令移相哥镇守哈拉和林,返回至开平府,并在燕京近郊冬营。

| | | **1261 年** | 这一年,旭烈兀在大不里士接到忽必烈即位的消息,放弃东还,决心独立,旭烈兀兀鲁思诞生(随后,将大不里士设为都城)。
察合台家族旁系阿鲁忽受阿里不哥之命赶赴察合台领地,从兀鲁忽乃王妃手中夺过实权后,对阿里不哥倒戈相向。
冬天,阿里不哥大军再次发起进攻,突击忽必烈的开平府大本营(昔木土脑儿会战);两次会战皆未有结果,阿里不哥大军撤退;忽必烈在燕京冬营。 |

| | | **1262 年** | ＊2 月,山东军阀李璮起兵,南宋军为支援李璮选择北伐;合必赤率领的忽必烈大军布下了巨大的包围网,并在济南击败李璮。
8 月,旭烈兀与别儿哥对立;12 月,别儿哥派那海大军南下,旭烈兀为攻破那海大军率全军北上,随后反攻袭击,惨败。
冬天,阿里不哥为讨伐阿鲁忽向伊犁溪谷发起进攻,随后屠杀阿鲁忽臣僚,声望扫地。 |

| | | **1263 年** | 春天,伊犁地区遭遇大饥荒,阿里不哥阵营解体。 |

统治者	公历	事件(＊为阴历月)
忽必烈	1264 年 (至元 元年)	＊7 月,阿里不哥向忽必烈投降,其主将被判死刑。 ＊8 月,忽必烈再次将燕京正式设为中都;将年号由中统改为至元;向别儿哥、旭烈兀、阿鲁忽派遣使节,号召举行关于阿里不哥处置问题的库力台大会。
	1265 年	2 月,旭烈兀突然去世;6 月,旭烈兀长子阿八哈继任旭烈兀兀鲁思可汗;别儿哥大军南下。
	1266 年	别儿哥在库拉河畔与阿八哈大军对峙时突然去世;别哥大军北还。 就在别儿哥去世前后,阿鲁忽也去世了,成为其王妃的兀鲁忽乃拥立哈剌旭烈之子木巴剌沙为察合台家族首领;一直追随忽必烈的察合台家族旁系八剌,在忽必烈的支持下讨伐木巴剌沙,取而代之成为首领,但之后,他们并未臣服于忽必烈,而是选择了独立。 同年,阿里不哥去世。

索　引

图书在版编目（CIP）数据

蒙古帝国的兴亡：全2册/（日）杉山正明著；孙越译.—北京：
社会科学文献出版社，2015.12（2021.5重印）

（鲤译丛）

ISBN 978-7-5097-7910-1

Ⅰ.①蒙…　Ⅱ.①杉…②孙…　Ⅲ.①蒙古（古族名）-民族历史
Ⅳ.①K289

中国版本图书馆CIP数据核字（2015）第192605号

·鲤译丛·

蒙古帝国的兴亡（上）
——军事扩张的时代

著　　者／〔日〕杉山正明

译　　者／孙　越

校　　者／邵建国

出 版 人／王利民

项目统筹／冯立君　段其刚　　　责任编辑／冯立君　胡　亮　张　卉

出　　版／社会科学文献出版社·甲骨文工作室（分社）（010）59366527
　　　　　地址：北京市北三环中路甲29号院华龙大厦　邮编：100029
　　　　　网址：www.ssap.com.cn

发　　行／市场营销中心（010）59367081　59367083

印　　装／三河市东方印刷有限公司

规　　格／开　本：787mm×1092mm　1/32
　　　　　印　张：15.5　字　数：295千字

版　　次／2015年12月第1版　2021年5月第4次印刷

书　　号／ISBN 978-7-5097-7910-1

著作权合同
登 记 号／图字01-2014-1051号

定　　价／79.00元（上下册）

こい
ほんやく
そうしょ

こい ほんやく
そうしょ

让我们 一起追寻

蒙古帝国的兴亡（下）——世界经营的时代

モンゴル帝国の興亡（下）：
世界経営の時代

〔日〕杉山正明／著
sugiyama masaaki

孙越／译　邵建国／校

社会科学文献出版社
SOCIAL SCIENCES ACADEMIC PRESS (CHINA)

こい ほんやく そうしょ

目　录

Ⅲ　陆地和海洋的巨大帝国

Ⅳ　缓慢的大统一

V　蒙古解体与后话

Ⅲ　陆地和海洋的巨大帝国

此图为"广寒宫图"。广寒宫原本是中国的女神——嫦娥在月亮上居住的宫殿。此画为绢本，是以大都的正中心、皇城中琼华岛上高耸的"广寒宫"为对象，再加上对虚幻的同名空中宫殿的想象绘制而成，是元代绘画作品中的一部杰作，让人不禁怀想起大都壮美的宫殿建筑群。作者不详，但画上盖有鲁国大长公主（嫁入弘吉剌惕驸马家族的公主）祥哥剌吉的朱印。祥哥剌吉是答己皇太后之女、武宗海山之妹，在书画鉴赏收藏上颇有造诣。同时，自答己专权时期开始，她也在大元兀鲁思的政治、文化世界背后，拥有相当强大的实力。

8

世界的改造者

帝国的二重构造

从蒙古帝国的历史发展来说，忽必烈政权的诞生并不是一帆风顺的。

回顾忽必烈之前的蒙古发展史，我们可以发现蒙古向东西两个方向不断扩张的同时，也保持着分封到左右两侧的家族兀鲁思和千户的平衡，权力中枢则一直保持在蒙古高原中央的部分。但是忽必烈新政权的重心过于偏向东方，与蒙古帝国既有的基本形态相比较而言有所不同。

自成吉思汗时代以来，构成蒙古联合体最初核心的便是分布在蒙古高原上的千户群。是这些千户群构成了"蒙古兀鲁思"。之后他们向世界各地进行远征和迁移，并与当地的原住民进行融合，逐渐形成了蒙古帝国。蒙古帝国整体的联系和团结的关键还是在于原有的千户上。所以对这些千户群的掌控才是大汗号令整个蒙古帝国的证明，也是其权力的直接基础。

忽必烈自然掌握了这些高原上的千户群。也正因为如此，他才能作为大汗号令家族兀鲁思与整个蒙古共同体。不过忽必烈的现实情况又与之前有所不同——忽必烈政权最大、最直接的权力基础是东方三王族、五投下以及其他左翼政治集团。反过来说，这些政治集团又与忽必烈王室在这样一种新的蒙古政权体制中，形成了与之前相较更为紧密的"神圣集团"。

忽必烈之后的蒙古政权也保持着形式上和实际上两重构造的模式，这是有目共睹的事实。

要想维持蒙古帝国的统一，就需要保持一定的形式。西方各个家族兀鲁思及其管辖下的蒙古牧民在承认忽必烈作为大汗掌控蒙古整体这一形式的同时，作为回报也会向忽必烈要求一些实质上的东西。另外，生存在"祖宗兴隆之地"，即蒙古高原上的千户群也一定会强烈地、直接地向忽必烈政权要求保障其从成吉思汗以来便具有的特权和名誉地位。

若是失去现实的政治基础，忽必烈政权便会瓦解。但倘若失去必要的形式，蒙古帝国本身就会走向分裂。忽必烈政权就是处在这种形式和现实之间的危险平衡上。如果倾向于任何一方，平衡就会被破坏，蒙古帝国也好，忽必烈政权也好，便会在一瞬间土崩瓦解。忽必烈认为，他所面临的帝国运营的重点与亡兄蒙哥时代经营东方时的困难有所不同，是一个需要进行更为宏观考量的难题。

尾大不掉

当时蒙古帝国已经过于庞大，家族兀鲁思的规模也日益增长。比如西北欧亚大陆的术赤兀鲁思、西亚的旭烈兀兀鲁思本身就差不多能够成为一个"帝国"了。

除了最初的蒙古兀鲁思之外，由多人种构成的大大小小的地区政权、原有王朝和当地势力在多个层次上交织在一起，作为其中的组成部分共同构成了蒙古帝国。虽然国家的名字叫作蒙古帝国，但是仅靠蒙古一词又无法完全表达清楚其内部的构成——它带有一种范围极广的多国家联合的色彩。

随着时代的发展，成吉思汗那种草原和绿洲王者的形象已经越行越远、渐渐模糊了。在窝阔台时代，蒙古帝国以草原为中心不断向东西两方扩张，帝国的规模和性质发生着不断的变化。随着这种扩张，蒙古帝国内部已经开始不可避免地出现"分裂为几个大的政治团体"的倾向。

在蒙哥当权时，他以可汗的强大权力为后盾，对蒙古的组织力量和军事力量寄以绝对的信赖，并将其威力不断发挥出来。然而，要让忽必烈采用兄长蒙哥的做法却是不太现实的。作为帝王的蒙哥的的确确是一个极有能力的统治者。他在军事指挥上可谓无人能出其右，可是在对国家的经营与发展上却缺乏考量，应该对他"治国"的能力打一个问号。可以说，蒙哥虽然很有才能，但实际上在治国这最重要的一项上却有所欠缺。

忽必烈在品尝了自己的教训的同时，也体会了兄长治国时的挫折。忽必烈凭借实力，通过蒙古历史上规模最大的军事政变夺取和继承了兄长蒙哥的权力。蒙哥的失败可以说正是忽必烈在治国方面最好的反面材料。不过忽必烈所面临的条件明显要比蒙哥的差。兄长蒙哥在位时，蒙古帝国不存在形式与实质之分，整个蒙古都会无条件地遵从可汗的指示。而且蒙哥既有优秀的亲生兄弟，又有拔都和后来的别哥等不可多得的盟友。蒙哥的失败就在于没有充分利用这些优异的条件，而是过分地突出了自己。

而对于忽必烈来说，这样的人却一个都没有。当时蒙哥的身边有一个忽必烈，而忽必烈身边却没有一个类似的人物。他的亲弟弟旭烈兀到底在想什么，我们并不清楚。只有东方三王族的总帅、斡赤斤家族的塔察儿可能成为当年的"忽必烈"。但是塔察儿本人比忽必烈小太多，而且他们两人之间有利害关系。合撒儿家族年迈的领导人移相哥（在成吉思汗逝世时就已经登上历史舞台）年逾七十，却依旧为了帮助忽必烈建立政权而拼命，无论是年龄还是名望都处在蒙古王室的上层。但在13世纪60年代后期，忽必烈政权确立之后，移相哥也去世了。与之前相比，东方三王族便如同一架单引擎飞行的客机——综观蒙古帝国全局，忽必烈俨然已是孑然一人。

从成吉思汗初创蒙古帝国算起，到忽必烈政权的建立，已经有六十年了。蒙古帝国迎来了重新整顿的时机，一旦失败，帝国的统一就会被破坏。在当时的情况下，蒙古帝国更为需要的是治国，是经营，而不再是进行强制征服与扩张，帝国的立足点必须要进行转移。这是忽必烈所面临的"时代背景"。帝国的命运就掌握在忽必烈的手中。

老皇忽必烈

回过头看，通过政变于 1260 年即位称汗的忽必烈已经是四十六岁了。

阿里不哥于 1264 年投降忽必烈，又在两年之后便不明不白地死去——这个时机可谓"再好不过"。我们很难说其中没有不可告人的秘密。不过能够威胁到忽必烈皇位的人总算是暂时消失了。可以说，忽必烈是在他五十至五十二岁时确立了不可撼动的帝位。对于衰老得较早的蒙古人来说，在这个年龄几乎是到了生命中的最后几年了。可忽必烈一直活到八十岁（1294 年），这是当时的蒙古人所不能想象的。而且在这几十年中，他一直站在第一线指挥和掌控着蒙古帝国。

忽必烈的确算得上一个"老年"皇帝——这之中所包含的意义十分重要。

从忽必烈发动政变算起，他治理国家足足三十五年之久，其中有三十年是实至名归的帝王。在这期间，"老人"忽必烈运用自己强烈的个性和卓越的指导能力、判断能力治理着国家。他用令人难以想象的扎实与罕见的计划性，和他的智囊们一起一步步实现了构想规划的国家蓝图。我们不得不说他是一个传奇般的人物。

在历史上，被称为英雄的人物大多是年轻的并且不带有那么沉重气息的人，至少大多在生涯的前半期会有一段耀眼的经历。而且成大事者多薄命，像忽必烈这样在中老年时才登上风口浪尖的人物，我们很难将他和"英雄"一词挂钩。看着画像上他那胖胖的脸蛋，我们脑中都不由得会将他想象成一个平凡沉稳的老人。

当然，在蒙古帝国时代，还有很多蒙古出身的人也可以被称为英雄。成吉思汗当然不用说，而他的部将中也有很多这样的英雄。像是跨越欧亚大陆东西两端、在多次征战中都有出色表现的指挥官速不台。又像是在成吉思汗西征时，代替他独自负担起与宋朝的战事，独自奋战到最后一刻的木华黎。成吉思汗后代的王族中，也有像拔都（术赤兀鲁思的实际创立者）一样的英雄。更有从忽必烈王朝后半段到元成宗铁穆耳统治前期大显身手，在中亚独自建立了势力范围的海都。这些人都是蒙古英雄的代表。

与这些人相比，忽必烈汗则没有那么出众的地方。一眼看去，忽必烈只是一个极为平凡而且没有什么个性的人。但事实上，忽必烈也并不是完全没有武勋战功或者英勇之处，相反，他是一个优秀的指挥官。他在七十三岁时披挂上阵，指挥对阿里不哥的战争，并利落地打败了其盟友塔察儿的孙子乃颜。这恰恰体现出了他残酷的一面。可是忽必烈在历史上的形象却是出奇的安闲。

人们一般也不会将忽必烈这样的人称为英雄。可能对于英雄的人物设定来说，需要豪迈和爽快，有时又会需要一种悲壮沉痛。而忽必烈是一个长寿的老人，在他慢慢变老的岁月中还在进行着大规模的建设和政治经营。其行事又要求经过深思熟虑，并在此基础上充分调动人员和物资。这样的人物形象与人们所喜闻乐见的英雄传说是相差甚远的。

然而我们一旦将忽必烈的后半生独立出来加以分析，又不禁会感到其极大的重要性。这种重要性主要是对其后的历史时代而言。在历史上，像忽必烈一样仅凭一人之力便在世界史上——全人类的发展历程中——激起层层波浪的人，也着实是少见了。

大统一的计划

那么，忽必烈和他的智囊团们到底对新的世界国家抱着怎样的构想呢？那就是一个能在军事、通商上进行合作的国家。

为了做到这一点，他们必须要实现三种因素的组合。

第一种便是支配蒙古的根本因素：草原的军事力量。这也是无论如何都要保证的一点。同时，还需要以蒙古的骑兵为核心，吸收各个人种组成的军队，以蒙古的名义进行重编，实现军事的系统化。

第二种是确立一个能够直接或间接控制两重构造下的庞大的蒙古帝国的行政机构和财政基础。为此，蒙古帝国需要完全吸收宋——中国从古代便具有的封建行政传统。而宋也是当时欧亚大陆上最富有、生产力最高的地方，蒙古人需要中华的经济力量。

第三种是能够以其财富和生产力为基础，建立起一个由忽必烈政权（即国家）主导的、覆盖欧亚大陆全境的物流系统。人和物应该要突破蒙古帝国内的各兀鲁思进行自由的交流。与此同时，可汗的势力和权位也覆盖到了蒙古帝国的各个角落。掌握庞大物流系统的蒙古大汗忽必烈成为当时世界上最富有的人。商业和流通将蒙古帝国内部联系在了一起。以伊朗系穆斯林为核心的商业团体，和从这些商业团体中拔擢的经济官员们，在忽必烈政权的领导下构筑了庞大的物流体系，然后再通过它赢取利润，为蒙古帝国的国家财政做出了最主要的贡献。从成吉思汗称霸蒙古高原的时代开始，穆斯林商人就已经与蒙古建立了联系。在蒙古灭花剌子模之后，两者完全融为了一体。忽必烈政权时，又将穆斯林商人纳入国家管理的核心。这一点也可以说是"穆斯林的商业能力"。

这三个因素中的任何一条都对欧亚大陆的历史产生了重要影响，而忽必烈和他的智囊们将这三个因素合而为一。就这样，忽必烈的新国家成为国家、社会和经济紧密结合的整体。这在世界史上可谓首创，而且其覆盖范围也是人类史上最大的。

除了这些之外，我们还需要注意到这样一点：忽必烈政权在基于以上构想、实施各种计划的同时，还从一开始便将眼光放到了海上。也就是说，忽必烈在一开始就想将蒙古发展成为一个海陆兼重的大帝国。在当时，蒙古帝国已经成为人类史上最大的陆地帝国。然后在忽必烈执政的三十年中，又将其领土外扩了一圈，同时也开始兼顾海洋。在帝国战乱纷争之中，蒙古帝国多元复合的特点不断加深，也慢慢开始向占据海陆的巨大帝国迈进。

蒙古帝国和亚欧大陆以忽必烈为中心，激起了层层亦好亦坏的波浪。经过了这段蜕变的时代，蒙古和全世界都呈现出了一种全新的面貌。以忽必烈统治的蒙古帝国为主导，自由贸易和重商主义从蒙古帝国境内经由陆海两线开始延伸到世界的其他地方，一个空前的"欧亚大贸易圈"出现了。

从叛乱者到胜利者的这一转变来看，忽必烈与其祖父成吉思汗有许多相似之处。对于蒙古帝国来说，忽必烈也是可以与成吉思汗并列的第二创业者。在当时效力于蒙古帝国的伊朗政治家、历史学家志费尼将成吉思汗称为"世界的征服者"。而今天，虽然在东西方的史书中并不多见，但我们将忽必烈称为"世界的改造者"，应该亦不为过吧。

夏冬两都

忽必烈的"大建设"涵盖了军事、行政、经济、流通、生产和交通等多个方面。

首先，忽必烈将首都从原先的哈拉和林迁到了自己的根据地开平府，并将其重新命名为上都。随后他将经营华北的据点城市中都保留，设为陪都。忽必烈政权在这两个都城之间来往办公——夏天在上都，冬天在中都。

这种两京制度既能同时维持"草原的军事力量"，又能掌握"中华的经济力量"。它与史上不时出现的单纯的两都制度——例如唐朝的长安和洛阳，以及明朝的北京和南京正副两都——都有所不同。忽必烈的两个首都同时将蒙古高原游牧区和华北农耕区这两个完全不同的世界把握在手中。

而且这种两京制度并不单纯地意味着两个"点"。而是以这两个点为圆心，向周围延伸长达三百五十公里的椭圆形的面——这就是首都圈。

在这个"面"中，分布着各种宫殿城市、工艺城市、仓库城市和军事城市等。宫殿城市分布在夏季进行游牧的上都附近，还有风景优美的湖泊和泺河之畔，是按照上都规划进行缩小而建立的小型"都市"。在这些宫殿城市中，除了有供游玩的庭院之外，还有宫殿群和相应的附属设施。在可汗不在的时候，宫殿城市里只有管理人员居住，可以说是一种皇家专用的"度假村"。工艺城市里聚集着生产宫廷专用或者国家直营贸易的工艺品的工匠和技术人员，还设有各种大小工坊。工艺城市里居住的是相关的工作人员和他们的家人，人种也是纷繁复杂。仓库城市中的"仓"是就谷物而言，而"库"是就宝物而言。蒙古语中的"仓"来自汉语，指的是储存粮草用的建筑。蒙古的仓是先在地上挖出一个大坑，再在上边搭建起屋顶而成的。通过这种半地下的方式将粮草储藏在城中而建成的城市就叫作"贮藏用城市"。这样的城市分布在中都和上都的周边。波斯语中的"Khzanh"，即"宝库"，是用于贮藏银子（蒙古帝国的基本货币）与金子、铜币、纸币（辅助货币），以及绢布、瓷器、宝石等宝物的地方。当时蒙古人还建造了许多防守严密的城市用以储藏这些宝贝。最后，军事城市指的是以各军团的大营为基础，设立了各种军事设施以及兵工厂的城市。

忽必烈带领着他的军团与宫廷人员、政府人员随着季节的变换在这些城市间来回移动。直属于忽必烈的游牧骑兵军团在忽必烈的移动过程中，负责保护和管理有"虎之子"之称的马匹。除了上都和中都两大据点之外，忽必烈常常滞留的地方也称为首都。他将这个同时兼备军事、统治与经济多功能的"首都圈"当作了自己掌控政权的核心地带。

忽必烈的这种国家基本形态既结合了游牧民季节迁徙的生活特点，又结合了统治所需的各样硬件需求。在构成政权核心的东方三王族、阔端家族、五投下、汪古部等其他大小王家、姻族、贵族集团中，忽必烈也下令采用这种"忽必烈式首都圈"的统治形式。

他的游牧领地东至兴安岭北部，经阴山地区一直向西延伸到祁连山南北。从整体上看，正好处于游牧区和农耕区的"接壤地带"。各个王室与族长们纷纷模仿忽必烈的夏营地和冬营地，也建起了小型的夏都和冬都，进而学着可汗的样子，在季节交替时带着小型军团和小型的宫廷与王府在它们之间迁移。支撑着忽必烈政权的大大小小的"游牧王国"都变成了这样巡历于两都之间的小政权。它们与忽必烈政权相互联系、不断迁徙，就像是天鹅振翅一样——中央政府忽必烈的"大首都圈"是躯干，兴安岭一带和阴山、祁连山一带的"小首都圈"分别是左翼和右翼。

这片占据了蒙古高原、中国东北、华北平原以及一部分青藏高原的弓形地区便是忽必烈新政权的脊梁。

忽必烈王朝的大首都圈

忽必烈王朝的三大二小王国（1260~80年）

忽必烈王朝的"三大王国"和"两小王国"

与首都圈的建立同步，忽必烈还起用了他成年的儿子们，赋予他们"副王"的称号，令他们掌管军队。其中，他与大皇后察必皇后所生的嫡子们更受重用。

在忽必烈的四个嫡子中，长子朵儿只没有留下子嗣便早早去世了。事实上的嫡长子真金先是被封为"燕王"，而后被立为"皇太子"，被委以华北地区的各方面政务。真金就在忽必烈的首都圈附近辅佐父皇，承担起了一部分皇权。

忽必烈的三子忙哥剌被授予"安西王"的称号，封地是忽必烈在即位前所领的山西、京兆、六盘山地区。忙哥剌将京兆作为冬都，并在六盘山的高原上新建了开成当作夏都，构建起了一个中型的"首都圈"。他以这个首都圈为据点，统管着今天中国西部的山西、甘肃、青海和四川等省份。

四子那木罕则被封为"北平王"，负责管辖蒙古本土戈壁以北的高原以及生活在那里的千户群，是管辖"北方"的王。他将哈拉和林及其周围的地区当作自己的根据地，像原先的窝阔台大汗一样进行季节迁移。

忽必烈把他的这三个儿子当作自己的三个"分身"，分别赋予了军事和地方政务等皇权。他们三人将各自领地内的原有势力吸收到自己麾下并进行重编。从军事上来看，真金、忙哥

剌、那木罕及其直属的部队对当地的各种势力而言，是"督
战部队"的身份。

　　中部、西部和北部的"三大王国"构成了忽必烈王朝的
基本骨架。在蒙古历史上传统的左中右三大分区的同时，忽必
烈在自己直接统辖的领地内也划分了三大分区。除此之外，忽
必烈的庶子奥都赤被封为"西平王"，领西藏地区；奥都赤的
同母兄弟忽哥赤则被封为"云南王"，领云南大理地区。但是
这两人与忽必烈的三个嫡子相比，王位等级更低，领地也没有
那么广阔。可能将其称为"三大王国"之下、起到辅佐作用的
"臂膀"更为贴切。从忽必烈之后，可汗的位置就由忽必烈家族
独占。而在忽必烈家族之中，担任三大王的人在汗位继承中享
有特殊的资格——三大王国的家族通过彼此争夺来赢取汗位。

　　至于大汗忽必烈，自然是凌驾于诸王子之上，总揽蒙古的
军事政务。而除此之外的行政、经济、税务、财政、物流、驿
传（站赤）等则以忽必烈自己的"大首都圈"为核心，由他
的智囊团和实务人员负责管理，广泛地调动着帝国的人力与物
力资源——这些都与三大王国之下的大小势力无关。

　　对军事大权的分割和系统化，以及对行政和经济中央集权
的加强，正是忽必烈政权的两个特征。他通过灵活运用犹如硬
币的两面一般的权力构造，来统率和操纵着蒙古帝国。忽必烈
建立的新蒙古帝国不仅在版图上呈现出双重构造，在国家运营
手段上也表现出双重结构的特点。

世界的帝国之都

在新帝国的大致走向已经确定、"草原世界"向"定居世界"的转型也有了眉目的时候，忽必烈终于开始着手正式兴建帝国的首都。

对于世界帝国蒙古来说，金朝兴建的中都显得过于小气。无论是从城市功能还是从美观上来讲，都不适合蒙古帝国继续沿用。而且在蒙古占领后的1221年，中都遭逢火灾，不复往日的繁华景象。当初忽必烈将中都当作自己的冬都，说到底还是为了方便的权宜之计。

1266年末，忽必烈下令在中都东北郊外兴建庞大的皇城——"大都"。在下令建造之初，大都的名字就已经被确定下来。大都开始兴建的那年正好与最终流产的库力台大会同年。忽必烈可能是希望用这样宏伟的工程来向帝国西方的三巨头等其他王族和君侯展示自己领导下的蒙古帝国富强新时代的到来——不管他们愿意与否。

大都的兴建在缜密的计划、特殊的设计以及周到的后勤支持下顺利地开展着。大凡城市的建造，我们都无法说定什么时候才算真正"完工"。但对于在计划下建造的大都来说，到1293年为止已经初具设计的雏形。同年，联结大都皇城及其东郊五十公里外通州的"通惠河"也已经开通。大都的建造大约花费了四分之一个世纪（次年忽必烈去世）。

大都的设计大纲是"黑衣宰相"刘秉忠结合佛儒道三教思想完成的。这与忽必烈的新国家在形式与现实上的双重构造有异曲同工之妙。刘秉忠原名子聪，是当时佛教界大人物海云的弟子。在金莲川幕府时代，忽必烈将他当作自己的"师父"请入帐下。

大都建成后，从外观上来说是正统的、理想的汉式皇城。中国古代的《周礼》中记述了治国的国家制度，对后代影响深远。其中《考工记》的"匠人营国"篇还记录了理想的都城构造。大都就是忠实地按照它的记述而完成的。

大都外郭周长六十里（实测二十八点六公里）。干支循环一轮刚好是六十，所以六十是一个"神圣的整数"。大都城中街市区域的划分在形式上重新采用了里坊制度（在原先的唐代长安等城市中采用的也是里坊制度。但大都里的街市区域只有"坊"的名字，不再像长安那样在每个坊的周围增筑坊墙），其数量是大衍之数——五十（"大衍"的意思是"大的余数"，原本指的是易经中的筮竹之数。古人从五十支筮竹中抽出一支，再用余下的四十九支进行占卜。所以"大衍"到后来也包含有与命运相关的时势的意思），也带有浓重的象征色彩。

不过在那之前，并没有真正的"汉式理想国都"的先例出现过。"汉式理想国都"反而是由外来的蒙古人首次在中原大地上建成的。而且兴建大都的一线工人与技术人员中，既有汉人，也有穆斯林和蒙古人等。在元朝之后的明清以及今天庞大的中国，首都都设在北京，而大都便是北京的前身。事实上，到最后只有大都是唯一按照《周礼》建造的都城。

总之，虽然大都只是大胆照搬了"理想"的纸上规划，但它的秩序井然却能让人大吃一惊。从大都南面的正门"丽正门"北望，大内（即皇宫，皇帝居住的地方）各宫殿的屋脊和瓦片闪着金黄色的光，笔直地排列成一条直线。从东西方向的齐化门、平则门向中央看去，宏伟的寝殿延春阁就会映入眼帘。

除了在视角上的考量之外，大都的建造者们还在其他很多方面下了功夫，将它装点得更为华美。在大都城中央的两个十字路口上，建有鼓楼和钟楼，这在历史上是首创。日本的近代城郭天守阁与其十分相像（虽无考证，但笔者认为大都的这种设计可能真的对日本城池建设起到了一定的影响。继大都之后，中国封建王朝——尤其是明朝——许多都市中都会建有钟楼、鼓楼或者是两者合二为一的钟鼓楼。这种设计可能对日本战国末期——相当于中国明代末期——城郭的营建提供了些许提示。关于这个问题希望能够得到各位专家的探讨与补充）。在大都内外多个地方，还建有高耸入云的汉传、藏传佛教的寺院与高塔。

大都概略图

（▲是市场。各个区划部分都有其固定坊名，此处省略。）

大都是一座完完全全的"计划城市"，其主要建筑群从一开始便按照规划逐步建成。朝南的皇城是大都的中心，其南侧的街道集合了中书省等中央政府部门，北侧分布着许多官办市场，东侧设有祭奠祖先灵魂的太庙，西侧设有祭祀大地之神的社稷坛。这样的配置完全符合"面朝后市，左祖右社"的原则。而现在北京的观光景点之一——白塔，是大圣寿万安寺的藏式佛塔。市区内的普通住宅则"公开征集"原来中都或各地的富人前来居住，一个居住单位大约为一千四百坪（日本的一坪约等于三点三平方米。——译者注），根据财力的不同，房屋的大小也有所不同，占据着数个居住单位的房屋建筑十分宏伟，鳞次栉比，也就是所谓的"四合院"。同时，市内的各个仓库、窑场也证明大都既是一个消费城市，也是一个产业城市。然而，在图的西南城外，中都曾经的繁华街道作为"平民区"，依然继续存在。

　　大都用前所未有的整齐划一和宏伟气势征服了马可·波罗等来自外国的旅行者，使他们赞叹不已。类似这样的事情在多种文献中都有记载。

　　而现在的北京不得不顺应历史潮流推进现代化的发展，这些古老的宏伟建筑也在一点一点地消失。不过即使是这样，到了北京的人也会被它的整齐划一所打动。这是由于在今天北京的城市基本规划中，依然贯彻了当时大都"可以展现给世人看的城市"的诸要素的缘故。今天的北京依然保持着当时城市的骨架，依然受益于当年的大都。

　　忽必烈的大都中军事色彩并不是那么浓重，也没有"保护"的意思。忽必烈本人及其宫廷和军团若非参加必要的仪式或是抵御严寒，一般是不会进入大都城内的。在冬季，忽必烈也比较喜欢在城外的冬营地搭建宏伟的蒙古包群，在那里过冬。

　　总而言之，对于忽必烈来说，大都并不是一个"自己住的地方"，而是用来"让别人居住"的。蒙古的统治者们一直处在移动中，而大都这个不能移动的城市则是用来收容统治国家所需的人力物力的"容器"。换句话说，大都这个雄伟的城市本身便是象征着忽必烈的权力与皇位的一座大纪念碑。

海陆征途的起点

　　当我们着眼于现实的城市功能时，又能发现一些让人不得不感到惊讶的问题。

　　大都虽然是一个内陆城市，但是却拥有巨大的城市内港。这个港口经由通惠河联结到通州，再经白河联结到海港直沽。从直沽出发，船只可以南下到达中国南方的杭州、泉州、广州等城市（忽必烈灭南宋后占领），进而联结起东海、南海一直到印度洋的海上路线。设计之时，大都就是一个拥有海港、与海相连的城市。

　　大都的城内港正是从城中央延伸到西北部的巨大湖泊积水潭。忽必烈的工学技术人员为了维持积水潭的水位而建造了绵长的人工水路系统，从北方较远的昌平一带引水注入其中。水路的建设与大都的建设大约在同时开始。也就是说，虽然通惠河的开通较晚，但将大都和海洋相联结的构想在新皇都设计之初便存在了。与此同时，大都建设的计划也意味着要以占领南宋为前提。对忽必烈新政权来说，与大都建设并行的对宋战争也是新国家建设工程的一环。

　　在积水潭东北岸一带，设置着官营集市以及与经济相关的政府部门——那里是"经济专区"。从中国南方、东南亚以及西亚涉海而来的商品和物资在直沽港"换乘"河船，从通惠河逆流而上，最终在大都城内的积水潭上岸，进入市场。当然，经由陆路交通送到的商品也会集中到这里。从现实上来说，大都城市功能的一大半都集中在这一片。大都城内的南侧是议政之所。这种城市的南北规划是与《周礼》中的"面朝后市"相符合的。

夹在南部的行政区和北部的经济区之间的就是宫城。这之中还有一汪南北延伸的湖泊——太液池。这个湖泊正是建造大都时将地址选在中都东北郊外的初衷。

在建造大都之前，忽必烈与他的群臣、政府、军团的确将中都当作冬都。但当时只有少数行政机关设在中都城内，除此之外他们都会选择在中都东北郊外的湖边扎营过冬。从鄂州北归的忽必烈手下的军团在"燕京（中都）近郊"过冬，指的应该就是那里。忽必烈和他的手下将那里当作夺取政权的"跳板"，并构想将其当作兴建新皇都的中心——将这块湖泊和周围的"神圣区域"包围起来。

大都的宫城中，太液池以东为大内，以西为皇太子的宫殿。前者被称为"大斡鲁朵"，后者则被称为"太子斡鲁朵"。除了这两片建筑群之外，其余的地方是被花草树木覆盖的"花园"。后来虽然又兴建了"兴圣宫"（武宗海山、仁宗爱育黎拔力八达、英宗硕德八剌时代握有大权的皇太后答己——的住处），但宫城整体还是由湖水和绿地构成的。也就是说，大都这个庞大的城市的中央是一片水光绿意的天地。

事实上现在的东京也是同样的构造。作为一个现代化的城市，东京的中央所包围的却是"皇居"——大块的绿地和水。但东京现在的结构是与当时的江户城分不开的（在这一点上，许多直接在原来的基础上发展为现代化城市的日本主要都市也是相同的）。总之从结果上来说，现实就是如此。与东京相反，大都自一开始便是那么设计的。现在北京市民休憩游玩的北海公园的湖泊还保留着"太液池"的名字。另外新中国政府政要的住处中南海，大致相当于当时"太子斡鲁朵"的位置。

在庞大的人工城市大都竣工后，通往全国各地的公路从这里放射而出。在大都和夏都上都之间，铺设了四条主干道。原先哈拉和林的陆上交通枢纽地位被上都取代，站赤路线被重新联结到上都。华北河运系统被重新启用，通州成为河运枢纽。蒙古占领南宋之后，联结中国南北的"大运河"复航也指日可待。

元帝国的大都是全帝国的交通中心，上都和哈拉和林是内陆交通的副中心，通州是内陆河运系统的中心，直沽是海运系统的中心，除此之外还有许多外港。直沽就是现在的天津，而北京和其外港天津的组合形式正是由忽必烈首创的。忽必烈和他的手下以大都为起点，将庞大的人力物力输往各地来改造世界的面貌。对于忽必烈的新国家来说，大都起到了心脏一般的作用。

在蒙古语中，大都被称为 Daidu。在拉施特的《史集》与其他元朝时写成的波斯语文献中也是这么称呼的，这就是它正式的名字。马可·波罗等西方国家的旅行者大多将其叫作"汗八里"，在突厥语中的意思是"国王的城市"，即"皇都"，这是一种通称。对于欧亚大陆西部的人来说，"皇都"一词更好理解。

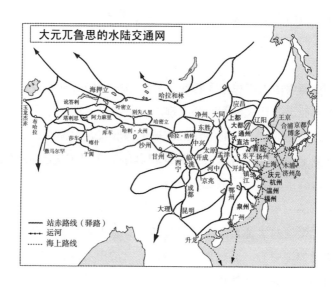

大腾格里之国

忽必烈将国家建设事业引上正轨后，于至元八年（1271年）十一月（后述与年号同时出现的月份是指阴历月）改国号为"元"。那之后蒙古帝国的正式名称便改为"大元大蒙古国"，简称大元兀鲁思。

围绕着这个新的国号，我们可以窥得忽必烈和他的手下构思新国家时的一些设想。"大元"这一国号来源于《易经》中"大哉乾元",这句话非常有名。可是,忽必烈当时为什么会偏偏选中了这句话呢?

"乾元"指天,也有可能指宇宙。进一步对"大元"的生成原理来进行解释的话,对于突厥·蒙古人而言,他们将所有的"源"共通起来进行崇拜,即崇拜"腾格里"。在"元"字的前边加上一个"大"字成为"大元",即"大源",是对腾格里的尊称。忽必烈实际上是将自己的新国家命名为"大腾格里之国"。

这在忽必烈下达的最高命令,或命令文书中(蒙古语为Jarliq,即圣旨。其他王室诸王的命令称"令旨",也就是"话语"的意思。等级差别非常明显)也能窥见一二。忽必烈的圣旨必定以"长生天的气力里"开头(蒙古语为 Möngke tngri-yin/küčündür)。在前边我们也已经提到过,这样的开头在忽必烈以前就已经开始使用。不过自从忽必烈开始,圣旨的行文体裁变得更加正式统一,也绝对会固定用这一句话开头。忽必烈和他之后的蒙古大汗,在下达圣旨时就会明确地表明自己的国家是"大腾格里之国",自己的权力是来自"大腾格里神"的。

"元"的年号和首都的名字都表现出了这一意识。

忽必烈早在与阿里不哥进行皇位继承争夺战时的 1260 年5 月,就初定了蒙古的年号"中统"。这一年号意味着"掌握统治权",包含忽必烈继承蒙古汗位的意志,对于当时忽必烈的立场来说可谓是十分贴切的。在 1264 年 7 月阿里不哥投降之后，忽必烈又立即改年号为"至元"。忽必烈在驾崩之前的三十多年帝王生涯中，一直使用"至元"这一年号。很显然，"至元"年号是与"大元"相联系的，而在定国号为"大元"的七年之前"至元"年号就已经开始使用。可能从那时起，忽必烈就已经有了注重"腾格里"的国家理念。

新皇都"大都"的命名刚好在年号"至元"与国号"大元"之间。如果我们将"至元""大都""大元"连起来看的话，其中的联系就能一目了然了（但这种联系并非只是字面上的。严格上讲，"大元"这一国号是从至元八年开始使用的）。

在亚洲各地，最初皇城的概念是联结天和奉天命的人间皇帝的地方，位于宇宙的中心。尤其在中国，治理上天所笼罩的人间（即"天下"）的帝王是上天之子——天子。天子所居的都城正是大地的中心。靠近都城的地方（称"近畿"。日本的近畿指的是京都附近）能够沐浴天子的文德教化（这就是汉语"文化"的含义），而距离都城越远，接受的程度就越低。所以说，"都"在概念上有与天紧密相连的意味。

大都也是如此。它的含义并非"大的都城"这么简单，而是意味着"大天"。忽必烈将自己的国家称为"大腾格里（天）之国"，将上天所笼罩的大地中心称为"大都"，将上天所司筹的天时称为"至元"。我们可以看出，忽必烈有意识地将构成世界的"天、地、时"三个要素通过称呼体现出来。

因此，之前认为"大元"是顺应中华王朝的传统而确定的说法就站不住脚了。元代以前的中华王朝都是以其发源地或者是类似的地名来命名的。而且像"大唐""有唐"中的"大"和"有"字只是单纯的"美辞"，然而"大元"的"大"是有实际意义的。与秦、汉、隋、唐、宋等王朝名不同，"元"的全称为"大元"。事实上在元朝结束后，更加庞大的中华民族又建立了"大明"和"大清"两个封建王朝。这两个王朝也不是以地名来命名的，而是抽象概念。这也象征着以忽必烈为界，"中华"的空间和内涵也在无意识中发生了巨大的变化。

"大元"在蒙古语中的发音是 Daiön。在后来的明朝便讹传为"Dayan"。明代欲反明复元的达延汗中的"达延"并不是他个人的名字，而是以"大元的可汗"为基础造出的称呼。达延汗本人也想将自己的国家称为"大元兀鲁思"。

在今天，蒙古语中 Dayan 的意思是指"全部"。中国内蒙古自治区的历史学者薄音湖氏认为，蒙古语中象征"全部"一词的 Dayan 是来源于"大元"的。对于经历了忽必烈及大元兀鲁思时代的、明朝之后的蒙古人来说，"大元（Dayan）"可能就是"全部"的意思。

忽必烈极为重视上天和人间的意义，并在此基础上推进新的世界国家"大元兀鲁思"的建设。这是他倾注毕生来向"世界"发起的挑战。

9

草原世界的缓和

风云儿八剌

在忽必烈的国家建设正在按照计划进行时，中亚的局势又开始动荡起来，形势变得风云莫测。

在旭烈兀、别哥和阿鲁忽的死中，最让忽必烈头疼的便是察合台家族阿鲁忽的死了。阿鲁忽在生前平定了中亚地区，但在他死后，中亚地区又再度陷入混乱。连接帝国东西的中亚地区的动荡对忽必烈实现他的新构想来说是一个负面因素。

1266 年，为盟友阿鲁忽的死所痛惜的忽必烈，将自己身边的察合台家族的分家后代八剌派往了中亚地区。忽必烈希望能够依靠自己的权威，加强对中亚地区和察合台家族的控制。

但事与愿违，八剌是一个恐怖的野心家。

阿鲁忽去世后，察合台兀鲁思第二代大汗哈剌旭烈的遗孤木八剌沙担负起了统领察合台家族的任务。这名拥有一个伊斯兰风情名字的年轻人是察合台家名正言顺的嫡子，也是人中龙凤。

木八剌沙的母亲兀鲁忽乃曾经掌控着察合台兀鲁思，但为了防止权力被夺取，竟放弃摄政嫁给了阿鲁忽。对于兀鲁忽乃来说，与一代枭雄阿鲁忽结婚虽然意味着把代表察合台家的名分拱手让出，但同时也保证了自己的儿子木八剌沙能够在以后成为下一任首领。阿鲁忽死后，汗位果然由木八剌沙承袭。到此为止，计划都在兀鲁忽乃的掌控之中。

然而八剌的野心却比当年的阿鲁忽还强。八剌一进入察合台兀鲁思境内，就以可汗忽必烈的命令为后盾，将木八剌沙从首领的位子上拉下，自己当上了察合台兀鲁思的一把手。继而他又想让察合台兀鲁思独立——也就是说忽必烈派去平乱的人反而与自己唱起了反调。

阿鲁忽也好，八剌也好，察合台家族的人竟能容忍如此赤裸的"篡夺"，只不过是因为更不希望自己落入拖雷家族的强权之下。家族之间的恩怨在不断地滋长。

从血缘上讲应该成为察合台家族首领的木八剌沙被完全遗忘了。八剌将其贬为亲卫队中负责掌管狩猎的官员。自那之后，察合台家族原本被广泛认可的无条件的"嫡子继承"制度消失了。后来人则凭借强大的实力——或者是完全相反的没有实力——而被拥立为汗。

塔剌思会盟的真相

八剌开始在中亚公然扩张察合台兀鲁思的势力范围。在大约两年间，八剌对周边的各个势力发动了多次战争。最后到了1269年春天，八剌在天山北麓的重要地点塔剌思河召开了会盟。

参加会盟的除了察合台家族的八剌之外，还有西方窝阔台家族中地位越来越重要的中心人物海都，以及别哥死后术赤家族的新家主忙哥帖木儿派出的代表。当时蒙古帝国西半部分的各大家族兀鲁思中，除了旭烈兀家族之外，其余的三大势力都参与了大会。这就是历史上著名的"塔剌思会盟"。

在这次大会上，海都被推选为对抗忽必烈的"大汗"，蒙古帝国就此分裂成为忽必烈派和反忽必烈派两大阵营。由于这次大会上选出了"大汗"，所以也有人将其称为"塔剌思库力台"。可是从史料上来看，这个"定论"是毫无依据的，只是史学家的"创作"。将塔剌思会盟算作库力台大会，是将海都当作反忽必烈阵营的巨魁、过大地估计了他的作用和形象的结果。这种看法来源于《蒙古史》的作者——著名的多桑。康斯坦丁·多桑是亚美尼亚人，曾担任瑞典驻法国大使。他在法国任职时，充分发挥了他精湛的语言能力，翻译了巴黎的皇家图书馆（现法国国家图书馆）等地收藏的波斯语和阿拉伯语零碎史料，编著了宏大的蒙古帝国史，编写年代为19世纪初。自此，后来的研究者们就不再直接查阅波斯语的第一手资料，而是以多桑的蒙古史中提到的"塔剌思库力台"为基础，对其他历史现象进行解释。在故意的歪曲和一定的牵强解释下，历史真相自然也会被扭曲。而在今天，我们是不需要这样的"假象"的，应该借助最原始的史料去客观地审视历史。

拉施特的《史集》中提到，各家族在塔剌思会盟上提出的问题分歧很大，但最急需解决的是停止对中亚地区的瓜分。问题的焦点就在于如何处置中亚最肥沃的大绿洲——河中地区。

针对这一问题，各方都提出了一些异议。最后结果为，全部岁入的三分之二归八剌所有，剩下的部分由海都和忙哥帖木儿分享。至于如何评价这样的分割比例，则是十分微妙的。但总之可以确定的是，察合台家族总算是"复权"了。然而，在之前的察合台时代，河中地区是完全归察合台家族独自享有的。从一家独占到地区全体势力共占，八剌实际上是做出了让步的。另外，忙哥帖木儿率领的术赤家族权力却是有所下降。原先蒙哥大汗和拔都以及后来的别哥结盟时，术赤家族可以在帝国西部一切自主，现在却需要受到察合台家族等势力的限制。

　　但是，最初在中亚地区握有权力和势力基础的便是察合台家族。毋庸置疑，经过阿鲁忽和八剌，中亚的察合台家族势力终于复活。考虑到察合台家族的情况，客观来说，忙哥帖木儿能继续保有锡尔河和阿姆河下游流域就应该满足了——这块区域从成吉思汗西征以来就为术赤占有，一直是术赤家族的私有领地。加之忙哥帖木儿并未亲自出席，只是选派代表参加，我们可以看出他实际上是与这次会盟保持一定距离的，所以这样的结果对他来说可能已经足够。对于河中地区的分割方案，忙哥帖木儿应该也没有特别大的意见。

窝阔台家族的权力复兴

　　最大的赢家恐怕并不是海都。

　　从当时蒙古的行事方法来看，岁入的配比分割并不单单指从一年的总收成中抽出一部分归为己有，还包括了对保证其岁入比例的土地的占有。反观成吉思汗时期，窝阔台家族随成吉思汗西征后，他们得到了河中地区的一部分作为回报，但那只是微不足道的一小部分。尽管如此，这与窝阔台家族原有的霍博、叶密立、海押立等准噶尔地区的领地相较，位于原本无缘的帝国西部的河中平原，虽然只是一小部分，但毕竟是被正式承认的窝阔台家的新领地。

　　窝阔台家族到底占有了河中地区的哪一部分，虽然对历史发展有如同"钥匙"一般的作用，但遗憾的是，现在我们缺少能够证明的资料（在十年后，海都成为中亚新的所有者。波斯史料中记载他原来的领地是在"塔勒斯和塞塔姆之间"，但那指的是"游牧世界"的牧场范围。波斯语史料中提到的那块区域到底是不是窝阔台家族最初得到的封地，我们无法排除其中的疑点）。不过这在当时政治形势上的意义是十分深远的，它标志着窝阔台家族像察合台家族一样，迈出了在帝国西方"复兴"的步伐。

随着最初蒙哥对贵由一派的压制，窝阔台家族中除了较靠东的阔端外，西方的几个分家基本上面临被消灭的境地。即便是在忽必烈和阿里不哥争夺皇位时，处于较西方的窝阔台家族也没有扮演什么重要的角色。虽然也可·合丹在忽必烈手下立下些许功劳，但他只是分家的一个年迈之王。包括海都在内的其他分家都选择了袖手旁观的态度。

西方家族的"本家"是由贵由的儿子禾忽继承的。他在纷争之初便分析局势，认为形势对忽必烈有利。但紧接着，他就受到了向伊犁溪谷进发的阿里不哥军队的追击，放弃了在霍博的牧场，带领着自己的族人在中亚各地辗转逃窜。

在这中间还有一段题外话：当时耶律楚材的孙子耶律希亮和他的母亲也在禾忽的大队人马之中。我们今天可以从耶律希亮的汉语记载中了解当时流亡中亚的悲惨过程。耶律楚材的爱子、耶律希亮的父亲耶律铸先是在蒙哥手下任职，蒙哥死后又为阿里不哥效力。后来耶律铸也看透了形势发展，转而独身投入忽必烈一派，得到了忽必烈的礼遇。被父亲"遗弃"的耶律希亮虽然只是一名少年，却不得不带领其他家人辗转躲避阿里不哥的追捕。饱尝艰辛的希亮在逃脱中几次眼看就要被阿里不哥的手下抓到，最终还是虎口脱险。希亮母子在逃到西方的霍博后，为禾忽所解救。但那里始终也不是一个能够安心居住的地方，于是希亮母子又跟随禾忽家族踏上了西去之路。

其实希亮的祖父耶律楚材本身也有一段类似的历史。耶律楚材放弃了金朝投靠成吉思汗时，也抛弃了自己的生母和正室，还有嫡子耶律铉。耶律铸是他带走的侧室所生的。耶律楚材和耶律铸父子都颇爱创作，并在创作中美化自己。所以历史上才会留下他们与实际不符的虚名。有许多人认为这对有名的父子宗教信仰有所不同，父亲信佛而儿子信道（这种说法来源于中国学界的领导人物陈垣所撰写的论文，但实际上两人的信仰差异并没有那么明显。事实上，当时华北地区的知识分子一般都是儒佛道三教兼通的。所以将这对父子的宗教差异分得这么明确，反而引发了错误的认识）。不过从言行不一的自我美化、过强的名利欲望和略微的吹牛癖好，以及抛弃妻子这种"怪癖"行动来看，这对父子的相似之处还是很多的。

回到我们的话题上来——简单来说，西方的窝阔台家族在蒙哥即位的1251年之后，经历了长达十几年的混乱与分裂，并且对这种局势无可奈何。原本，在整个蒙古帝国激起波澜的汗位继承战正是窝阔台家族各派重振的好机会——就像察合台家族的阿鲁忽一样，但到最后察合台家族也没有什么大的动作。不用说直接介入纷争之中了，他们就连坚持第三者的立场、只在适当的时候为了自己的利益从旁干涉都做不到。

海都就是在这样的背景下脱颖而出的。他是窝阔台四子合失大王的长子。合失是窝阔台生前最初定立的"皇太子"，所以从这一点来讲，海都的血统并不差。但是在拉施特《史集》的记载中，海都的母亲是天山东部的别克邻族人。所以从生母的血统上来讲，海都又处于劣势。可以说海都的出头并不是因为他的血缘，而是凭借自己的实力。那时窝阔台家族的主力支派都疲软无力，再加上八刺到来，于是海都就在1266年（或1267年）站到了窝阔台家族的领导位置。

我们在提到海都时，往往会认为他是在皇位继承战的初期就成为反忽必烈派巨头的。但事实上，海都在13世纪70年代中期以后才完全成为中亚地区的"霸者"（详情后述）。在重新探究历史时，脱离了史料的夸大和臆想是十分危险的。

会盟的意义

通过回顾可知，关于河中地区这种属地的处理，原本是需要大汗或大汗主持的库力台大会予以裁决的。然而，八刺和海都，以及作为旁观者的忙哥帖木儿却表示，至少要按照他们的意见来决定河中地区的处理方案。

他们并非全盘否定大汗忽必烈的做法。如果真是这样的话，且不说忙哥帖木儿，海都能否加入会盟都是一个疑问。当时的海都并不具备与大汗忽必烈唱反调的实力，他们只是表示不想对忽必烈言听计从而已，并巧妙地把这一点作为三大王族联名的"共同声明"提了出来，这只靠单独一方是无法做到的。

当我们回顾当时的大环境时会发现，事到如今，忽必烈已经比任何人都果断，他坚决地表明了对整个帝国"全新模式"的追求。同时，存在于"伊朗之地"的旭烈兀兀鲁思，虽然没有机会得到整个皇室的正式认可，但感觉上还是模模糊糊地得到了承认。且不论好坏，蒙古帝国的现状与从前有很大的差别，在并在没有征求所有皇室成员意见的情况下继续向前发展着，这明显违反了从前蒙古共同体重视会议的原则。但现在，一切都在事实先行的基础上有条不紊地向前推进。

蒙古帝国被"事实先行"和"循序渐进"的时代浪潮包围，而这样看来，可以说塔剌思会盟本身就存在于这个浪潮之中。当下的时代依旧处于转换期中，分歧随处可见。

随着既成事实不断累积，不可否认的是，"忽必烈新秩序"已经快要形成了。且不论持续低迷的窝阔台家族，就连拥有庞大稳定势力的术赤家族也明显受到了冲击。此时，在被认为是忽必烈新体制派的察合台家族中，出现了一位名叫八剌的野心家。他借此机会，由包括自己在内的三大王族共同提出了"异议申诉"。仅由直接相关的人员来处理这块属地的决定已成了既定事实。而解决问题的角色则由势力最弱的窝阔台家族的海都来担任，从这一点上我们也可以窥探到这个会盟的真实状态。对于海都来说，塔剌思会盟成为他崭露头角的机会，并为他命运的转折画上了一条分界线。因此，虽然在内容上与以往的"定论"有所不同，但对于海都来说，这次会盟的确意义重大。

八剌的梦

即便如此，此时在中亚地区最具实力的依旧是八剌。性格慎重的海都试图将八剌的力量转向"西方"，从而避免自己的新"核心"、还在重建过程中的窝阔台领地遭到干涉。因此，海都提出了建议，让窝阔台家族"向东"、察合台家族"向西"，从而设定各自的势力范围和发展方向，而八剌同意了这一设定方法。

利用了忽必烈的"失算"而在短时间内一跃成为一定意义上的掌权者后，八剌对自己的地位感到十分不安，或许他对塔剌思会盟时提出的河中地区分配方案本身就不是十分满意。但是会盟至少可以"保证"与皇帝忽必烈对抗的并非他一人，海都负责控制"东侧"地区，这对他来说是莫大的帮助，他可以借此避开与旧主忽必烈大汗的直接对峙。而且，进军西部也是察合台自汗国成立以来的夙愿，在察合台家族看来，旭烈兀兀鲁思的出现本身就是意料之外的。不论他们内心是否赞同，从结果上来看，察合台家族上下都没有"否定"八剌成为他们的首领这一方针，对此，八剌感到十分激动。

随后，八剌根据海都的建议，开始思考"西方拓疆"的计划，即或是打倒旭烈兀兀鲁思，或是将其吸纳进来，从而构筑从中亚到西亚整个区域的巨大版图。八剌梦想着成为西方的霸主。当八剌喊出进攻西方的口号之后，中亚各地的游牧势力纷纷予以响应，无论对谁来说，伊朗的财富都是诱人的。为了赶上即将成立的"八剌新体制"，大家"一传十，十传百"，一个巨大的军团就此形成了。1270年，八剌率领游牧骑士组成的大军团，向西渡过了阿姆河。这时正值塔剌思会盟后的第二年。

根据拉施特的《史集》记载，八剌大军士气很高，全军上下似乎已经完全不把旭烈兀兀鲁思放在眼里。尤其是八剌，对自己军队的规模之大感到十分得意，反而忘了谨慎，愈发骄傲自大。连将军都是这样的心理，可以想见拼凑起来的八剌大军更是从一开始就处于一种无组织的零散状态。

而旭烈兀兀鲁思从八剌渡过阿姆河之前开始，就频频接到关于其动向的谍报。此时统领旭烈兀兀鲁思的，是旭烈兀的长子阿八哈。旭烈兀兀鲁思当时正处于北有钦察汗国、西有埃及马木留克王朝的"钦察、伊斯兰同盟"的夹击之中，在如此艰难的时刻又要迎接中亚强大的游牧骑兵军团的进攻，形势岌岌可危。

实际上，旭烈兀兀鲁思的军事力量并不算强大。无论是在北方与钦察汗国对抗的高加索战线，还是在西部附属国鲁姆苏丹国所控制的安那托利亚高原，或是对抗马木留克王朝的叙利亚战线，以旭烈兀为首的历代首领根据当时的紧急情况而迫不得已派出的"虎之子"骑兵战队，怎么看也只有三万的规模。而恐怕这也是旭烈兀兀鲁思可以打出的最后一张牌了。

当然，在未实现现代化的世界里，装备齐全的熟练骑兵拥有最强的战斗力，如果拥有三万骑兵，其威力是相当可怕的。在此基础上，旭烈兀兀鲁思还有部署在各条国境线上的骑兵以及以当地伊朗人势力为核心组建的军队。把这些全部加起来后，旭烈兀兀鲁思军队的总人数应该可以达到几万人。然而，以《史集》为代表的波斯语史书上，肆意地写着"二十万""三十万"之类的数字，这过于脱离现实——只是为了夸示自己的军队拥有无限强大的实力（为此，就连敌军人数也有所夸张）。这类"主办方发布"的人数，和真实人数可能会差上十倍之多。

旭烈兀兀鲁思是以旭烈兀西征军为基础建立起来的。在西征军中，钦察汗国提供的部队有一万人，但后来这些人或是回到了北方的祖国，或是逃进了西方的马木留克王朝。另外，一万二千人的怯的不花先锋军，也在阿音札鲁特战役惨败之后仓皇溃逃到了叙利亚，留下的人还不到原来的一半。旭烈兀主力军有三万人，以主力军为核心，再加上原阿塞拜疆和阿富汗驻留军队，便是旭烈兀兀鲁思的"蒙古军"了，而历代旭烈兀兀鲁思首领率领的"王牌军队"应该也有三万人。

我们无从得知八刺大军的人数，但不管是从《史集》一反常态地描述其悲怆场面，还是从八刺大军异常热烈活跃的气氛来看，其人数肯定都要远远超过旭烈兀兀鲁思，这是毋庸置疑的。

阿八哈的陷阱

旭烈兀兀鲁思迎来了莫大的危机。普通的蒙古人会无比喜悦地迎接八刺大军的到来，自然会有很多人认为八刺会像这样不战而胜。是迎击还是投降，这成了旭烈兀兀鲁思的一块试金石。

阿八哈继承父亲的基业成为"伊儿汗"即"部众之王"已经五年了。在这个即将决定汗国命运的千钧一发之际，阿八哈宣布领兵迎击。而旭烈兀兀鲁思的人们也受到了阿八哈的鼓舞，士气大振，紧紧团结在了一起。拉施特在《史集》中记录了阿八哈英勇的表现，同时也对紧密团结在阿八哈周围的旭烈兀兀鲁思民众予以赞美，关于这一部分，拉施特的记录分外生动鲜活。阿八哈是拉施特主人合赞的祖父，拉施特似乎在努力证明，正是由于阿八哈的这一决断和壮举，旭烈兀兀鲁思才得以存续下来。而事实上，也的确如此。

阿八哈率领着所有能够调动的军队，从伊朗西北部的大本营朝着东方的呼罗珊行进。到达赫拉特附近之后，阿八哈布下了一个陷阱。他故意破坏已经搭好的营地，把帐篷、粮饷、兵器扔得遍地都是，故意制造一个假象，让八剌认为已经安营完毕的阿八哈军队在看到自己的大军逼近之后，顿时吓得溃不成军、四散逃跑了。此时的阿八哈将武器装备全部丢下，丝毫没有吝惜之心。

而八剌大军落入了这个陷阱，他们相信阿八哈大军已经解体了。曾以为会战在所难免的八剌大军将士们终于松了一口气，在争夺散落一地的财物的同时，天真地以为之后只要一直向西行进就可以了，他们还在赫拉特南郊举行了庆功酒宴。随后，宿醉未醒的八剌大军零零散散地继续启程追击，已然完全失掉了军队应有的凝聚力和紧张感。

在距离赫拉特两天路程的地方有一处平原，流淌着一条名叫"哈里"（突厥语意为"黑水"）的河。阿八哈将此地选为战场，一切准备就绪之后，屏息等待着八剌大军的到来。

"只涅平原之战"不仅决定了八剌和阿八哈的命运，更左右了整个蒙古帝国的未来走向。作为蒙古人之间的会战，其规模之大在历史上屈指可数。原本蒙古人之间就不会互相挑起战争，而作为大军团的正面冲突，就只有在忽必烈去世后、成宗铁穆耳在位之时，大元帝国军队与海都、都哇联军在外蒙古高原发动的那次战争。当时是 1301 年，海都也因为在战争中负伤而去世了。由此来看，这两次会战均可谓意义重大。

八剌大军在看到阿八哈大军之后，吓得目瞪口呆。但八剌还是暂时稳住了动摇的军心，并在慌乱之中重新整理了队列。

阿八哈大军的弱点在于左翼包括伊朗兵在内的混编部队，而八剌大军的"头号"猛将札剌亦儿台则率领麾下的蒙古将士向其薄弱之处发起攻击，胜负的关键就在于此。阿八哈见势便将弟弟雅失木忒率领的精锐部队调往处于崩溃边缘的左翼，当札剌亦儿台部队如剌刀一般的猛攻遭遇了顽强的抵抗之后，连维持队形都十分勉强的八剌也已经没有发动"第二波"攻击的能力了。

阿八哈随即命令全军一齐进攻，其麾下的将士迅速将手中的弓矢换成刀、枪、矛，全军切换至突击模式。当时，已经九十岁高龄的旭烈兀兀鲁思老将苏尼台下马坐在两军之间，面向自己的军队对阿八哈素日的恩宠表示感谢之后，大喊："汝等，勇而战之！"全军上下都被这位亲自站出来吹响战斗号角的老人感染了，士气大振。阿八哈的将士们跃跃欲试，所有人的战斗欲望凝结起来发起了突击，在三次正面攻击之后，八剌的军队终于难以支撑瞬间崩溃了。这样一来，八剌的军队成了"乌合之众"，七零八落地朝着阿姆河方向溃逃，大多数人都

死在了逃跑的路上，即使到了阿姆河的人也因为勉强渡河而被
淹死了。八剌最终茕孑一人逃到了位于河中地区的布哈拉，那
时的他已经精疲力竭了。

战败之后，曾不满于八剌的篡权和暴政的察合台家族的王
族、将士们，大多放弃了八剌转而投向窝阔台家族的海都一
边。海都看到当下便是打倒八剌的一大良机，于是假借救援之
名发起进攻，包围了八剌的帐营，当晚八剌便突然去世了。在
《史集》之后编写的波斯语史书《瓦撒夫史》中明确记录了八
剌因遭暗杀身亡。当时，是 1271 年。

混乱的中亚

察合台家族的权威瞬间一落千丈。他们从自立门户急转直
下，陷入了没落和内部分裂的低迷之中。

反观旭烈兀兀鲁思，在全国上下与阿八哈团结一心战胜危
机之后，其根基已经十分稳固了。凭借空前的大胜，旭烈兀兀
鲁思也得到了整个帝国的认同，而旭烈兀兀鲁思以阿姆河为东
方国界的划分方式也已经渐渐确定下来。

再来看整个蒙古帝国，自此之后，除了忽必烈及其相关势
力直接控制着东亚地区之外，西北为钦察汗国、西南为旭烈兀
兀鲁思的这一框架已经固定下来。而中间的中亚地区再次回到
了混乱的状态，"塔剌思会盟"也已经失去了其存在的意义。

然而，尽管八剌已经去世，但海都并没有立刻成为中亚的霸主，在察合台家族与窝阔台家族两股势力互相交错的状态之中，直到得出新的结论之前，混乱与摸索的时期格外漫长，持续了近十年之久。

八剌留给察合台家族的只有无尽的混乱，之后，察合台家族内部大约分成了三股势力，分别是血统为"正嫡"的木八剌沙、前任首领阿鲁忽的儿子合班和出伯，以及八剌的儿子别帖木儿、都哇、卜思巴、兀剌台等人。这三股势力各自持有不同的立场，在各自的利害关系之间错综复杂地离合聚散。

木八剌沙和合班、出伯站在"反八剌"的立场上，在接到八剌去世的消息之后，他们第一时间来到海都身前，将其奉为自己的"阿干"，这也代表了整个察合台家族的表态。

"阿干"在蒙古语中是"哥哥"的意思，当然，"哥哥"这个词语里边也有敬称、尊称的意义。窝阔台统治期间，便将实际的"哥哥"、实力强大的察合台称作"察合台阿干"，这在东西方史料中有多处记载。然而，此处的"阿干"还带有更多特别的意义，即作为"游牧集团领袖"这一含义。

目前，人们一般会将察合台家族及窝阔台家族的首领称作"汗"，而与此相对，将窝阔台及蒙哥以后的历代蒙古皇帝称作唯一的"大汗"，作为"至高无上的存在"与普通的游牧集团领袖区分开来，这一点的确没错。但在现实中，各个汗国的首领或领导人究竟是被如何称呼的呢？这其实是一个很难解答的问题。关于旭烈兀兀鲁思及钦察汗国的首领，至少在其汗国范围之内，似乎是被称作"汗"的。但随着混乱的持续，中亚两大家族已经无法维系其作为"汗国"的稳定状态，也无法轻松地行使其作为中央政权的权力，因此，并没有证据可以确切证明当时也使用了"汗"这一称呼。而随后，在海都的帮助下成为察合台家族首领的都哇被称作"都哇阿干"，可以看出"阿干"一词之中似乎还蕴含着集团领导者甚至"首长"的意义。据史料记载，有明确的证据证明窝阔台系的阔端兀鲁思的第一任首领阔端，以及全力拥护忽必烈登基的合撒儿家族第三任首领移相哥，当时都被称作"阿干"。所以，还是可以感觉到"阿干"中含有超过"哥哥"这一敬称的含义。而木八剌沙和合班、出伯正是将海都奉为了"阿干"，象征着海都是超越王统"框架"的、两大家族共同的"长辈""领导者"和"首长"。

然而，没过多久，出伯兄弟二人就与海都分道扬镳了。《瓦撒夫史》如是记载："八剌留有四子，即别帖木儿、都哇、卜思巴、兀剌台。而后，阿鲁忽之子合班、出伯率一军与其联合。两军一致开始向海都抗争。自苦盏之境至布哈拉为止，开始了破坏与惩罚。"

作为八剌之子，他们对海都有杀父之仇，海都曾杀死了当时已经陷入绝境的父亲，现如今又试图压制察合台家族，因此他们根本不可能转投海都门下。另一方面，从八剌生前的情况来看，作为前任首领的儿子，合班与出伯也不可能与八剌的儿子们关系融洽。然而尽管如此，这两派最终还是联起手来对抗海都势力，这又是为什么呢？据《史集》记载，海都曾经想趁八剌死后插手察合台家族，并先将首领之位许诺给了捏古伯，随后又许诺给不花·帖木儿，这二人都出身旁系，且显然性格软弱，而海都的目的便也一目了然。出伯两兄弟与八剌的儿子们正是站在保卫察合台家族的立场上，选择联手对抗海都的"乘虚而入"。

中亚地区再度陷入了"塔剌思会盟"前的纷争状态。八剌的后代们与海都在河中地区展开战斗，但最终还是海都大获全胜。

然而在这时，一股意外的力量介入了进来，这便是旭烈兀家族的阿八哈。阿八哈担心两派争端会波及自己位于呼罗珊的领土，决意摧毁纷争的导火索——河中地区。他于哈吉来历671年（公元1272～1273年），向布哈拉及花剌子模地区派遣了两支军队，其中一支在七天的时间里，在布哈拉肆意掠夺，并将五万名容貌姣好的少年、少女带到了阿姆河畔。

出伯两兄弟率领一万骑兵紧随其后，带回了俘虏中的一半。但是，根据《瓦撒夫史》的记载，在三年之后，也就是哈吉来历674年（公元1275～1276年），这次是出伯两兄弟及八剌的儿子们从残留的布哈拉居民处掠夺了"一第纳尔黄金、一曼谷物"（第纳尔是伊斯兰世界中金的重量单位，曼是计量干燥物品的单位，根据不同地区的计算方法，其重量相当于四十至八十四磅）。而无论是拉施特，还是瓦撒夫，都认为河中地区的荒废是八剌死后无休止的战乱导致的。但有趣的是，关于所谓"成吉思汗西征"所带来的"破坏"却只字未提。

最终，出伯两兄弟与八剌儿子们的抵抗没有成功，这是由于在八剌诸子当中，都哇与卜思巴在抗争接近尾声之时转而投向了海都。贾马尔·卡尔希在当时的中亚地区留下极其珍贵的阿拉伯语著作，他于哈吉来历 681 年（公元 1282～1283 年）记录了都哇正式就任察合台家族首领一事。当然，这是源于海都在背后的支持。

全新的格局

至此，在中亚地区出现了新的格局，即由海都统领的窝阔台一族，以及在海都麾下予以协助的、都哇统领的察合台一族组成的格局。而后，这两大势力的连带关系持续了近二十年。自从蒙哥 1251 年登基并对这两大家族施以强烈打压之后，经过了三十年，蒙古统治下的中亚地区终于再次恢复了其应有的稳定状态。

另一侧，被海都—都哇同盟排除在外的出伯两兄弟和八剌长子别帖木儿来到了东方忽必烈的领地，八剌的儿子们也由此分成了两派。他们首次出现在汉文史料中是在至元十九年

（1282 年），当时，他们来到了天山东部至甘肃地区的大元帝国西部边境，并"向西"与中亚的同族们形成对峙之势。察合台一族也就此分成了东西两部分，这样一来，察合台家族和窝阔台家族均各自分成东西两派，同时出现在欧亚大地上。

东察合台以出伯为中心重新形成了自己的势力范围，并渐渐变成了实质上的"出伯兀鲁思"；而西察合台势力为"都哇兀鲁思"，也就是此前的那个察合台兀鲁思。同样，东窝阔台家族就是之前提到的"阔端兀鲁思"；而西窝阔台各派势力再次集结在海都周围，形成了"海都兀鲁思"。

这样看来，目前为止出现的"海都大汗说"自不必说，关于中亚地区的"窝阔台汗国""察合台兀鲁思"等论调，以及这两大"汗国"对忽必烈政权的"抵抗"等"定论"，均是不符合现实的单纯设想，等同误解。

之前提到的"正嫡"木八剌沙在海都篡权的过程中，逃向了旭烈兀兀鲁思的领地。据《史集》记载，他"受到了特别的尊敬和优待"，成为"哥疾宁地区捏古迭儿人之主"。哥疾宁就是现在阿富汗南部的伽色尼，捏古迭儿人指的是以哥疾宁为根据地的、由蒙古驻军和当地民众混编而成的前线驻扎特殊部队（这一部队起源于窝阔台统治时期，由术赤家族派往印度驻扎的武将乃古答儿，波斯语称为"捏古迭儿的人们"，即捏古迭儿人。这是一个从蒙古时期到帖木儿王朝，在伊朗东部和南部、印度北部大肆破坏掠夺的实力强劲的集团，也可以

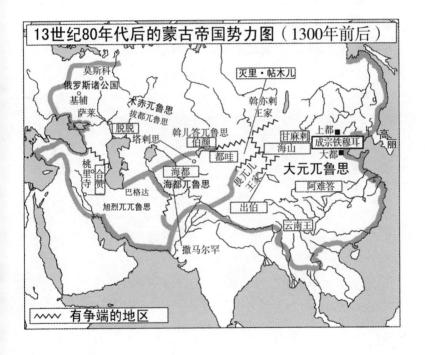

13世纪80年代后的蒙古帝国势力图（1300年前后）

莫斯科
俄罗斯诸公国
基辅
萨莱
术赤兀鲁思
脱脱　拔都兀鲁思
塔剌思　斡儿答兀鲁思
　　　　伯颜
桃　　　　都哇
里　合赞
寺　巴格达
旭烈兀兀鲁思
海都
海都兀鲁思
撒马尔罕

灭里·帖木儿
斡亦剌
王家
甘麻剌　上都
海山　成宗铁穆耳
　　　大都
按兀儿
王家　大元兀鲁思
出伯
云南王　阿难答

高丽

~~~~ 有争端的地区

51

称为憨哈纳思。由于所谓的以"马可·波罗"之名的某人将这个名字传扬开来，人们一般也只听说过这个名字）。就这样，木八剌沙作为印度附近的军团长官终其一生。

加上之后要介绍的"昔里吉叛乱"，1280 年可以将察合台家族及窝阔台家族，甚至整个中亚分成前后两个阶段，这两大阶段在完全不同的背景之下各自书写着不同的历史。

10

向大河之国扩张

郝经的雁书

忽必烈在军事上同时面临来自内陆草原和中华大地两方面的压力。从忽必烈举兵争夺帝位开始，他就处于这样一种两头作战的境地。无论对于建立新的国家，还是建国时的军事斗争来说，双线作战都是忽必烈的"宿命"。

那么在中国的土地上，忽必烈面临着怎样的战斗呢？我们需要将时间回调一些。

早在 1260 年，忽必烈由政变即位后的第二个月，就派遣汉人亲信郝经作为"国信使"前往南宋的首都临安（杭州）。郝经的任务有两个，第一个是告知南宋皇帝忽必烈即位的消息，第二个就是重开鄂州的停战协议。这是忽必烈政权与南宋之间的第一次交涉。然而郝经一行人却一去不复返了。

位至南宋宰相的贾似道害怕宋理宗知道自己与蒙古所签订的停战协议，于是令驻屯在扬州的两淮制置使（东部军的总司令官）李庭芝在南宋国境的真州将郝经一行人扣押下来。郝经一直到 1276 年南宋灭亡长达十六年的时间里，都一直被扣押在真州。郝经在真州忠义军的监舍中，用绢帛写就了一篇书信（即帛书），绑在了北飞的大雁上，以期告知忽必烈大汗自己还活着。这封帛书在郝经被救出的同年于真州西北的开封被找到。它证明了郝经的清白和忠诚，也造就了"雁书"的佳话。

说到"雁书"，我们就会想起西汉时期被匈奴扣留的苏武。不过苏武的雁书是汉使节为了要求匈奴释放苏武才编造出来的故事。有趣的是，苏武的雁书和李陵的事迹被一同写入了儿童启蒙书《蒙求》中而广为流传。在郝经自己的雁书中，还有一首关于苏武故事的七言绝句。"虚构"的故事成为真事，变成了"现实"，历史有时就是会做这样的"恶作剧"（《蒙求》一书是幼儿汉语启蒙时的诵读用书。该书将中国古代相似的名人名事两两成句，用四字韵语的方式串联起来。书名来源于《易经》中的"童蒙我求"，为唐代李瀚首作，南宋徐子光加注后变得尤为普及。郝经自身也是在徐子光注本的影响下长大的。日本江户时代以后，作为教科书的《蒙求》在日本也广为流行）。

郝经进入南宋国境之后音讯全无，于是忽必烈在第二年秋下诏向南宋派出"问罪之师"（即质问对方罪行的军队）。不过忽必烈可能只是做做样子。因为当时的忽必烈政权还不是一个"合法政权"，也没有向南宋问罪的余力。事实上，在那之后阿里不哥马上发动了大反击（昔木土脑之战）。忽必烈在腹地遭袭的情况下无奈北归，但对于早晚会兵戎相见的南宋来说，只要先表明一下自己的立场就足够了。

李璮的"叛乱"

忽必烈派终于抵御住了阿里不哥的奇袭，重新在皇位争夺战中夺取了优势。但是在中统三年（1262 年）二月，山东沿海城市益都的汉族大军阀李璮又突然发难了。当时忽必烈已经退回了哈拉和林，并开始对退往伊犁溪谷的阿里不哥展开了追击。如果继续放任李璮不管，华北必将大乱，进而也会影响到忽必烈的大本营内蒙古地区。于是，忽必烈出于慎重考虑而引军东还——李璮在某种意义上拯救了阿里不哥的"政府"。

李璮发动叛乱之后，忽必烈就不得不考虑双线作战了。其实在消灭南宋以前，蒙古一直都是两面受敌。当时蒙古应对李璮的想法和经验为之后对南宋作战的方针也提供了重要的帮助。

当然，忽必烈还是把主力的蒙古骑兵军团安排到了对阿里不哥的战斗中去，只将尽可能少的蒙古骑兵派往李璮的战斗前线。接到了李璮叛乱的消息后，忽必烈迅速与真定的大军阀史天泽等当地的汉人势力取得联系，并与其立下对蒙古永远忠诚、协助平叛的约定。

担任平叛的前线总司令官是刚刚在陕西和甘肃一带对阿里不哥西部战线上大放异彩的宗王合必赤。合必赤虽然是蒙古王族，但是在政治上的声音较少。正因为此，忽必烈才任命他为总帅。而担任副将同行的是老将兀良哈台的儿子阿术（又译阿述）。当然，阿术麾下的从速不台时期开始积累的精兵也被带到了前线。他们作为"督战部队"，一同构成了蒙古前线的总部。然而他们的兵力却只有区区一千骑兵。

忽必烈和他的军事参谋们决定对李璮采取持久战的方针——不去考虑强攻或速战速决，反而是花些时间，孤立他的军队，逼他慢慢走上绝路。忽必烈惧怕当地汉人力量呼应李璮而争相起兵，所以不去刺激他们，反而向他们表示自己的信赖，因为让他们为蒙古所用才是最重要的。一旦平定了阿里不哥，李璮自然也构不成什么威胁了。

事变的经过

那么我们来看看李璮叛变的详细经过吧。

李璮将自己所驻沿海地区的涟水、海州等三城献给南宋以表示臣服。之后，他将被派去支援他的蒙古驻屯军队悉数杀死，率领军队和战舰北还益都。

　　回到益都后，李璮将分驻在城中的蒙古士兵、忽必烈的亲信以及他们的家人全部杀死以扩大声势，并且开始进行募兵。但事与愿违，周边各城的人要么逃入山中，要么紧闭城门，根本没有人回应他。如果从蒙哥时代算起，李璮离开益都城已经有八年了。而且他也不像其他的汉人军阀一样会对自己势力范围内的百姓加以抚恤，只是把军事力量放在首位，从一开始便与人们保持距离。从这一点来看，不管是好是坏，李璮将父亲李全的"不羁"与"任侠仗义"的行事风格完完全全地继承了下来。

　　因得不到周围的支持而消沉的李璮突然注意到益都城并不算是一个利于防守的险要据点。于是他转而对西邻的汉族军阀张宏所掌握的济南城发动突袭，并在那里盘踞下来。李璮放弃了从前的根据地，选择驻扎在一个人生地不熟的地方，这并不是一个明智的选择。他心里盘算着自己盘踞在济南的时候，周围的汉人势力会站出来向他提供帮助。然而大多数的汉人势力更多的只是在一旁袖手旁观，或者是作为"忽必烈政府军"向李璮施加压力。结果李璮的势力只有不到一万人，陷入了被完全孤立的境地。

　　忽必烈的军队花了一个多月的时间围绕济南城的四周搭建了木栅和堑壕，完全封锁了李璮的出路。除了在攻防的焦点济南城之外，忽必烈军还在山东全境内铺开了同心圆状的防御线和警戒线，并在各大军事要冲布置了大部队镇守。这一战术也被用于之后的对南宋战斗中，而且规模更大。

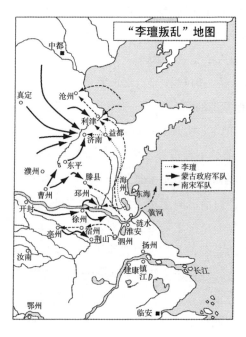

"李璮叛乱"地图

南宋认为此时是驱逐蒙古人的一个好时机，于是果断地出兵北上。南宋一方派遣自己擅长的海军插入敌人腹地的渤海沿岸，试图震慑和扰乱对方，并且在黄河（金朝时黄河改道向南迁徙，即"南流夺淮"）一带命令水军从淮安大规模逆流而上，意在策反忽必烈一方的汉人部队。

然而这些牵制作战与正面的计划都被忽必烈的防御网拦下。于是南宋便以夏贵为主将，率领两淮置制司大部队一举北进，欲同济南的李璮军直接会师。但是夏贵在北上的过程中被忽必烈的排兵布阵与坚强和周到的防御所震慑。到达华北之后，起兵呼应的也只有邳州的李杲哥。夏贵在失望之余，只得率军南回。

屯兵济南的李璮终于陷入了孤立无援的窘境。李璮为了激发将士们的斗志，便强征城内女子当作奖赏，并且强行进入民家征粮。这种做法使李璮完全失去了民心。将卒和百姓们大小成群，接连逃出城外。失去守城士兵的李璮亲手杀死了自己的爱妾，又投身于济南城内的大明湖自尽。然而因为水浅未死，李璮被蒙古兵抓获，押解到了蒙古主帅合必赤的面前。当时蒙古副将级的汉人大军阀史天泽也在场，李璮便责问史道："你有文书约俺起兵，何故背盟？"史天泽则向合必赤建言："宜即诛之，以安人心。"就这样，李璮与通敌的蒙古军官难加一起被斩断四肢，斩首示众。李璮举兵仅半年，便在中统三年（1262 年）七月被平定。

仅从结果来看，忽必烈所采取的应对政策有可取的地方，事变也很顺利地平息了。可是问题还在后边。

中统三年六月，李璮还在屯兵济南之际，山西北部察合台家族的投下领地太原一带的蒙古达鲁花赤（原来的"监督"职位）戴曲薛和太原路总管李毅奴哥被逮捕，原因是他们协助李璮私通阿里不哥。同时李璮在太原周边发布的檄文也被蒙古发现。加之李璮在临刑前对史天泽抛出的话造成一定的冲击，像史天泽这样公认亲蒙、亲忽必烈的人也都被染上了怀疑。人们不禁判断李璮叛乱的劝诱之深之广，除了当地的汉人力量这一主体之外，还涉及蒙古的武将和当地官员。

对于忽必烈来说，继续对汉族的势力抱以无条件的信任是十分危险的。尤其是不能对李璮这样的大型地方势力放任不管。当然大家都能看得出，李璮并不是因为受冷落才起兵叛乱的，而是优厚的待遇点燃了他的"野心"。

华北的变动

通晓政事且又拥有敏锐的洞察力和判断力的汉人幕僚姚枢是忽必烈在登基之前就十分信任的智囊。汉人军阀史天泽也在李璮事变之后一心向主。忽必烈在平定了李璮的叛乱之后，便与这两人商讨未来大计。姚枢与史天泽两人一文一武，不仅通晓蒙古语，而且从金末以来就饱尝华北动乱的灾难。两人在亲身经历中不断提升自己的能力，建言献策也是深刻辛辣，影响深远。

忽必烈与此二人的会谈决定了以后的忽必烈政权，以及再后来大元帝国华北政策的基本路线。说得再远一点，蒙古打败南宋后统治中国的方针政策，可能也正是在这次会谈中确立的。

忽必烈、姚枢和史天泽三人商讨之后，决定削弱窝阔台以来直接统治华北长达三十年的汉人军阀和其领地之间的联系。为此，就要将原本军阀一人兼有的兵权和政权分开。

首先以史天泽等真定军阀为例，大小的汉族军阀都将自己掌控的户口版籍奉还给忽必烈。除此之外，这些军阀和他们的家族、有关联的人都可以提出自己想担任的军职、民职甚至加入忽必烈亲卫队的期望。从原则上来讲，无论是军职还是民职，都不能在原领地担任。

令人意外的是，汉人军阀们没有任何反抗。尤其是之前被认为最棘手的严忠济率领的东平军阀之中，由于此前宋子贞等核心幕僚们曾于南征之时通过合作（参照上卷一百四十五、一百四十六页）为忽必烈新政府效力，因此即使严忠济本人再不甘心也无济于事，事情出乎意料地得到顺利解决。真定与东平两大军阀与明治政府成立之时的萨摩藩与长洲藩一样，发挥了重要的作用。

由于原来的汉人军阀每个人受到的待遇都不差，所以个人层面的不满是比较少的。而且在调离任职之后，不管是担任武官还是文官都可以世袭。对于依旧保留军事集团的人来说，基本都是整个军团调往黄河以南的河南、淮北以及四川等与南宋交战的最前线。以前线驻扎军的身份"幸存"的方式可谓大受欢迎。

当时，最为关键的就是消除华北军阀们残留在当地的影响。为此忽必烈政权在个人层面上设置了大量的世袭军官、文官，"科举"制度也失去了设置的必要；在集团层面上，转移到了南方的真定军阀史天泽、保定军阀张柔等人，在继续保有华北这块"大本营"（户籍上的籍贯地）的同时，未来还可能再次调任得到封赏，成为具有"盆栽"性质的军事组织。以这两派为首的几大军阀，均在忽必烈王朝的统治下化身成为军事贵族世家。

这些措施给华北地区带来了翻天覆地的变化。世袭的地方军阀不复存在，随后，其他旧军阀中希望担任领地行政职位的人作为新的行政统辖总管走马上任，其下属的行政职位也有相当一部分是由调任的旧军阀幕僚担任的。作为此前的所谓"定论"，大家认为忽必烈正是依靠这一政策，实现了从封建当地军阀割据状态，到以传统中华王朝式的州县制度为基础的中央集权制度的巨大转变。但不得不说，这是只看到了汉文史料的字面意义，而得出的较为草率的结论。

在平定李璮之后不久，华北的地方行政区划被重新组编。与从前的金朝大不相同，华北被分成了路、府、州、县。乍一看这是一次巨大的变革，向"中央集权式的州县体制"的"大转变"这一结论也是以此为依据得出的。然而，如之前所述，这只不过是自1236年"丙申年分拨"以来近三十年，以忽必烈政权的名义再次承认汉人军阀统治下的现状。同时，由于汉人世袭军阀不复存在了，新的官方区划正是以蒙古首领的投下领地为基础设置的。

华北地区自窝阔台时期以来，几乎全部被投下领地所占据。在拥有双重身份的汉人军阀被取消之后，取而代之的是蒙古投下首领们的力量。无论是否情愿，他们必须直接参与自己领地的统治。总的来说，作为"中间人"在华北地区代理君主统治领地的汉人军阀消失之后，最终形成了蒙古分地首领和中央政府的两极结构。

此后，华北在真正意义上被纳入忽必烈的统治范围。投下首领分别在路、府、州、县等各自的领地里，推荐作为其代理人的达鲁花赤，并得到忽必烈政府的承认。从与"投下制"密切相关的"州县制"角度来讲，旧军阀系列的文官被政府任命为"总管"级别以下的行政实务负责人（达鲁花赤也被称为达鲁花，本来蒙古语中"控制"的含义，用"达鲁花"便足以表达了。而汉文中，它被记录为"达鲁花赤"，也就是"控制者"的意思，加上了表示"人"的接尾词"－chi"而写成"某某赤"。虽然不是为了在汉文中体现出蒙古语原词的意义，但如必阇赤＝书记员、火儿赤＝弓箭手、速古儿赤＝内府掌服者、宝儿赤＝司膳等用法一样，均为以"赤"结尾的游牧官职）。

在最大的地区单位"路"中，其达鲁花赤与总管建立了一个叫作"都达鲁花赤总管府"的双重职能地方机关，并一同驻留在此。实际上，与每隔三年调任一次的"三年一任"原则相去甚远，在忽必烈王朝的中、后期，中央集权式的地方官员"迁转制"并未得到充分的实现，而几乎一直保持在世袭状态之中。与汉文史料的官方记录不同，这一纯粹的中国式制度并未得到彻底的落实。

也就是说，蒙古在忽必烈时期，将华北"内地"化了。

同内蒙古地区一起，被称作"腹里"，也就是"怀中之地"，十分看重。这一转变的导火索，毫无疑问正是李璮之乱。

伐宋之战的方针

对阿里不哥一派投降的处置以及镇压李璮的善后几乎同时进行。在事情暂且告一段落的至元四年（1267年），又有两大政治问题几乎同时摆在了忽必烈面前，一个是动荡不安的中亚局势，另一个便是充满悬念的伐宋之战。忽必烈在大举推进双线作战的同时，分别采取了截然不同的方针。

如之后所述的中亚地区作战中，忽必烈以北平王那木罕为总司令官，以蒙古骑兵团作为主力部队制订作战计划。动员的对象上至忽必烈政权的核心支柱、最高领导层的东方三王族及五投下，下至各王族、族长全家，甚至还包括在蒙古本土的传统千户集团，范围极广。

在此基础上，钦察、阿速、康里、党项等各族军团也一齐被动员起来。这些军团为了弥补忽必烈身边的兵力不足，在政权确立之后作为大汗直属的常备特殊亲卫军，一心一意地在新组编的军队中效力。他们虽然地位较低，但可以说是战斗欲望最强、忠诚度最高的机动部队了。中亚地区的战场大多是草原，忽必烈正是将草原上的战斗力派向了草原战场。

此外，他也调用了中国北方的汉人部队。他们主要负责军事据点、兵站基地等以"点"的形式存在的这些要地的防卫、保障工作。其中，也有专门负责筑城、屯田的部队。包括补给、联络网等后方支援情况在内，与蒙哥时期相比，忽必烈时期的军事系统化、效率化要完善和强大得多。

而在草原上，最根本的还是骑兵的优势。因此不妨说，内陆战线上忽必烈政权的两大强项便是，一方面可以有效、持续地保证大规模蒙古骑兵军团的组织化，另一方面也为支持前线作战的辅助技能做好了全面的准备。

然而，问题依旧出现在伐宋之战上。

南宋不仅扣留了郝经，更看透了皇位争夺战时蒙古的混乱局势，并不断地向蒙古施加压力；而在李璮举兵之时，又向华北深处部署了水陆海军，企图颠覆忽必烈政权，自始至终都示人以好战的姿态。若是任由南宋这样发展下去的话，华北的汉人势力必将土崩瓦解，从而陷入危险的境地。

同时，从忽必烈在大都建营一事上也可以明显看出，忽必烈及其谋士们从最初就以灭宋为前提，计划并推进着各项工作。他们希望在尽可能不破坏其原有状态的前提下，将欧亚地区的最富有之地——南宋完完整整地吸纳进来。

但南宋国所在的江南地区，遍布着以长江为首的大小河流湖沼，可谓大河之国。这与蒙古一直以来成功攻下的干燥地区不同，是一个被水、湿气和酷暑笼罩的湿润地区。最适合骑兵发挥威力的还是广阔干燥的大草原，而在被水和丘陵分隔成小块、各地区之间复杂交错的江南地区，其威力会大打折扣。同时，马匹虽然耐寒，但是难抵酷暑。

蒙古最初对南宋产生想法，是在1234年蒙宋联手灭金之后（参照上册年表）。从那时起直到忽必烈登基以后新政策开始实施的1266年，已经过了三十年的时间。在此期间，双方虽然有过数次攻防战，但每次都因蒙古一方的失策和混乱无果而终。

忽必烈对伐宋之战的难点心知肚明，从某种意义上来看，南宋是蒙古最想攻下，却又最难攻下的目标。而原来以骑兵为主题的作战思路是否真的有效，本身就存有疑问。首要的一点，即使忽必烈想像蒙哥时期一样投入庞大的蒙古骑兵军团，但在现实中由于中亚地区局势不稳等原因，也无法实现。

那么到底如何是好呢？忽必烈及其军事参谋们做出了一次大胆的尝试，他们参考镇压李璮时的作战方式，几乎不投入蒙古骑兵，取而代之的则是由华北各当地军阀长年培养出来的私人军队。忽必烈政权将他们作为伐宋之战的主力军，并制定了在忽必烈统率之下有效实现组织化的大方针。而纯粹的蒙古骑兵只是将军直属的少数军队。在此基础上，便组成了在汉文史料中被称作"蒙古汉军"的特殊军团。

这一特殊军团是从原来木华黎国王统治华北时期以来，经历了各种各样的过程后组编完成的，驻扎在华北及其周边地区。从名称来看，"蒙古"与"汉军"看似矛盾，但实际上它是在以极少数蒙古骑兵为核心的基础上，契丹、女真、汉族等民族将士占大多数的混编部队。从兵种上看，有步兵、骑兵两种。每支部队自成立之时起均已过了三十到五十年，或许在当时的中国北方，在广义上已经被认为是"蒙古军队"了。

随后，旧汉人军阀以步兵为主的大兵团，也加入这一双重结构的"蒙古大军"中，最终组成了三重结构的庞大复合军团。这一复合军团在一贯的指挥系统中得到整合，上述所有兵力便成为"蒙古大军"，这是忽必烈政权创立的新型"蒙古大军"。

这里潜藏着贯穿整个忽必烈大元帝国的关键之处。在忽必烈的新国家中，政治、行政、经济自不必说，就连军事也处于多民族混合的状态。国家组织与军事组织均超越了人种和民族的框架而存在（先不论"人种"，"民族"这个先验的想法和概念，原本就是近代由西欧创造出来的）。而且，这也是忽必烈政权有意为之的。

伐宋之战被认为是一场持久战，并以蒙古骑兵并不擅长的攻城战为主，作战士兵还必须耐住酷暑的煎熬。因此以汉人步兵部队为主力的、兵种多样的编队方式同时具备了持久性和应变能力两大关键要素。

这一方针中还含有另外一些考虑。若是将汉人部队推到伐宋之战最前线的话，反过来在华北地区，旧军阀的影响便会慢慢减少，对于蒙古而言，华北地区会更加稳定。同时，以江南的自然环境为理由将纯蒙古势力排除在外的话，在收复南宋之后也不必向他们分配领地。不劳无获，这是蒙古共同体的原则。南宋必定会为自己带来源源不断的财富，忽必烈正是想将其据为己有。

襄樊包围战

忽必烈及其军事参谋们用了一年的时间认真讨论、反复琢磨伐宋计划。就攻击路线而言，他们认为要避开棘手的"空白的障壁"而选择汉水流域。自然，蒙古军攻击的首要目标便集中在了汉水中游的要冲——襄阳及其对岸的樊城这两大城市上。据说这一计策是由从南宋转投蒙古的刘整提出的。只是从当时的情况来看，要实现具有实际意义的大部队进攻，无论是谁大概都只能想到汉水流域。忽必烈做出了这一理所应当的选择，而南宋自然也预料到了这一点。

将开封作为兵站基地的补给网络十分完善，而当时"前线财务厅"的负责人是穆斯林经济官僚阿里·贝格。名字颇像景教徒洗礼名的马鲁·优抚那（马鲁意为先生，优抚那意为约翰）也参与了军事物资的调配工作。与战争相关的一切经济事务，均由以伊朗系穆斯林为首的犹太教徒、景教徒负责。一切都准备就绪了。

至元五年（1268 年）九月，三重结构的远征部队以阿术为主将、以汉人部队的负责人史天泽为副将，从河南平原向西南出发了，人数约有十万。这支"蒙古大军"首先包围了汉水左岸的樊城。

而南宋一方也十分重视这两个城市，将其作为保卫国土的前线据点，做好了迎战的充分准备。管辖着长江中游流域和汉水流域的"京湖制置司"（或为荆湖制置司）军阀吕文德，与南宋政府的权贵贾似道关系密切。他在贾似道的授意下，为击退蒙古大军，将以私人军队为主体的最精锐部队交给了弟弟吕文焕，同时将大量的军饷、装备运进城内。很明显，他们想通过持久战，将蒙古大军的进攻就地拦截下来。

襄阳、樊城之战虽为首战，但从一开始就带有两军决战的色彩，在前后大约六年的时间里，这里成为蒙古、南宋两国攻防的焦点。

但奇怪的是，蒙古大军非但几乎没有发动进攻，反而开始大兴土木。

十万大军所到之处，寸土必掘。先是挖壕并将泥土垒砌起来，到处都建起用来监视敌情的墩台。吕文焕率领的守兵们跃跃欲试打算开战的计划落空了，他们惊愕地看着蒙古的行动。而当他们发现这一动向的时候，在襄阳、樊城两大城市周围已然出现了绵长的"环城"土墙。

此后，土墙日益牢固，襄阳的南面出现了两大包围圈。蒙古军队的司令部及各部队总部设在地势较高的地区和山丘上，这些据点连接起来形成的包围线有百余公里之长。而且，蒙古一方在各个军事、交通要塞建起了堡垒和"临时城池"，共计四十余处，在汉水的江中也搭起了堡台，并在与两岸要塞之间的位置打上桩子，起到封锁的作用。这样一来，这两大城市与外界完全隔离开来。

包围襄樊概略图
由李天鸣的《宋元战史》改编而成

蒙古大军从一开始就做好了打持久战的准备。在成为重点武装地区的包围网一带及其外侧，广泛分布着蒙古各支军队的驻营基地，兵士们在这里开始了"生活"，而完全不见进攻之势。

相反，发起进攻的是守城一方。当樊城的守卫队长张汉英和防守襄阳的吕文焕直属部队迫不及待地出击之后，位于壕垒后方的蒙古大军躲在壁垒之后，发动密集的弩炮、弓矢，甚至各种火炮火器攻击，而绝不会与敌军进行亲自挂刀上阵的肉搏战。守城一方除了不断引兵出击之外别无他法。

蒙古也并未将所有兵力全都部署在包围线上，而是根据形势需要派兵前往开封的兵站基地，甚至渡过黄河前往北方根据地，或是回到首都的忽必烈身边。而环城的守卫也采取了轮班制。

襄阳、樊城被"土之城墙"这一复合体渐渐包围，在沉不住气而主动出击之后，又被"远程武器"再次击退，这与普通的作战方式截然相反。在这种空前的战术之下，守城一方的士气渐渐消沉下来，相反，连各种商人、游艺人都来到了长期驻扎在城外的蒙古大营中。襄樊近郊一带俨然开始呈现出了战争时活跃发达的经济城市之景。

战争的系统化

战斗只是随意地偶尔出现，从表面上看似乎风平浪静的状态仍在继续。实际上，蒙古一方已经突然开始了下一个布局，也就是水军的建设，据说这也是刘整的建议。关于这一部分，《元史·世祖本纪》似乎都在有意识地突出刘整的贡献。

南宋军中实力最强的便是水军。与金朝南北对峙约一百五十年之后，以南宋最大的"北部防守"屏障——长江为首，包括汇入长江的诸多河流上，有许多巡航监视的水上部队，它们现如今已经发展成了可以称为"常备舰队"的规模。南宋作为一个"大陆国家"而拥有的舰队战斗力，不仅在中国史上，在世界史上也是值得注目的。

对于忽必烈来说，他必须考虑要如何与这样的水上力量对抗，因此，水军的建设和培养也不可避免地被提到政治日程上来。而刘整只是把理所应当的事情理所应当地提了出来而已。据说忽必烈对此十分高兴，决定以刘整为核心组编"蒙古水军"。在这些汉文的官方记录中，究竟是想暗中赞扬"叛徒"刘整，抑或是想体现忽必烈用人的巧妙高超之处，在史料和历史之间存留着微妙的罅隙。

据记载，这支水军由五千艘船舰、七万人组成，但关于其详细情况还不得而知。只是我们很难想象七万人的"水兵"全部都由"新人"组成，若说是从不久前的土木工程里抽调部分华北士兵组成水兵，或许更加合情合理。不管怎样，"蒙古水军"已经开始在包围线的上游和下游开始了训练，训练进行到一定阶段后，又与陆上各支军队联动起来进行了数次整体军事演习。襄樊郊外已然化身成了蒙古"水陆大军"的演习场。

蒙古大军不同于以往，摆出了长期驻留的架势，这一消息无疑也传到了南宋的中央。贾似道前后两次派出援军北上，但都被蒙古轻松击退。至元八年（1271 年）六月，贾似道再次派出由范文虎率领的十万水陆机动部队，沿着汉水启程北上，这支部队可谓是南宋的王牌军团。

蒙古一直在等着这一天的到来。在纯骑兵、步骑混合兵、纯步兵三种陆战队的基础上，再加上新组编的水军，他们利用各个要塞、堡垒布开了巨大的作战阵地。而南宋军此举无异于自投罗网，水陆两端被打得落花流水也是自然的结果。这是忽必烈及其谋臣们的胜利，他们并非主动穿过这"空白的障壁"，而是将对方吸引到自己的位置来，从而一举歼灭。这是一个政权的规划力、组织力、执行力的胜利。

忽必烈试图从战争中排除个人能力以及偶然因素，这并不只是一场战斗，更是从制订作战计划到编队、补给等方方面面，都被作为一项"综合性事业"执行。镇压李璮的经验也被淋漓尽致地体现出来。此后，忽必烈将所有战争全部系统化，统筹大量物资及作战计划，可谓战无不胜。

南宋一举陷入劣势。由于王牌部队被蒙古击溃，整个南宋陷入了恐慌之中。之后，南宋作为一个国家、政权，却没有采取任何行动来挽回局面，它的消亡之日也就不远了。

每当提到襄樊之战，人们的目光往往会被吸引到非比寻常的完全包围战上来，但事实上，正是襄阳南郊的大会战才成为两国命运真正意义上的分水岭。

西方传来的新兵器

随后，发生了史上著名的吕文焕之战。正如文中所述，吕文焕在两年时间里一边鼓励着被团团包围孤立无援的两城将士、百姓，一边苦苦支撑着局面。

伊朗的细密画中描绘的攻城场景。右下角便是投石机
——"曼札尼克"。

而忽必烈开始投入使用新兵器，也就是在旭烈兀兀鲁思开发、改良的巨大投石机。波斯语叫作弹射器（发音曼札尼克，manjaniq），汉语称之为"回回炮"。

阿老瓦丁、亦思马因等人被旭烈兀兀鲁思首领阿八哈举荐给了伯父忽必烈，他们制造了数台这种攻城兵器，并在忽必烈等人面前展示了其威力。在忽必烈看来，这种首次出现在东方世界的巨大新型兵器，对于处在胶着状态的襄樊之战来说再适合不过了。

至元十年（1273 年）一月，在樊城郊外出现了一架弹射式机器，巨大的石弹摧毁了樊城的城墙，蒙古大军由此杀入城中，张汉英率领的守城军队投降了。随后，搬入樊城城中的投石机将目标瞄准了襄阳。

巨大的石弹轻松越过了宽广的汉水河面，从上空向襄阳袭来。即使是现在，位于襄樊两市之间的汉水也有七百到八百米宽，而当时这一武器至少具备了这样的飞行距离。而与弓矢、弩砲、火炮不同，它的攻击根本无法抵挡。在可以逐一击破城楼、兵舍、民宅，并横扫所有守兵、百姓的这一新兵器的恐怖威力之下，吕文焕开始想要放弃了。最终，在第二年二月，以保全全军、全体百姓的性命为条件，吕文焕开城了。

忽必烈政府对襄阳极尽优待，不止按照之前的约定不杀一兵一民，还反而任命吕文焕为"襄汉大都督"，拥有汉水流域绝对的军事权力，其麾下将士也被授予忽必烈直属的"侍卫亲军"的地位，并和从前一样由吕文焕统领指挥。

这对于吕文焕及其部下来说，是难以置信的优待。首先，对自己六年以来的守城之战给予高度评价的，正是敌军蒙古；其次，他们得到了作为蒙古大汗直属部队的特权以及比以往更大的势力范围，并被评价为最好的勇者，这对于习武之人来说算得上是至高无上的荣耀了。吕文焕及其将士们的感激之情是自然的，家族、百姓们的喜悦也是自然的。在守城之战中，两军死伤极少，因此在蒙古军队与吕文焕军队之间并没有彼此萌生恨意，甚至还自然而然地产生了并肩作战的感情。通常伴随战争而来的血腥，在这次战役之中几乎没有出现。

相反，吕文焕大军及襄樊的百姓们开始对南宋中央政府失去信任。对于吕文焕来说，尤其是在守城之战中哥哥吕文德去世后，贾似道的态度就仿佛是想要吕氏军阀全军覆没一样，甚至故意抛弃了他们。的确，贾似道当时极度的束手无策也确实会让人作此联想。

怀疑进而越过了愤怒，直接升级为复仇之心。此时，抛弃自己的人与认可自己的人、南宋政府与蒙古政府的区别一目了然。在忽必烈政权中有许多汉人在为其效力，能力主义、绩效主义这一原则超越了人种及文明的差别。口头上的书生之论很少出现，靠华丽辞藻伪装自己的文人官僚之间的

"党派斗争"亦很少发生，比起包括书生在内、上上下下都充斥着无限嫉妒与斗争的临安南宋政界，这里自然是完美得多。

吕文焕及其兵团向忽必烈立下忠诚的誓言，并自然而然地申请担任下一轮伐宋之战的尖兵。而蒙方关于吕文焕等人"变节""背叛"一类的论调或评价，几乎自始至终都没有出现过。

吕文焕的选择

吕文焕的这次"变节"决定了整个南宋的命运。

吕文焕利用以长江中游为中心长年积累下来的基础与人脉，开展了广泛的协调工作。经过吕文焕的离间和瓦解，在蒙古大军进攻之前，南宋的防守便已经开始呈现出"液化"的态势。不管怎样，由于抵御蒙古进攻而在南宋国内名声很高的吕文焕得到了蒙古的优待，并乐于为蒙古效力，这一点无疑成为最好的保证书。

原本南宋这个国家，一直披着君主独裁制的"皮"伪装自己。但事实上，自从在金朝的压力下勉强于长江以南保住国土之后，南宋便带有浓重的军阀集合体的色彩。沿着南宋北部的国境线，从长江上游依次为四川制置司、京湖制置司、两淮制置司（进而还分为淮东制置司与淮西制置司）

三个巨大的军团，他们成为南宋军阀们的主要根据地。

"鄂州之役"之后，贾似道首先立足于这些军阀、武人的实力均衡，进而在暗地里导演了武人内部的斗争，最后，从弱势的力量开始予以强行肃清。他曾长期拥有宰相的独裁专权，因此从对南宋的旧疾——军阀权力施以压制、统率这一点来看，在某种程度上他是成功的，但也仅仅是在某种程度上而已。毕竟军阀们还是成功抵抗了来自北方的压力，并在南宋的统治下控制着各自的领地。南宋政府不过是搭建在军阀们的实力之上而已，且不论表面如何，南宋政府如若失去了现实中的立国之根本——军阀们的支持，便只会变成一只纸老虎了。

吕文焕与贾似道的关系就存在于这微妙的状态之中。在兄长去世后成为吕氏军团总帅的吕文焕选择效忠于忽必烈，而不是贾似道。将抛弃自己的人抛弃掉，认可表示认可自己的人，这一选择最终决定了时代的走向。

吕文焕的行动有极大的影响力。贾似道却嫉妒其赫赫战功、害怕自己"救国英雄"的美名落到吕文焕身上，最终误国误民，其所作所为无疑是愚蠢的。

大举进攻

随后，伐宋大军势如破竹，一举前进。就在此时，中亚地区陷入八剌失利后的乱局之中，形势告急，为此，忽必烈开始考虑暂时停止进攻南宋。

　　然而，以阿术为首的前线将领们则认为，如今已经击败了最重要的南宋机动部队，又有吕文焕大军作为先锋军加入，应该抓住这一良机一举吞并南宋。已经进入暮年的姚枢等汉人谋臣以及作为文化顾问的朱子学者许衡等人，也纷纷向忽必烈谏言，认为这是实现"统一中国"的绝佳机会。慎重的忽必烈在经过深思熟虑后，最终决定向南宋发动大举进攻。

　　一旦下了决心，便不会再犹豫。蒙古用了一年的时间，做好了完全的准备。战线从淮东到四川，覆盖了整条南北国境线。忽必烈任命左丞相伯颜为全军总司令官，同时向中亚战线上的北平王那木罕处派出了右丞相安童，采取了对称的措施。

　　伯颜出身于名族八邻部，不久前作为旭烈兀兀鲁思的使者来到了忽必烈身边，而忽必烈惊异于其飒爽英姿及过人才干，提拔他加入了自己的政府首脑层。有趣的是，忽必烈政权之中，包括作为权力中枢的自己在内，老年人很多；而实际站在战场上的，以伯颜为首，几乎都是年轻面孔。忽必烈利用了老练的智慧和年轻的霸气，并将二者巧妙地结合起来。

　　为了除去华北之军，忽必烈组织了一支空前庞大的军团。在新编成的部队之中，也有尚在服刑的犯人；而原李璮手下的士兵们被特别编成了两万人的"益都新军"，由代为管理近邻合撒儿王族的华北投下领地的原西夏皇室李恒指挥，其作用异常显著。

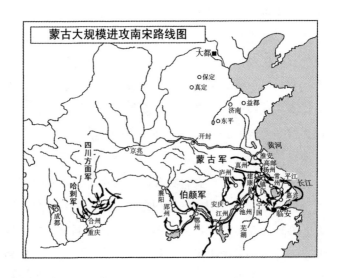

至元十一年（1274 年），赶赴南宋前线的蒙古大军一举发动了进攻。如果说襄樊之战是"点"的攻防的话，那么战争进入第二阶段之后，就变为了"面"的攻防。

总司令官伯颜率领二十万主力军队，沿着汉水下行；而依靠吕文焕船队的"引航"，阿术的直属骑兵作为"路上先锋队"，构成了双驾马车的先锋军阵容。在途中的郢州、鄂州两地，南宋舰队为阻挡蒙古大军而拦断了汉水，但在极为了解地形的吕文焕的指引下，蒙古大军分向了支流。依靠这一妙计，蒙古的船队得以顺利通过。

到了长江，阿术的陆战队在淮西制置使夏贵率领的南宋舰队面前，强行渡江来到了南岸，而担心在水陆两端遭到夹击的夏贵船队陆续逃到了长江下游。至此，南宋失去了阻止蒙古大军的最好机会。随后，伯颜主力部队也全部顺利来到了长江南岸，成功通过决定远征成败的第一道关卡。对于蒙古来说，在穿过"空白的障壁"之后，"水壁"也远远消失在身后了。

在长江中游最大的要冲鄂州，张晏然和程鹏飞手中握有重兵，但看到伯颜主力部队顺利渡江之后，他们也觉得抵抗无益，便放弃了。至元十一年（1274 年）一月，蒙古在鄂州不战而胜，全体南宋守卫士兵向蒙古打开了城门。

年轻的总司令官伯颜给予降军很高的礼遇，并让其各自留任原职，同时严厉告诫自己军队的将士，不许掠夺一分一毫，不许伤害一兵一民，就这样，鄂州及其周边被伯颜悄无声息地吸收过来。

接收南宋

自此，蒙古首次获得了长江以南的落脚点，并且是极其重要的落脚点。

夏贵水军放弃作战，紧接着是鄂州和平开城，这对南宋的全体将士来说是个冲击性的消息。曾经得以依靠的"长江之守"失去了意义，绝望和放弃的念头迅速扩散开来，而一个意外的传言也同时传播开来——在鄂州，官民都与往常无异，过着安全、正常的生活。蒙古既没有破坏也没有杀戮，于是在南宋一方，一种安心感油然而生。若是得以保持现状的话，没有人喜欢战争，因此倒不如早日开城以示欢迎与友好，而这对将来也是大有益处的。南宋政府的统治力早已从人民心中消失了。

在鄂州周边的城郭、城市中，全体将兵、官吏、百姓陆续开始开城，而鄂州附近的动向进而传到了长江中游的各个城市，最后波及整个江南地区，出现巨大的"雪崩现象"。最终，由于象征着"长江之守"的鄂州失守，南宋国便从内部开始迅速地崩溃瓦解了。

当然，这其中还有吕文焕起到的重要作用。此外，忽必烈在伯颜出征之前对他语重心长地说过，此次远征的价值并不在于在战斗中给对方造成多少杀伤，而在于如何和平地将对方接收过来。伯颜也彻底践行了这一承诺，包括远征军的纪律、统一行动、对投降者的欢迎及优待等，同时取得了相应的成果。

伯颜的军队水陆并行，沿着长江顺流而下。每当到达一个城市，就将当地的部队收编进来，成为一支可怕的大军。可以说，这并不是战争，而是行进。随着伯颜大军的步伐，南宋国正慢慢地被重新编入蒙古的范围之中。

至元十二年（1275 年）三月，南宋宰相贾似道不得不为了摆出迎击之势，率军来到芜湖，此时南宋尚有二千五百余艘战舰，但此时的军队已然失去了统一性和战斗欲望。伯颜先派蒙古骑兵来到长江两岸，接着在战舰上让巨炮一齐攻击。南宋军乱了阵脚，夏贵第一个逃跑。错愕的贾似道鸣金收兵，试图阻止逃跑的士兵，但无济于事，全军瞬间崩溃了。南宋的命运也自此终结（贾似道因为战败而被追责，在流放的途中被绞死了）。

伯颜大军自鄂州出发以来，没有进行一次短兵相接的战斗便最终到达了临安。至元十三年（1276 年）正月，在这位来自"伊朗之地"的年轻将军面前，临安也和平开城了，南宋王室与政府的投降异常平静，有的临安百姓甚至不知道这件事情。那时南宋成立已有一百五十年，若是再回溯到北宋建国之时，就意味着一个存续了三百一十六年的王朝和国家灭亡了。中国本土也回到了久违的政治统一状态。

在南宋宫廷与中央政府无条件投降后，反投降派势力带着两名年幼王子，随船队逃亡东南沿海地区，最后，于三年后的至元十六年（1279 年），在广州湾内的厓山被全部消灭。有人把此时作为南宋灭亡的时间节点，但这只不过是惋惜"中华王朝"灭绝的后人们的幻想罢了。

几乎在临安开城的同时，整个江南以令人惊异的速度成为蒙古领土并安定了下来。南宋的国家系统，随着临安开城而被蒙古接替过来。此后，蒙古开始渐渐转型为一个拥有陆地和海洋的巨大帝国。

11

向海洋扩张的征程

向海洋时代进发

蒙古在吞并南宋之后，继而向海洋迈出了脚步。原本驰骋在内陆草原上的蒙古人是没有见过大海的。而且对于蒙古人来说，这片海洋是吹着湿润高温季风的"热海"。忽必烈的"双线作战"从此之后就变成了同时兼顾陆地和海洋。蒙古的历史在此迎来了划时代的转变。这也是世界上首个以游牧民族的身份崛起的国家兼顾海洋世界的例子。

南宋在灭亡之前，就已经拥有了相当力量的海上舰队。虽然有一部分战舰逃脱出去，在厓山等地沉没海底，但被大元接手的完好舰船还是占到了大多数。当然蒙古人接手的不仅仅是南宋的船队，还有与之相应的造船能力、技术力量、航海技术以及与海洋文化相关的知识与信息，蒙古人将这些一并学了过来。蒙古人所继承的是长江以南的人类社会集聚的智慧。从"海"的方面来说，蒙古是南宋的接班人。

不过，蒙古和南宋在根本上存在差异，那便是国家的性质和体制。

早在8、9世纪时，来自阿拉伯和伊朗等地的商船就陆续在中国东南沿海的港口城市停靠。唐末879年，广州因黄巢之乱而陷落，其惨状亦有阿拉伯语的记载，在今天成为有力的史料。在自西而来的浪潮推动下，中国的海上通商与海上文化开始逐渐觉醒。在那之后约五百年的时间里，中国本土的东南沿海一带追随着时代的潮流，不断发展着对外贸易。在利益的触动下，中国的商船也开始踏上向南方海洋的征程。中国人对海洋的兴趣渐渐变得越来越深。

南宋政权在表面上也是乘时代之浪潮而不断地开发海洋，但实际上只是被经济利益所吸引。虽然南宋有奖励贸易的政策，但是政府自身却很少率先组织航海活动，或是亲自进行海外交易。他们观察海的视野和海洋政策仅仅是停留在因贸易而繁荣起来的海港都市上。可以说南宋在海洋上所摆出的是被动的姿态，南宋的海洋活动始终是依存于民间行动的。

被大河和海洋所包围的南宋王朝的体制是"内陆型"的。南宋朝野对"恢复中原"的呼声虽然仅仅是一个口号，但事实上也意外地象征着这个政权的性格。南宋被逼在江南立国，也不得不建立舰队来保证国防。可南宋政权主动向海洋进发的欲望却非常薄弱，他们无法想象浩浩荡荡的远洋舰队行驶在东西往来的水路之上的场景。

忽必烈率领的蒙古人却正好相反。蒙古原本就是一个目的性很强的政治军事集团，忽必烈的国家意志又尤为强烈。作为国家，蒙古的想象力、计划能力、组织能力和实践能力都非同一般地强大。

在接收了富足的江南之后，忽必烈和他的智囊便重新计划以那里为起点，控制海上航线，进而构筑一个超广范围的"蒙古圈"。蒙古吞并江南已经成为完成时，那么下个阶段的第一步就是开放临安。在这里，有一件我们不能忽视的事。

在后边我们会说到，原本蒙古（特别是忽必烈政权）就已经与活跃在陆地上的伊朗系穆斯林商业势力有很深的来往。而且在与南宋作战的过程中，他们与海上穆斯林商人也产生了交集（当时这些海上穆斯林商人以中国东南沿海海港为中心，占有了强大的地盘和商业圈）。其中最重要的人物就是阿拉伯系（一说伊朗系）的商人蒲寿庚。

蒲寿庚本人就是一名"海洋企业家"。不仅如此，他还是南宋政府任命的"提举市舶"。他以泉州为据点，掌握贸易和船舶长达三十年，是一个名副其实的超越了人种的海洋商业势力大总管。南宋政府在现实中赋予了蒲寿庚政府行政长官的头衔，并从后者的商业利润中抽取一部分作为回报。当位于临安的南宋宫廷和中央政府即将不保的时候，以蒲寿庚为中心的穆斯林势力转投正逐渐发展成为世界帝国的蒙古亦是顺理成章。

在旭烈兀兀鲁思的统治之下，蒙古已经掌握了中东地区的东半部分。东西两边的穆斯林势力以及印度洋到中国南海的航线都被蒙古收入囊中。蒙古迈向海洋已经是大势所趋。

经过唐代、五代、北宋以及南宋一百五十年的发展，江南已经成长为一片成熟的海洋指向型"生产社会"。大元帝国也是世界上罕见的不断进取的国家指向型"军事政权"。这两者的结合使得陆地与海洋以人类史上前所未有的规模联系起来，"海洋时代"拉开了序幕。世界开始发生更为急剧的变化。

半岛的悲剧

元朝吞并江南之后，向海洋迈出的第一步就是第二次对日本的远征。不过在讲这次出征之前，我们要先回顾一下更早的历史。

在成吉思汗时期，高丽国就与蒙古展开了来往。1218年，原金朝统治下的契丹军团意欲独立（被称为"黑契丹"），这支契丹人经由中国东北地区闯入了高丽国。然而在蒙古和高丽的两面夹击下，他们很快就被消灭了。到此为止事件的发展都没有什么问题，然而在后来，历史的情况却变得越来越复杂——单从蒙古的入侵路线图上看不出的复杂。

事实上，当时的高丽正面临国内外的急剧变动。高丽国内武人势力逐渐抬头，高丽的王氏皇族被架空，变得名存实亡。当时的情况正好与日本镰仓幕府出现之际的皇族与幕府并立的状态相似。只不过朝鲜半岛的都城开城中，皇权和武人政权是共存的。从这一点来看，此时的朝鲜半岛与清盛时期的日本列岛更为相似。半岛与列岛最大的区别在于，半岛与陆地相连接，非常容易受到来自大陆的风浪的影响。"蒙古来风"也毫不例外地刮到了朝鲜半岛上。

1224 年末，成吉思汗西征未归，就在那时高丽发生了蒙古使节被杀的事件。从那之后的七年时间里，蒙古和高丽之间就没有再互派过往来信使。而这一事件就是导致朝鲜半岛悲剧的最直接的导火索。

窝阔台在登基后第三年（1231 年），命令撒里台率领一支蒙古军队向高丽进军。此行的目的是催促高丽履行平定黑契丹时签订的条约。当时，高丽人洪福源率领一千五百户投降蒙古。在那之后，洪氏家族就变成了高丽人的一块心病。撒里台征高丽正好与窝阔台征金同时进行，在朝鲜半岛的撒里台率领部下对高丽的进攻势如破竹。高丽国投降后，蒙古在高丽境内留下七十二名达鲁花赤来监视其动向。蒙古军在得到这一条件后，便撤军北回了。

但是刚刚躲过一劫的高丽又有动作了。高丽先是在表面上采取适当的手段应付蒙古人，在准备妥当之后，又于翌年六月突然发难，杀死了蒙古的七十二名达鲁花赤并迁都江华岛。虽然江华岛距离开城并不远，但至少是一个岛，与本土之间隔着一片海。高丽人摆出了抗争到底的阵势。在保证首都和政府的安全之后，高丽本土各地的军队、官员以及百姓一同逃入了各个朝鲜式的山城中固守不出。除了新的首都江华岛与本土各处的山城之外，其余的领地都被高丽人放弃了。城外的田野自然也慢慢地被荒废掉。

蒙古经过多次的进攻，也想要和高丽签订"城下之盟"，奈何有一道海洋的墙壁挡在面前。于是高丽本土的抗争和偏安小岛的政府间的暂定求和反复交替。在受到蒙古进攻的欧亚大陆各地区中，高丽与蒙古的战斗最为惨烈。战争的始作俑者自然是蒙古，对于高丽来说这是外来压力引发的悲剧。

虽然战况惨烈，但战争持续时间却意外的长。即使在蒙古进攻的间歇，高丽一方也不会解除战备状态。从蒙古起兵攻打高丽开始，到最后南方济州岛上反蒙古抗战的终结，前后经过了约四十二年。如此长久的战争可谓是前无古人后无来者。高丽在四十多年的持续战斗中，同时发动了国家和一般百姓的力量。南宋在抵御蒙古时，只有北部国境附近的军队投入了战争，高丽一方却让所有的人民都加入了战斗。

然而高丽一方的代价实在是太大了。持续了近半个世纪的长期战争让大量的百姓牺牲，也让整个半岛化作一片焦土。这样的残局实在让人不知所措。

进攻高丽路线图

婆娑府　朔州

义州　龟州

铁州　安州　青州

宣州　郭州　价州　定州

宁州　慈州　高州　铁岭

西京　登州

黄州　平州　东州

凤州　开城　春州

慈悲岭　南京

江华岛　处仁　原州

竹州　忠州

公州　清州

尚州

全州　东京

木浦　合浦　金州

珍岛　巨济岛　对马

耽罗（济州岛）　济州

1236年，伴随着拔都的西征和阔出的南征，蒙古开始大规模进攻高丽。1253年，在蒙哥的统治时期，东方三王族也开始远征（于前一年从本土出发），可能是合撒儿家族的也古与斡赤斤家族中的塔察儿掀起了这场纷争。

济州岛被视作天然的海上要塞，同样，其高原型地势也十分适合牧马放羊。

→ 1231年
→ 1236年
→ 1253年
→ 1271年及1273年

高丽的武人们也绝对不是上下一心的。无论是在开城还是在后来的江华岛，武人作为高丽王朝的重臣掌握着权力，但在他们之下还有大量的竞争者。与镰仓幕府时的北条政府不同，高丽的武人不是一个在稳定的武力集团基础上建立的执政机构。高丽武人政权的最高掌权者会采取强硬的对蒙路线，也会用这种态度来压制高丽皇室，阻碍他们发声。武人们在强调"国难"的同时，又都希望依靠自己的指挥去结束这场灾难。

但是从现实上来看，高丽和蒙古双方本可以采取更加柔和的方式来解决问题。首先，蒙古自身也不得不在战争中付出了相当的代价。其次，双方实际上具备了足够的交涉与长期停战的余地。此后，真正的高丽皇族迈上了复兴之路。

忽必烈与王典

在蒙古和高丽交战期间，忽必烈政权的上台使局面出现了很大的转机。而高丽一方的代表人则是高丽国世子倎（王倎）。

1259 年，王倎奉父王高宗的命令觐见蒙古大汗，但在途中就接到了远征四川的蒙哥的死讯，王倎只得率人无功而返。也正在那时，忽必烈骑兵队正从南方的鄂州快速北还。两人在路上相遇了——这是偶然还是有意为之，我们已不得而知。但是，这次会面使得两国关系发生了急剧的变化。王倎亲自到襄阳郊外迎接忽必烈，两人便在那里相见。

各怀心事的忽必烈和王典两人之间，展开了一系列的交流。

次年（1260年）阴历三月，在忽必烈尚未举行即位仪式称汗时，王典就接到了因高宗驾崩而召自己回国继承王位的命令。自然，当时在高丽国内也出现了阻碍王典还国入境的情况。

同年阴历四月，"即位库力台大会"结束，刚登上皇位的忽必烈紧接着向王典下达了谕旨。谕旨上写到，忽必烈作为"皇帝"，向王典表示同情，并决定在回国之后要对王典进行正式的册封（"诏""谕旨""制书"等是汉文诏敕中的相应表达方法）。

王典在蒙古的军事力量与"新帝"忽必烈的权威之下君临高丽，继承了王位。当时蒙古帝国国内的皇位继承争夺战正处于最高潮，如果考虑到这一点的话，王典其实进行了一次赌博。后来庙号元宗的王典对蒙古的事情可谓了如指掌，因此他将宝押在了忽必烈的身上。王典认为忽必烈终将取得争夺战的胜利，只有加入忽必烈一边，高丽才能有未来。这意味着他将自己和高丽皇族的未来与命运全都托付在了忽必烈身上。

忽必烈的霸权确立之后，元宗王典在高丽国内的话语权和权威就自然变得更重。王典明确表示出自己的亲忽必烈路线，频繁地北上觐见忽必烈，并且还会拔擢一些现实、稳健的武人和幕僚。高丽经过长年的抗战已经陷入疲敝之中。武人主导的强硬路线无视现实，随自己的喜好为所欲为。元宗及其周围的人都与武人的做法相反。

蒙古的"王政复古"

元宗允许蒙古军事力量进入高丽等外交手段引发了高丽国内的不满。元宗响应忽必烈的要求将都城从小岛中迁出，回到本土建都，由此和武臣势力的对立开始尖锐起来。先是元宗杀害了金俊等权臣，接着在至元六年（1269 年），武臣势力的头领林衍发动了武装政变，废黜元宗，另立王典的弟弟淐为帝。

忽必烈将这一切都看在眼里，于是他将三千兵力交给前来觐见的高丽世子愖，让他急速回国平定"国难"，并急速派遣蒙古部将蒙哥都率领二千士兵南下。除此之外札剌亦儿王家的忽林池和他手下的大部队也被派往高丽北边国境，向高丽施加压力。元宗、元宗弟弟王淐以及林衍等当事人按照忽必烈的命令按兵不动，蒙古一方则摆出了全面介入的架势。

在这场动乱发展到高潮时，林衍暴毙，其子林惟茂世袭了"高丽令公"的位置（高丽令公是武臣中最高官衔。古代中国的传统中，"令公"是中央政府最高官员中书令的尊称。虽然在高丽的很长一段时间内，令公是实际上的最高官员"门下侍中"引退后的名誉称号，但是崔氏武臣当权时被改为现任中书令的称号。从那之后，这一惯例便延续下来，成为武臣最高官员的代表）。高丽国侍郎（第二级官员）洪文系担心在林氏政权统治下高丽国会走向灭亡，于是在皇宫内掀起兵变，杀死了林惟茂。

林衍余党裴仲孙纠结起林党的残余势力，推立高丽皇族的旁系王温为帝逃出江华岛。他们在朝鲜半岛西南部的珍岛盘踞下来，自称高丽国政府。于是，高丽国中便出现了两个政府。

在此期间，高丽国的都统领（地方军事长官）崔坦以林衍反叛为名，带着以西京（今朝鲜西北部的平壤）为中心的五十多个城池直接归顺了蒙古帝国。忽必烈政府将西京更名为东宁府，依慈悲岭划分了与高丽国之间的新国境线。这条国境线在今天的三八线偏北的位置。

至元三年（1266 年）以后，高丽降民在辽宁平原的沈州（今沈阳）上正式建立起聚居地，之前我们提到过的洪福源家族也将这里设为新的据点。后来沈州不断得到发展，成为一个高丽人、女真人、契丹人杂居的"国际化城市"（这种状况一直延续到明朝结束，清朝始祖努尔哈赤起兵时）。

纵观中国东北与朝鲜半岛，从北往南共有洪家掌握的移民聚居地沈阳路、崔氏麾下的西京军阀、支持元宗的高丽国以及名义上由王温掌控的裴仲孙珍岛临时政府这四个政治体——他们就像是念珠一样被串联在一起。

忽必烈在至元六年（1269 年）十月先向中国东北的东京（辽阳）派遣一名心腹赵璧临时管理最高行政机关中书省的派出机关行中书省作为这四个政治体之上的统率机构。之后又以札剌亦儿国王忽林池代之，驻兵在西京。

高丽国内外风云突变，复辟之后的元宗遵从蒙古行省官员忽林池等人的建议，从江华岛迁出，还都旧京开城。

但是当时也有许多人拒绝从江华岛迁出。他们以高丽国首都警卫常备军"三别抄"为主力发动了"叛乱"。三别抄沿着海边南下，与珍岛势力合流。从此开城政府便与珍岛政府对立。

开城的元宗政府的军事力量所依靠的是蒙古驻扎在高丽的军队。对珍岛的讨伐作战是海战，因此元宗任命忻都为主将，领五千名蒙古骑兵驻扎在朝鲜半岛南部沿岸的金州。同时洪茶丘（洪福源之子，已承袭父位）带领自己的百姓编制成私兵开始屯田。当时，发生在中国本土中央的襄阳之战正处于最高潮。

在蒙古的指令下，元宗政府开始了造船工程。1271 年，蒙古将领阿卡伊指挥的第一次攻击大败而归。当年阴历五月，忻都率领蒙古高丽联军在夏天渡海，珍岛在猛攻之下沦陷。王温被捕后遭到斩首。对于蒙古来说，虽然这次胜利规模并不大，但事实上这是他们首次在海战中取得的胜利。

三别抄的首领金通精等人逃到了高丽的同盟国耽罗（即

今天的济州岛），驱逐了耽罗国王后将那里变成了自己的根据地。

1273年初，在忻都指挥下的一万两千士兵分乘一百零八艘舰船，越过冬天海洋的怒涛对耽罗发动了海上进攻，并成功镇压了三别抄。这标志着高丽国内同族相残的战争最后结束，也意味着蒙古完全平定了朝鲜半岛的周边海域。耽罗岛中央是隆起的丘陵，适合放牧马群（详见89页图），再加上它与中国南方隔海相望的地理位置，那里成为蒙古绝佳的海上基地。

在蒙古的庇荫下，高丽王氏皇族的"王政复古"完成了。虽然蒙古驻高丽的军队并不庞大，但却一直留在了那里。这之后，高丽国成为蒙古最为忠诚的附属国。从元宗的儿子忠烈王开始，形成了高丽王子必须娶大汗的女儿为妻的惯例。蒙古公主生下的男孩长大后就会成为下一任国王。就连王氏皇族的血脉也与蒙古联结在了一起，这是亘古未有的。

从此朝鲜半岛的历史与日本列岛走上了不同的发展道路。日本仍然像以前一样，持续着当地武装政权割据的主流。如果从"当地"原生政权发展和统一的历史来讲，朝鲜半岛事实上是背负着浓厚的负面因素的。从朝鲜半岛整个发展历史来看，由蒙古直接或间接导致的悲剧屈指可数。像是在蒙古的影响下植根的肉食文化等，也根本不是一个层次的问题。

对"国书"的过分解读

蒙古与日本的关系是以高丽元宗政府为中介开始的。

最初是在至元三年（1266 年），黑的（在日本广为所知，但他的身世与他的名字都不甚明朗。他有时被称为黑的儿，有时被称为赫德，有时又被称为赫德儿。从这些汉字的写法推测，他的名字应该是音译自阿拉伯语或波斯语中的 Khizr，或者是 Haidar 的讹传"Heider"）与殷弘作为正副国信使，被忽必烈派往日本（殷弘在日本也比较出名。但我们今天除了知道他是当时的礼部侍郎之外，对他也是一无所知。但是在胡祗遹的文集《紫山大全集》中，出现了两处送别殷弘出使的诗文。在诗中，殷弘被略有夸大地比作张骞和苏武。王恽的《秋润先生大全文集》中也出现了吊唁殷弘逝世的七言律诗。胡祗遹和王恽都是忽必烈统治时的中级官员，与他们成为知己的汉族人殷弘大概也是同样的人物，处于同样的立场）。

但是这两人只是到了濒临对马海峡的巨济岛之后就返回了——理由是"海路险阻"。也有可能是想回避责任的高丽一方故意带他们看了艰险的海洋。到底是黑的与殷弘两人的问题，还是高丽的问题，抑或是他们二人与高丽的合谋，其真相我们已不得而知。但总之能够确定的是，高丽人既不想让他们去日本，也不想自己前去。

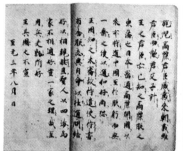

忽必烈想送给日本国王的国书《蒙古皇帝国书》抄本（现收藏于东大寺）

　　但是忽必烈政府并不轻言放弃。到至元十一年（1274年，用日本国号文永纪年也是十一年）第一次远征日本为止，忽必烈又向日本派遣了多次使节团。其中有四次安全抵达了大宰府，以忽必烈为名的汉文致日本国王书被转交到京都的朝廷和镰仓幕府手里。但日本方面并没有给出回信，只是置之不理。

　　这些国书与高丽国王的牒状（牒是官方公文的一种）都留下了抄本，被收藏在奈良的东大寺之中。其中最初的国书在某种方面上来讲可以说是最为重要的。这封国书写于至元三年八月，并于次年通过高丽传入日本。除了东大寺的抄本之外，《元史·世祖本纪》中至元三年八月丁卯条和《外夷传》的日本部分也记录了国书全文。

　　这封国书以"上天眷命，大蒙古国皇帝，奉书日本国王"

开头，文章也极为简单，容易解读。其后半段有这样的句子：

> 日本密迩（即"近"）高丽，开国以来，（此处抄本
> 中有"亦"字）时通中国。至于朕（指忽必烈）躬，而
> 无一乘之使以通和好。尚恐国王知之未审。故特遣使持
> 书，布告朕心（抄本中为"志"）。冀自今以往，通问结
> 好，以相亲睦。且圣人（指治理天下的天子，此处即忽
> 必烈）以四海为家，不相通时，岂一家之理哉？以至用
> 兵，夫孰所好，王其图之。不宣（白）。

行文的确毫无波澜，这封国书就像是一封问候信。1334
年元朝政府指导编纂刊行的《元文类》第四十一卷中，重新
收录了五年之前颁布的政书《经世大典》中的各篇序文。在
关于日本的部分中，每篇国书结尾都是"不宣白"，即"不进
行宣白"，"不向群臣公开"。也就是说这个结尾句标志着对大
臣们保密［东大寺的抄本结尾为"不宣"——《元史》中收
录的两处都省略了最开头和最后结尾的固定句子。《元文类》
中出现了三处"不宣白"，而且还附有标注。在东大寺抄本的
影响下，迄今为止的国书都被读成"不宣"，而"白"则被硬
放到了后边的句子中。忽必烈在即位后的第二个月，即1260
年阴历四月七日向南宋皇帝发出的古汉语国书中用的也是
"不宣白"。这样看来，只能说东大寺中收藏的著名的致日本

国书抄本出现了错误。不过从意思上来讲，"不宣"和"不宣白"都是"不告知"。在拙著《大蒙古的世界》（角川选书1992年版）第247页中使用了"不宣"这一错误的表述，在此订正并表歉意]。

国书开头的"奉书日本国王"令人惊讶地表达出了忽必烈的低姿态。而且，与历代中华王朝向周围小国发出的"国书"相比，这种态度是前所未有的。原先这种书信的态度大多是傲慢无礼的，而且充满了恫吓日本的内容。因而有很多人认为日本采取顽固的态度也是无可奈何的。这样的反差实在是让人感到不可思议。

而像是表现傲慢的首句"上天眷命"，实际上是蒙古特别是忽必烈政权时期使用在文章开头的定式用法（这句话从蒙古文直译为汉语是指"长生天的气力里"，再改为古汉语的文雅用法即为"上天眷命"。在前边我们提到的致南宋的国书中，唯一一次使用了"皇天眷命"的用法。但这是我们今天所能确定的蒙古首个古汉语圣旨开头用例，也不能排除最早使用"皇天"，后来又经修正和统一改为"上天"的可能性）。这样的定式句被普遍使用在元朝的汉语古文敕令中。这句话的字面意思是"奉天承运"，其实跟"那么""某某敬启"等用以提示的表现方法类似，类似于没有实际意义的语气助词。史学家们将其当作傲慢自居的表现，这种解释是与事实相违背的。

与忽必烈给高丽国的制书和谕旨相比，这篇国书的行文更为简单易懂，甚至有种"亲切过头"的感觉。在这里可能会让人感觉到不自然（可能这篇国书是由蒙古原文结合文章情感翻译成古汉语的。如果是这样的话，我们就能对照着每一个词语将它还原成蒙古文）。京都的贵族们对汉文自然不陌生，即使是镰仓的武士中可能也有不少人能读懂这样简单的中文。用这样的文字就能把他们震慑住的情节只能存在于小说创作的世界中。

国书中有一句"以至用兵，夫孰所好，王其图之"，有的日本历史学者认为这其中带有无可否认的威胁含义。但只要是对中文稍有了解的人就会知道这句话只不过是中文里的常用套话。用日本的汉语读法解读时，不论显得多么的严肃或严峻，那也终究是日语的感觉。因此，凭这份国书解读出"蒙古的威胁"是一种误读。那么怀着这样的误读去分析当时的情况，势必引发更大的误解，这种过分的解读必须要避免。

况且在至元三年（1266年）八月时，忽必烈政权其实并无暇考虑征服日本。当时，忽必烈正忙于处理对阿里不哥战争和对李璮战争的后续事务，还没有正式下达营建元大都的命令。另外，对南宋的襄阳之战尚在两年之后；高丽方面元宗也只是刚刚站稳脚跟。从当时的形势分析，蒙古发动对日本的远征也是不太可能的。事情的真相是，忽必烈作为一名蒙古皇帝，为了巩固自己的政权，至少会先向日本派出正式的交往使节和亲善文书。

那么日本为何会一直保持冷冰冰的态度呢？从客观上来讲，毕竟至少忽必烈政权采取了稳妥的方式派遣了多次使节团，而且当时的国书也是采用方便日本人阅读的汉语文言写就。

即便日本认为蒙古别有用心，也应该采取一些适当的方式应对。最重要的应该是，越是危险的对手就越应该去了解。例如蒙古的野心有多大，本身是一个怎样的政权，包括高丽在内的国情如何等。国家政权层面的试探与交涉、兼顾外交的敌情探查等都是理所应当的。从成吉思汗时代开始，高丽在与蒙古交流时就会一直运用这些手段。这并不是邪门歪道，而是很正常的措施。

单用对大陆事态漠不关心的理由来解释日本的态度是不够的。"置之不理"在任何一个时代都不代表"零"。它意味着即使惹怒对方也无关紧要的态度——有时甚至是主动激怒对方的手段。那时日本的当权者们大都给人一种只在国内互相应对，却尽量避开重要的国际事务的印象。当然，用现代的眼光去分析历史是不可取的。但我们无法否认，至少日本直到开战为止，作为国家应对外国事务的意识是十分淡泊的。

第一次对日远征的意义

历史上蒙古对日本发动了两次远征（日本称"蒙古来

袭"）。每次远征都有它独特的背景，其结果也都对日本、蒙古、高丽等国家及其之间的关系产生了影响。而且这些变化和关系都不是集中在特定的方面或事件上的。这既是"国际事件"，也是"政权间的战争"。这些"国际问题"是与每个国家的"国内问题"相联系的。阴和阳、因和果，各种内外因素交织在一起，他们之间并非毫无关联，从古至今一直如此。

日本和蒙古的关系就如同高丽与蒙古的关系一样，并不是用短短的两次进攻与交战以及其中间歇的休战就能说清的。战争之前、之中、之后的过程中看得见的活动和看不见的意图跨越海洋不断地纷繁交错。从忽必烈最初向日本天皇发出亲笔信（忽必烈常亲自用畏兀儿文字撰写诏令和书信。汉语版本既有可能根据忽必烈的蒙古文原文翻译而成，也有可能是直接由汉人幕僚撰写）到正式向日本开战为止经过了至少长达四十年的时间。在这四十年的时间里，局势一点一点地发生变化，最后终于演变成了战争。在战争结束后，其影响也必定不是短短数日。

至元十一年（1274年）蒙古开始了对日本的第一次远征，这也是同年开始的对南宋作战的一环。

至元十一年正月，元大都的宫殿部分建造完毕，忽必烈在新的宫殿里接受了首次朝贺之后，便在同月为远征日本追加钦点了十万人。三月庚寅，忻都、洪茶丘以及原先的蒙汉驻扎军、女真族部队、海军等合计一万五千人受命伐日。正式出征是在同年阴历七月。次日（三月辛卯），忽必烈公布了伯颜及随行的攻宋成员名单。这两场战争之间的联系是毋庸置疑的。

依然是至元十一年三月，木速塔八和撒木合两人带着忽必烈的诏书进入高丽国。高丽国作为蒙古征日的援军，纠结了五千六百人的军队和千料大船、拔都鲁轻疾舟、汲水小舟各三百艘共计九百艘的舰队。汲水小舟顾名思义，并非作战用的船只，其他两种则是战舰。"巴阿图儿"在蒙古语中是"勇者、勇士"的意思，在当时也是军队中用来表示站在最前线拼命奋战的士兵和军队的词语。拔都鲁轻疾舟便是冲在最前线进行战斗的快速舰。千料大船是一种大型舰船，由指挥官们和主力军搭乘。我们可以想象众多的攻击和登陆用的小艇围绕在其周围的样子。

据说蒙古舰队包括水手在内共有两万七千人，这支舰队从合浦出发，席卷了对马和壹岐之后进入博多湾，并在那里登陆了。当时已是至元十一年阴历十月。

战斗呈一边倒的形势，日本陷入了被动。蒙古和朝鲜的军队在集团作战上拥有丰富的经验。而日本擅长的是个人与小规模的战斗，并不适用于对蒙朝联军的作战。这可能也算是通过战争形式进行的"异文化接触"。在弓箭军备上，两方也存在差异。日本的弓是长弓，蒙朝联军的弓是合板强化短弓，后者射程是前者的三到四倍。而长弓跟弩更是不能相比。不过我们并不能考证到底有多少弩炮队投入了战斗。日本的史料记录中出现了"铁炮"，这种能够爆炸的杀伤性武器凭借其夸张的外观和巨大的声响震慑了日本军队，在一定程度上也起到了搅乱敌方的作用。

　　说到这里，我们也应该注意到日本反抗时的骁勇。进攻的蒙朝联军一方至少有超过二万人的有效战斗力。虽然蒙朝一方并不是每个人都直接投入了战争，但是可以说，这么庞大的军队是列岛上的日本人前所未见的。大宰少贰、镇西奉行武藤家族作为日方大将，仅仅率领主要以北九州各地的当地势力组成的军队应战。虽然日本一方陷入苦战，但也并没有遭受过大败或者处于被歼灭殆尽的境地。日本一方的守卫军可能不到一万，而且作战时也不仅是据守要塞，反而是在空旷的场地进行会战。山东出身的著名女真将领刘复亨在作战中手部严重受伤后撤退。来自大陆的将领们不能不深感日本的强劲。但是被压制的日本军队不得不舍弃掉沿岸的博多和箱崎向大宰府方向撤退。蒙古将这一战记作自己的胜利，自然无可厚非。

　　进攻的蒙朝联军一方重新在博多湾登船，防止日本一方依靠地利发动奇袭。驻扎在博多湾的蒙朝联军遭受了台风暴雨的袭击损失巨大，于是放弃继续攻击，返回高丽。《元史·外夷传》中记载"官军不整，又矢尽，惟虏掠四境而归"。然而在高丽的记载中，这次远征共折损一万三千五百人，立场明显有所不同。

　　忽必烈政府并不认为此次远征"战败"。与《外夷传》一样同属《元史》的《世祖本纪》，与《经世大典》等逾半个世纪以上再行编纂的"二手史料"不同，它可以说是"一手史料"。但是在《元史·世祖本纪》中，对第一次征日也没有用"战败"或者是"失败"的表述。这应该是蒙古一方所公开承认的看法。

事实上，蒙古军确实没有在战争中失败。受到的损失似乎也是集中在随行的高丽士兵与水手上。这次远征作为征讨南宋的侧面作战，目的是对之前就与南宋有海上交通的日本施加压力，所以蒙古在远征中向日本展示了自己的军事实力就已经足够。他们是不会拘泥于陆上作战，让自己辛辛苦苦建立起来的海上战斗力面临覆灭的危险的。忻都早早地结束了作战行动进行撤退——这是作为一名身关珍岛与耽罗战役以来舰队建设的蒙古将领的妥当判断。

蒙古第一次对日远征让彼此遭受一定损失的同时，还让双方加深了互相的认识。不管是蒙古还是日本，都明白了绝对不能小瞧眼前的这个对手。

日本一方不禁出现了国家层面的危机意识。蒙古这次只是一个小小的试探，日后必定还会再次来犯。日本从蒙古这个外来力量的攻击中，意识到自己与外来力量的不同——自己是一个整体。这种认识和反应在日本散播开来，也没有遭到反对。这便可以称为国家意识或是作为国家的自我认同。日本人从此开始有了"日本国"的意识。

第二次远征日本的真相

蒙古第二次远征日本时，情况发生了很大的变化。随着七年光阴逝去，南宋也已经不复存在了，而吸收了南宋及其海上力量的忽必烈大元帝国面目焕然一新。在蒲寿庚控制的泉州湾，大元帝国政府正在急速地推进大型海洋舰艇的制造工程。

从杭州（临安）和平开城时起，已经过去了五年。至元十八年（1281 年），在可以称为杭州海上城门的庆元（原来的明州，后来在明代改称宁波，也就是现在的宁波），一支承载着十万人的由三千五百余艘船只组成的大舰队朝着东海出发了。这是在欧亚东部从未曾出现过的巨大舰队，而作为一支非内海的外海航行舰队，恐怕也拥有人类史上空前的超大规模。自此，蒙古正式迈出了成为海上帝国的第一步。

这一在史上被称作"江南军"的巨大舰队之中，作为主力战舰的大型舰大部分都是新制造出来的，而并没有将原南宋舰队按原样再次组编起来。因此，这是一支以新造大型舰艇为核心的、新旧混编的大型舰队。蒙古在接收江南之后，仅仅用了五年的时间，便拥有了可以一次承载十万人的强大的海运力量，虽说有南宋作为基础，但我们不得不承认忽必烈政权有可怕的应变力、适应力和组织力。

与夺目的舰队本身相比，分别搭乘在各艘战舰上的将官、兵卒看起来却意外地低调。无论是出发前因"病"被接替的阿刺罕，还是继任的阿塔海，都只是蒙古武将里的中级指挥官，原本是没有率领十万大军出征资格的。作为副将同行的范文虎则是在襄阳南郊的决战中被击败的原南宋军司令官，在那之后向蒙古投降。对于他来说，这次的舰船作战是在新蒙古体制下，从多数原南宋降将之中脱颖而出的绝佳机会，也只有他对此次海上进攻大战异常积极。

真正的问题在于这十万的普通士兵，或者严格地说，他们根本不算是"士兵"。无论如何考证，我们都看不出他们当时进行了必要的武装，这些人只是应征的士卒，并且是从原南宋政府军中应征而来的，而并不像人们误解的那样，是强征来的。而且，他们并不是"精兵"。

远超过一百万人的原南宋大军，由于在南宋几乎没有参加战争，所以大部都直接向蒙古投降了。他们是职业军人，是靠薪饷生活的人。虽说南宋为蒙古留下了许多遗产，但不见得都是积极正面。对于忽必烈政权来说，如何安置这些人成为棘手的"遗留问题"。首先，绝不能对他们放任不管，他们如果失去了工作，无疑将成为统治江南这块新领土之时的不稳定因素，这意味着必须为他们创造工作。

忽必烈政府将这部分庞大的潜在武力调往各地参加军事活动，其中最优秀、战斗能力最强的士兵们被首先选拔出来，或是编入忽必烈自己的直属侍卫亲军，或是送到对抗昔里吉、海都和都哇等势力的中亚战线中去。稍后我们便可以看出这些人发挥出了怎样让人预想不到的作用。第二批被选拔出来的人被派往广东、广西地区的山岳扫荡战中，随后又被派往可以实现陆地进攻的越南、缅甸战场。

然而，蒙古还留下了大量未被选拔出来的人，也就是所谓的"弱兵"。虽说是职业军人，但未必所有人都有强大的战斗能力，相反，更多的是无法在战场上发挥作用的老兵、伤兵以及小兵。因此，这里所说的职业军人只是指被包含在政府预算中的人，并没有其他意义，其中甚至还有人因为继承家业而成为军人。无论如何，这些人只要本人登记成为军人的话，哪怕整天无所事事也可以保证最基本的生活。

同时，在历代中华王朝中，兵为卑的观念根深蒂固。尤其是北宋和南宋，标榜文明国家，但现实中又是有庞大军事支出的军事国家，而在统治者、士大夫的意识里却还是以文治为尊，以兵事为贱。自然而然，军队就成了弱兵和无业人员的集团，在和平年代，这也可以看作是维护秩序和风俗的一种社会政策；然而一旦战火点燃，便出现了耗费预算却又不起作用的负面结果。北宋、南宋的弱点之一就在于此。

忽必烈政权希望将这些"弱兵"投入海外进攻中去，其最初的尝试，便是第二次远征日本的"江南军"。他们带在身上的似乎并不是武器，而是农具，也就是说，十万大军中的大部分更接近于迁徙的"移民"，或者可以说从庆元出港的这支大舰队，实际上是一支"移民船队"。进行武装的恐怕只有阿塔海等蒙古武将率领的少数监视部队而已，若是这样的话，那么派出一名中级武官也就足够了。对远征十分积极的范文虎，可能也兼任着管理这些"移民"南宋旧兵的职责。

这样一来，在第二次远征中可以成为实战力量的，便只有从高丽出发的"东路军"了。与第一次远征时相同，这是一支由忻都担任主将，洪茶丘辅佐，蒙古、汉、女真族军队组成的"蒙古军"与由金方庆率领的高丽军队组成的联合军。虽说这支军队总计四万余人，但其中水手及补给工作人员较多，实际的战斗力与第一次并没有很大差别。这支部队已经有过一次远征经验，现在为了一定程度上的长期作战准备了充足的作战工具、装备和粮饷，率先到达日本并发起了进攻。随后，搭载着"江南移民"的大型舰队直接经过东海也到了日本。这似乎并不是依据作战计划的行动，如果是的话，那么像一般的定论中提到的——"东路军"是因为贪功才违反约定、率先行动，从而导致了这一番苦战——这种勉强的解释也就没有必要了。

蒙古原定的两阶段作战计划并没有实现。在七年的时间里，日本也发生了改变，他们已经做好了全面充分的迎敌准备。

在第一次远征的翌年，也就是至元十二年（1275年）由忽必烈派出的杜世忠、何文著、撒都鲁丁等人，在五年后被掌权的北条时宗于镰仓和龙之口斩首处死了。日本不仅拒绝了书信往来，还杀死了所有的官方使节，这无疑是一种"蛮行"。只是，和当初不考虑结果的胡乱杀人不同，这次是有意的开战后的表态。且不论其做法是否合适（也可以通过遣返来表态），但这种向国内外阐明自己作为日本国不惧交战的决心还是可以理解的。其中，第一次的交战意义重大。

北条执政的政权在实务处理上有能力且十分果断，一旦决定迎击便会及时应对。首先，以九州和日本西部为中心，实现了"异国警国"的轮班制和赋税的组织化；在预测敌军登陆的博多湾一带沿岸，通过分工协作建起了"石筑地"；在九州北部和本州最西部的长门，还搭建了以北条得宗家族为首的防卫、警备联络网。

至元十八年（1281年），蒙古军的第二次远征日本，在双方都准备充分的基础上正式开战了。打个比方来说，就是绷在弦上的箭终于发了出去。

这次战争变成了水战，"东路军"未能顺利登陆，他们被石墙以及部署在周围的日本军队阻拦在外，经历了一番苦战。在远道而来的舰队发挥出其陆上战斗力之前，日本军便在岸边将其击退，这一切合实际的作战计划也收到了应有的效果。最终，"东路军"在博多湾进退两难，作战计划被完全打乱。

六月，庞大的"江南军"虽然到达了北九州的西北部却无计可施。由于没有战斗能力，这样的结果也是必然的。如今，两军会合之后形成了超过五千艘舰只的舰队，犹如迷失的巨象一般，全部漂浮在海面上无法自由移动。于是，他们从平户湾向鹰岛附近海域移动，仿佛在特意等待着什么一样，日子在毫无进展的情况下一天天过去了。就在这时，飓风袭来，蒙古来袭最终为飓风来袭所终结。

不管有没有飓风，第二次远征可能都会以失败告终。只是忽必烈政权似乎对这次失败并不在意，或许是因为损失主要集中在"江南军"上，新制造的大型军舰毫发无损。"移民"乘坐的中小型舰船及旧船可能都在飓风中沉没了，而作为军事力量的海上战斗力几乎没有损失。消失在海面上的南宋旧兵实在可怜。若是说得残酷一点，就蒙古政权而言，将他们赶出海外本身就是这场战争的目的之一。

"海外移民"从另一个角度上来说也是"海外弃民"。尽管如此，南宋旧兵们落入海里也只是一个结果，而并非忽必烈政权预先设计好的初衷。应该说，这在本质上与国家故意导演的"逃难船民"相比有根本的区别。

蒙古征日的余波

战后，日本依然保持紧张的气氛。北条执政府仍旧没有解除迎击态势。与此同时忽必烈政权则更加积极地准备对日远征。对日远征已不再作为南宋作战的战后处理的一部分，已经成为中央政府主导的关乎国家威信的重要一战。

　　如果忽必烈的战略成为现实，日本将遭受巨大的不幸。但是历史并非如此。我们将在后面说到，忽必烈政权的最大拥护者东方三王族为了拥立塔察儿的孙子乃颜当盟主，发动了大规模叛乱。忽必烈政权遇到了最大的危机，整个东北亚都变成战场。为对日作战征召的部队因此也不得不转而投入这场战役。随后，在长达五年的大乱战后又过了一年多，忽必烈去世了。后来，海都又向忽必烈的继承者，也是他的孙子成宗铁穆耳的政权发起挑战。这一系列战乱的余波一直影响到 14 世纪的最初十年。阻止第三次蒙古来袭的是蒙古内部的暴风雨。

　　尽管如此，北条政府直到政权倒台为止都始终没有放弃抵抗。值得注意的是，这里所说的"蒙古来袭的时代"是国家与政权对立的时代。来袭前以及在来袭的过程中，日本的贸易船只频繁往来于中日之间。来袭后，两国甚至迎来了一大波经济文化交流的浪潮。实际上明治时期之前，这么大规模的中日交流非常罕见。政权层级相敌对，民间层级交流密切——这就是"蒙古来袭时代"的真相。

　　到后来足利政权上台后，足利尊氏和足利直义都热衷于日本和元朝间的贸易往来。日本名副其实地成为以大元为中心的"欧亚大贸易圈"的一员。

　　"蒙古来袭的时代"在日本一方产生了奇妙的副产品，那就是北畠亲房的《神皇正统记》中的神国思想。这与后醍醐天皇的由王主导的一元国家观在本质上是一样的。有趣的是，后醍醐的身边散发出受到藏传密教影响盛行于忽必烈王朝的密宗的浓烈味道。后醍醐和亲房很显然都是蒙古时代的产物。（顺便提一句，后醍醐考虑纸币发行等事件就是其象征。日本与大陆文明的交流不能单纯停留在口号上，在认真研究大陆局势的基础上，是否有必要重新考察从镰仓末期到南北朝之间发生的许许多多的历史事件呢？）

江户后期由国学者重新提起的神国思想与亲房相比，只能说是封闭的时代环境和心性的产物。"蒙古来袭"在那时来的正是时候。"元寇"这个词也是幕府末期到明治时期应时而生的词。寇是小偷、贼的意思。

倭本来是一种负面形象（指扭曲、萎缩的人）。这两个字连起来的"倭寇"有中华思想的背景。暂且不提其中人种差别的文明观，文字自身微妙的感情色彩是可以感受到的。从根本上来说，这是基于大陆文明的视角，来自海贼、海盗这些生活在海洋文明下的人的活动。也就是说，它是从历史事实中诞生的文献上的词。另外，元寇从汉字组合上来看很奇怪。代表中华王朝的"元"和表示贼的"寇"，本来是很难连在一起的。这其中包含了日本列岛强烈的政治姿态。越是在意历史上的"倭寇"一词，就越是刻意地通过以牙还牙创造"元寇"一词来表达政治信息。

也可以说，这是用狂热的头脑和情绪故意造出的词。

近代日本人眼中的蒙古帝国形象，是在强调日本国家的特殊性和一体性的基础上进行欺瞒性宣传的方便工具。就像对于在"强大的美军来袭"时为"保卫国土"而挺身突击的形象的联想中，"神风"这个词语不幸地出现了。而当我们回想起那些为之付出了宝贵生命，或是不得不付出生命的人时，沉痛的心情就无法抑止。

到了二战时期，与之相对应，"元寇"一词时常被用在其他国家抵抗蒙古侵袭但失败的情况下，这个词的出现是为了唤起亚洲其他民族的连带感情。作为学习历史的人，我再次感到诚实地对待历史事实之难。

欧亚大贸易圈

在第二次远征日本之后，在江南驻留、发展的大元帝国各军队，开始频繁地向东南亚半岛地区及多岛海域出兵。原南宋国的职业军人自不必说，蒙古在吸收和平定广东、广西地区的"非汉族地带"，以及湖南、江西、福建等山区居民之后收编的多种族部队，也经重新编制而被征用。那时的蒙古军已经成为毫无游牧民色彩的"蒙古军队"。

向东南亚的"进攻"通过陆路和海路两条路线展开。特别是通过舰队进行的海上进攻，将目标瞄准了位于现在越南南部的占婆国（汉字也写作占城，或占八），以及现在印度尼西亚的爪哇岛。

这样的"东南亚侵略"，除了在云南大理直接经由陆路到达现在的缅甸北部实施进攻之外，几乎全部失败了。这几次出兵确实也有军事进攻的一面，然而，进军的真正目的并不是为了平常所说的长久统治，而是为了确保通商和交通上的据点与路线。如果将这些失败看作是大元帝国"殖民地统治"的挫折，那就大错特错了。

而进攻大军的指挥官们，也是从原来在江南驻军的二等、三等将官中选出级别最低的予以任用；从阵容上看，且不论舰队本身，陆战部队的士兵无论从质量还是数量上都不值一提。从蒙古的整体水平来看，可以说这些部队是根据目的地的不同，经过各自斟酌之后，直接在当地征兵后所组成的。若是忽必烈中央政府认真考虑实施军事进攻的话，无论是在人员上还是编队形式上，都会有更好的选择。

以至元二十四年（1287年）东北亚内陆地区乃颜之乱爆发为分界线，忽必烈王朝对待东南亚、印度洋地区的政策明确转换为以经济、通商为基础的和平友好路线。这一年，以星剌哈的威（现斯里兰卡）的锡兰岛为首的"南海"（指印度洋南端的海域）二十四国向忽必烈派遣了使节团，情况迅速回到了和平共处、经济友好的轨道上来。至元二十九年（1292年）蒙古"远征爪哇"时，由于陆战部队草率地介入了当地的内战，导致其不得不从关键的沿海港湾地区撤离。这件事可以说是一次意外。然而，这次事件也成为蒙古遭受误解的原因之一。

蒙古与穆斯林海洋企业家集团联动开展的此次"爪哇远征"，初衷是在东南亚多岛海域开展国家层面上的通商活动，也是国家主导的海外通商振兴政策的一环。然而，搭乘着一万五千名人员的大元帝国舰队，是出现在南海及爪哇海上的史上规模最大的舰队。

虽然有些"定论"中提到了"东南亚侵略的失败"，可在至元三十年（1293 年）前后，南海—爪哇海—印度洋这一南方海上路线却正式并入了蒙古的势力范围，关于这一点我们有确切的证据可以证明。《瓦撒夫史》与《马可·波罗游记》中都一致提到，同时承载着"马可波罗"一家的这支大元帝国使节团舰队，载着即将嫁到旭烈兀兀鲁思王室的蒙古公主从泉州出海，途中寄停在各沿岸城市，最终到达了伊朗的忽里模子港口。这也是忽必烈去世之前一年的记录。虽然"马可·波罗"这一形象十分模糊，但的确有人经历了这一切，同时，当时的公主、使节、舰队也都确实存在，这是毋庸置疑的事实。

此时，从中国到印度的海域已迅速成为大元帝国舰队掌控的范围了。从中国沿岸出发的船只开始在海上航行。从印度向西，伊朗、阿拉伯的阿拉伯帆船（在印度洋上航行的小型船只。以每根桅杆上挂一面三角帆为特征，侧板不用钉子，而是用椰子纤维缝好固定）往来频繁，旭烈兀兀鲁思的权威笼罩着这片海洋。13 世纪末，在蒙古的势力范围下，内陆与海洋两大世界，以及贯穿二者之间的交易通道互相连接，构成了一个巨大的循环体系。此时的欧亚世界，从东方的日本列岛到西方的不列颠岛，都被这个宽广的连锁网络连接起来。据确切的记录显示，这是史上空前的。

从那以后，在以蒙古为核心的稳定的国际环境中，东西方的通商往来与交流变得异常活跃，首次出现了一个可以称为"欧亚大贸易圈"的全世界规模的整体。

东有泉州、广州等地，西有靠近波斯湾的忽里模子，而在二者之间偏南的地方有苏门答腊岛的巨港渤淋邦、婆罗洲岛的文莱、接近印度南端的马拉巴尔海岸以及马八儿海岸各港口，北边黑海沿岸的苏达克、朝向亚速海的塔纳等港口城市也十分繁荣。哪怕是在蒙古的敌人——埃及马木留克王朝的统治之下，"卡里米商人"的商业活动也离不开同东方的贸易合作。地中海的威尼斯、热那亚等港口城市国家便更不用说了。

在各种商品中最能象征这个时代精华的便是中国的青花瓷，日本叫作"染付"，波斯语中的意思为"青金石制作的东西"。这种瓷器是在中国原有的白瓷上用钴蓝色的颜料绘制而成，生产于中国景德镇，大量出口西方世界。

然而奇怪的是，有人在这样的情况下将海上商线说成是"传统亚洲贸易系统"。我们不能否认相应基础条件存在的事实，但是，它们此前还未以完整的形式被系统化，也就是当时还有人抱有不愿意认同与蒙古之间关联的心理。关于陆上、海上两个方面，也有人提出了"前期世界系统"的论调，但这也还是存在想向最近被炒得火热的"世界系统论"靠拢的心理。姑且不管这些难得出现的用语，此次东西方大规模交流是蒙古与忽必烈两大历史条件重叠的产物，这一点是不可否认的客观事实。

此后，蒙古国以至人类的历史，都开始迈入一个全新的阶段。

Ⅳ 缓慢的大统一

14世纪，旭烈兀兀鲁思的细密画中描绘的宴会场景。画中有坐在王位上的国王、王妃及环绕在周围的群臣。

12

从内陆纷争到东西和睦

第一次反弹

忽必烈政权于至元十三年（1276年）初成功吞并了南宋国，在这个延续着胜利之喜的夏天，中亚的伊犁溪谷又发生了大事件。

五年前，为了直接协调八剌失利后陷入混乱的中亚局势，忽必烈将动员了皇室、族长和传统千户而编成的大军交到了四子——北平王那木罕手中。在忽必烈嫡子之中，那木罕因性格勇猛果断而最被看好，于是他率领最强的蒙古大军进驻察合台家族本部的阿力麻里，以威慑镇压乱局之中的窝阔台、察合台各派。

正式被忽必烈册封为"可汗达鲁花赤"的阿八哈所统率

的旭烈兀兀鲁思则派出东部方面军团常驻伊朗东部呼罗珊。忽必烈家族同旭烈兀家族的合作之意已十分明确。

如果东西"夹击"的局面持续下去，那么"海都兀鲁思"和成立于14世纪的"察合台兀鲁思"都将不复存在，或许忽必烈的霸权从此以后便可以直接笼罩整个蒙古。但事情并非想象中那么简单，蒙哥去世后的一系列变动现如今出现了反弹之势。

原可汗蒙哥的儿子昔里吉和前任可汗阿里不哥的儿子药木忽儿、灭里·帖木儿都在伊犁溪谷的那木罕军中，但他们此时却加入了拖雷家族旁系脱黑·帖木儿的计划。他们将昔里吉推举为盟主，在军中发动了政变，把将军那木罕送到术赤家族的忙哥帖木儿手中，把副将军——札剌亦儿家族的安童送到海都手中。

安童是原谋将霸突鲁的遗孤，从母亲的血统来看，可以算作忽必烈的外甥，那木罕的表兄弟。忽必烈在起用自己三个儿子的同时，任命安童为臣僚中级别最高的右丞相，使其成为中央政府的首要人物。在事变发生的前一年（1275年），忽必烈将一支军队交给右丞相安童，让其作为副将与那木罕的进驻军队会合。而在同时进行的进攻南宋战争中担任将军的，是地位仅次于安童的左丞相伯颜。蒙古以右为尊，因此我们不难看出忽必烈政权此次双线作战中两方各自的意义及地位。

然而事态骤变，依靠强大的军事实力镇压中亚地区的那木罕大元帝国军队一瞬间土崩瓦解，整个帝国的势力平衡也发生了剧变。忽必烈政权迎来了危机。

促使"叛乱者"发动政变的，正是潜藏于心底的怨恨。忽必烈对他们来说既是伯父也是敌人，他们希望推翻忽必烈政权后，尽可能由不含有忽必烈家族及旭烈兀家族势力的拖雷一门建立新的政权。

然而他们的愿望落空了。海都和忙哥帖木儿都没有做出回应，二人都想避免与忽必烈直接对抗，而选择在旁观望。这也是自然的，二人并不像昔里吉等人一样有着"仇恨"之心，反而希望叛乱者一家可以得到整治。虽然因怀有同样的怨恨而发动了政变，但拖雷各派缺少一个领袖，因而注定不会有结果。昔里吉等人曾妄想海都和忙哥帖木儿会"响应""臣服"于自己，实在有些单纯了。当时在大元帝国境内确实出现了响应昔里吉等人的动向，但都被反应敏捷的忽必烈即刻镇压下来。

争夺的关键在于"祖先兴隆之地"——漠北的蒙古高原。南宋之战的英雄伯颜此时同南宋皇族、高官一起，带着历代图籍和稀世珍宝回到了上都，忽必烈立即将其派往漠北地区，而他麾下的主力部队也被紧急从南方调往北方。因此，在临安开城后的江南，留下的兵力寥寥无几。尽管如此，蒙古还是很快收复了江南地区，很明显，这并不是蒙古军队实力上的胜利，而是江南地区民心所向的结果。

伯颜在北部的蒙古高原也立下了大功。他将保护要塞哈拉和林作为重点，将军队朝着哈拉和林大规模铺开，逐一击溃了从西边进攻过来的昔里吉"叛军"。而原本就是各自抱有奢望而临时集合起来的昔里吉等人，在未能如愿占领蒙古高原之后，弱点暴露无遗，从内部自然解体了。

自从八剌失利之后，大元帝国军队差一点就实现了直接统治中亚地区的目标。此后，再也没有这样的机会出现。在那木罕军队面前，曾退居到河中地区的海都再次大显身手。再加上"叛乱军"之中，大多数人都选择向忽必烈政权投降，只有阿里不哥一门的核心人物药木忽儿和灭里·帖木儿因为惧怕忽必烈的处罚，选择寄身于海都门下。阿里不哥一门继承了原拖雷领地的大半部分，其牧地范围也逐渐扩大到了蒙古高原西部的阿尔泰地区。

有意回避忽必烈体制的海都的西方窝阔台家族、海都的傀儡都哇率领的西方察合台家族，以及统治着阿尔泰地区的阿里不哥家族，从西向东联合起来形成了一个集团。当时波斯语史书记载的"mamlakat-i Qāydū'ī"即"海都之国"指的就是这个集团。

如之前所述，从1280年前后开始的近二十年时间里，这一形态在中亚地区固定下来。最终忽必烈政权还是没有解决中亚问题，只是此时的"危机"还不算大。

乃颜举兵

至元二十四年（1287 年），距"昔里吉叛乱"爆发近十年之后，巨大的震荡再次袭击了忽必烈政权。斡赤斤家族的年轻首领乃颜，率领东方三王族举起叛旗，想取代忽必烈掌握政权。东方三王族对于忽必烈政权来说，是中流砥柱一样的存在，而这次正是从这里燃起了反叛之火，政权的基础很有可能瞬间崩塌。

在中亚地区势力已十分稳固的海都也予以响应，这便形成了东西皇族的庞大势力集团首次联合起来威胁当下政权的局势。蒙古本土阔列坚王族的首领野不干也与之遥相呼应。阔列坚是成吉思汗晚年的宠妃忽兰之遗孤，虽为庶出，但在成吉思汗和窝阔台政权交替时，获得了象征最高级别王族的四千人分封，在外蒙古高原的中央地区形成了自己的家族兀鲁思。阔列坚在蒙古本土拥有自己的领地，这在皇室汗国之中实属少见。

这样，在蒙古的各东西汗国之中，除了最西边的旭烈兀兀鲁思和钦察汗国之外，几乎所有集团都参加了此次"乃颜叛乱"。

回头来看，早在第二次远征日本之后，东方三王族中就已经出现了微妙的动向，忽必烈政权位于辽东地区的分支机构在与东方三王族的势力范围接触时，二者之间不断发生着碰撞和摩擦。在为屡次出征日本而开展造船活动时，忽必烈政权在属于东方三王族的满洲北部砍伐木材，并为了伐木、搬运、造船等一系列工作征用女真族人，这一系列行动可能就是纠纷的原因之一。

从至元二十年（1283 年）前后开始，忽必烈朝廷中开始有人明确提出和讨论需对东方三王族保持警惕一事。而一旦互相之间的信任被破坏，越是之前无条件相互信任的伙伴，就越会因为一点小事而激发更大的不满和不安。事态逐渐升级，蒙古帝国内早已不是当初远征日本时的状态了。在持续的紧张之后，至元二十二年（1285 年），忽必烈政权在辽阳以东京行省的名义，首次正式设立了地方机关，这也是中央政府中书省的外设机关之中最高级别的地方机关。

在不信任的漩涡之中，这看似理所应当的举措反而直接暴露了忽必烈政权的警惕之心，可以说是下下之策。自然，东方三王族一方十分愤怒：我们是这个国家成立的功臣，忽必烈到底在防备我们些什么？这成为随后事件爆发的直接导火索。忽必烈政权见状连忙将东京行省换成了低一级别的宣慰司，但为时已晚。至元二十四年（1287 年）四月，东方三王族遵循一直以来的惯例，以斡赤斤家族的首领乃颜为盟主，集结成军一跃而起。

东方三王家家族的军队跨越兴安岭的东西两侧，大范围地开始了军事行动。乃颜手中的斡赤斤家族大部队作为主力部队，

乃颜、合答安叛乱地图

图例：
- ━━▶ 对抗乃颜的忽必烈军
- ─→ 乃颜军及其同党
- ┅┅▶ 对抗合答安的元军
- ----→ 合答安军、老的军

括号内为年月。年份为阳历12××年，月份为阴历

直接推进到了势力范围的南部——西拉木伦河（辽河）附近。而哈赤温、合撒儿家族的各王族将领，也做好了同时挥军南下的准备。

忽必烈政权面临有史以来的最大威胁。而此时，原本支撑着忽必烈大元帝国的主干力量——燕王、皇太子真金，北平王那木罕（在昔里吉叛乱之后，被钦察汗国送回），安西王忙哥剌三位嫡子接连去世，三大王国也只能由孙辈继承。本来可以依靠的亲生儿子也已经不在了，这在忽必烈的一生中，可谓是最大的危机。

忽必烈的最后出击

已是七十三岁高龄的可汗忽必烈决定亲自领兵迎击。这是一次悲壮的进攻，但忽必烈十分果决。下令做好迎击准备之后，阴历五月十三日，忽必烈集结了身边的军队，领兵冲上前线。这是一次从象背的龙辇里发动的进攻，其他各路军队均大受鼓舞，紧随其后，忽必烈的主力大军则快马加鞭。这成为取胜的关键所在。《元史》等汉文史料和波斯语史料《史集》，以及"马可·波罗"对这段历史的记录几乎完全一致。

第二年六月三日，忽必烈亲自率领的直击部队突然接近位于西拉木伦河北侧的乃颜大营。乃颜疏忽大意了，他一心以为无路可走的忽必烈必定会忙于应付各方面的危机，不可能直接攻打自己，更没想到已是暮年的忽必烈会直接挑起主力军队的决战。乃颜似乎是景教徒，在他自己的帐营上还挂有十字架。当他和爱妻在寝殿休息时，突然传来了忽必烈大军出现的消息，乃颜大吃一惊从床上一跃而起。但是此刻，突如其来的打击是致命的。

忽必烈当机立断，向混乱之中阵容不整的乃颜军队发起攻击。此时悬念再次出现，忽必烈大军和乃颜大军的武将们曾是并肩作战的伙伴，双方上了前线后只是骑马互相问候，并没有开战的意向。忽必烈判断这样下去整个奇袭计划可能会化为泡影，于是亲自率领以象队为核心的特殊亲卫军（侍卫亲军中的最精锐部队）突击乃颜军营，这是一场赌博式的行动。

在此，两军一举进入决战。在忽必烈突击队如锥尖一样深深刺入敌军内部的逼人气势下，战意低迷的乃颜军队溃不成军。但这时，仅率领少数兵力发动攻击的忽必烈陷入了危险之中，忽必烈的战象由于遭到敌军弓箭过于密集的攻击而不得不逃向后方。而在混乱的战况中起到决定性作用的是忽必烈作为自己的"常备军队"努力培养的，由钦察、阿速、康里等各族军团组成的特殊亲卫军。

他们作为西北欧亚地区的外族，素日为大汗的日常生活服务，以"驯鹰人""酿造黑马奶酒的人"（马奶酒中以黑马奶酒为最上乘）"跑腿"等身份往返于大都和上都之间。但这只是他们的"表面身份"，实际上他们各自分为几个集团在上都附近的草原地带设置营地，一旦发生紧急事态，便立刻转换为对大汗忠贞不贰的机动部队。

这些人是在蒙哥随拔都西征之时被带回东方的。忽必烈成立政权之后，为了补足直属军团的空缺，便将这些突厥系的游牧民们收编进来，之后也继续积极地从西北欧亚草原上引进人马。当我们留意他们的故乡、编入军队的过程以及作为外族出身的突厥系"隶民战士"的身份时，我们不禁想起在中亚、西亚、北印度的伊斯兰世界中广泛出现的、推动了时代发展的"马木留克"，即所谓的白人（来自突厥等派系）奴隶军。或许我们可以将忽必烈旗下的这些战士称为"来到东方的马木留克"吧。

这样的特殊亲卫军在蒙古地位低下，甚至受到了蔑视。对于"被埋没"的他们来说，与纯正的蒙古人一同作战是一次绝好的机会。面对敌军的蒙古将士，他们可以毫无顾虑地兵戎相向。凭借由钦察、阿速、康里等非蒙古系军队的殊死一搏，忽必烈大军取得了压倒性的胜利。

见到大局已定的乃颜大军放弃了抵抗，立即投降了。或许他们也是由于明知蒙古人不可能杀害蒙古人才这样做的。事实上，败军中几乎没有人被处死，只有领兵的乃颜被捉拿，也只有他按照贵族的礼仪被不流一滴血地处死了。只要"反叛军"的象征——乃颜死了也就足够了，没有必要再对其他人施以刑罚。六月十五日，忽必烈军队还彻底接纳了乃颜的辎重军，乃颜军队从此便不复存在。这从可汗忽必烈出击开始，只过了一个多月。

年轻的乃颜作为公子哥，几乎没有实战经验，再反观身经百战的忽必烈，一切便都可以见分晓。无论是为奇袭敌军大本营的紧急出击，还是战场突击，忽必烈的指挥都十分出色，他凭借自己的实力渡过了最大的危机。

东方三王族"叛军"在主力军队被消灭后，之前开展的一系列作战行动失去了意义，纷纷在辽宁平原及蒙古各地无条件投降。为了响应乃颜且已做好进攻蒙古本土的准备而逐渐向东推进的海都等人的计划也只能无疾而终。第二年，忽必烈亲自进驻哈拉和林，其无形的威慑力迫使海都等人统统退回了大本营。

事态渐渐平息了。东方三王族几乎全部再度回到忽必烈体制中并迅速稳定下来。只有哈赤温家族旁系的老首领合答安及其一党还在继续转战，忽必烈此前曾下令将哈赤温家族的继承者由胜纳哈儿变为也只里，这恐怕是让合答安感到不满的一个原因。

合答安及其子老的从满洲北部闯入了朝鲜半岛。东北亚地区的骚动持续了大约四年，但在大元帝国军队和高丽军队的协作下，至元二十九年（1292年）初，最初的"叛军"最终消失在鸭绿江附近。这一系列纷争被统称为"乃颜、合答安之乱"。

海都的焦虑

在接连不断的皇室叛乱之中，忽必烈依旧努力推进国家建设事业，于至元三十一年（1294年）正月与世长辞，享年八十岁。

大元帝国在某种程度上可以说是忽必烈一代的产物。在忽必烈与世长辞之后，大元帝国将何去何从，这成了当时内外关注的焦点。但是，忽必烈在位三十年间建立的政权组织却丝毫没有动摇。

同年四月，"库力台大会"在上都召开，已故的真金的三儿子——铁穆耳即位了。铁穆耳在忽必烈晚年被授予"皇太子"玉玺，其背后有在忽必烈统治后期名声赫赫的军事英雄伯颜及其影响下的大兵团的支持。铁穆耳的庙号后被通称为成宗，其蒙古语尊号为完泽笃皇帝，即"幸福的可汗"之意。

中亚的草原英雄海都在成宗铁穆耳即位后，突然向后者发动了连年不断的浩大攻势。自然，在曾经他所忌惮的忽必烈去世之后，海都想借此机会乘虚而入，而且过度嗜酒导致身心俱疲的成宗铁穆耳的实力本身就与祖父相去甚远。用过去游牧草原的理论来讲，成宗铁穆耳无疑是一名"弱将"。在海都眼中，若是对以铁穆耳为首的大汗政权施以压力的话，或许很快便会使其土崩瓦解。除了这样的判断之外，一条让海都不得不将胜算置之度外而发起进攻的导火索出现了。

　　海都建立"中亚王国"的原因之一便是对皇帝忽必烈的畏惧之心。忽必烈的汉语庙号为世祖，蒙古语尊号为薛禅皇帝，意即"贤明的可汗"。忽必烈虽然聪敏过人，但对于履行职务时的怠慢之举和违法行为却意外严厉。皇室内部不断发生的反叛，也是源于在以惊人的规模和速度推进"帝国改造"的过程中所产生的迷惑、反感，甚至对帝王忽必烈本人的恐惧。因此，对于无法认同忽必烈体制，或是被驱逐出忽必烈体制的人来说，海都那里是再合适不过的避难所了。无论王族还是臣僚，相当多的人都选择寄身于海都的势力范围之下。正所谓有忽必烈才有海都，我们无法否认海都的"中亚王国"作为忽必烈体制的对立面，其本身也是一个反作用力的结果。

　　然而在忽必烈去世之后，这些"避难者"便没有必要继续留在海都身边了。若是寄身于以传统的游牧生活为骄傲的海都身边，就不可能享受到大元帝国统治下的经济生活和丰厚的恩赐。蒙古自创立以来已经过了近九十年，虽然有不同程度的差距，但王族、族长、朝臣将士们的城市贵族化及生活奢侈化已成了不可避免的趋势。

　　在成宗铁穆耳即位三年后的 1297 年，阿里不哥一族的实力派玉木忽儿、蒙哥的孙子兀鲁思不花，以及曾作为忽必烈麾下第一将军、害怕因失策受到惩罚而投向海都门下的朵儿朵哈三人率领一万二千人的骑兵军队一同投归成宗铁穆耳麾下。对于蒙古德高望重的王族和武将的回归，铁穆耳政府十分欣喜，并在阴历二月将年号由元贞改为大德。自古以来，只有在政变后成立新政权，或是出现了极大的凶险或吉相时，才会中途改元，这类先例十分罕见。由此我们不难看出铁穆耳政府的喜悦之情。

这对于海都来说却是很大的冲击。在一代英杰忽必烈去世后，整个蒙古帝国呈现出一种出乎预料的安定氛围，若是不加以阻止的话，那么海都的"中亚王国"定会从内部瓦解，如梦幻泡影一般消失而去。海都此前一直努力回避与大汗中央政府的直接对决，但这次他不得不放弃这一政策了，他与察合台家族的傀儡首领都哇、残存的阿里不哥一族首领灭里·帖木儿一同，倾尽所有兵力，发动了孤注一掷的战争。

史上最大的蒙古会战

面对从西边向蒙古本土大举进攻的海都军队，大元帝国政府部署了四个阶段的准备。

在哈拉和林方面，北平王那木罕没有留下子嗣便驾鹤西去，随后，作为长兄曾与成宗铁穆耳争夺皇位的晋王甘麻剌及其长子也孙铁木儿（后来的泰定帝）继承了那木罕留下的领地，并统领着曾为"北方王国"的传统千户群。然而，本应成为蒙古皇帝的晋王甘麻剌此前已多次品尝过大败的苦果，亲自证实了自己果然不是皇帝的合适人选。成宗铁穆耳政府认为只靠这对父子还远远不够，于是命令"西方王国"的主人、安西王阿难答（忙哥剌的次子）也紧急转移至蒙古高原战线上来。同时，将中央军当下的王牌精锐部队——钦察、阿速、康里等各族军团交给了"中央王国"里铁穆耳的侄子海山（早逝的铁穆耳次兄答剌麻八剌的长子）手中，并将其部署于阿尔泰地区的最前线。

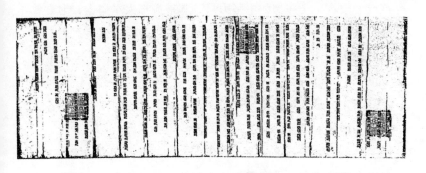

大德九年（1305 年）九月三十日，当时带着怀宁王封号进驻阿尔泰的海山，在西藏著名的夏鲁寺发出的八思巴蒙古文令旨。在东西和平后、海山"大回归"前一年半左右写成。文字竖向书写，按从左到右的顺序阅读，其中三处印章为"怀宁王之印"的音译八思巴文。

在大元帝国的"三大王国"全部投入战斗后，几年前与大元帝国重修旧好的东方三王族，也由三大现任首领率领大部队参与战斗。大元帝国的军队拥有空前庞大的阵容。虽说此时没有像忽必烈一样卓越的领军人物，但忽必烈所留下的凝聚力这一遗产，是其最为锋利的武器。

从 1300 年到 1301 年，蒙古高原西部到阿尔泰之间的地区见证了历史上最大规模的会战。这是蒙古人之间、精锐骑兵之间的战役。战线拉得长，作战范围广，激烈的战斗在各个地区爆发。

晋王甘麻剌及也孙铁木儿父子率领的晋王家族军，原本应该成为蒙古本土防御的中坚力量，却被海都大军痛击，饱尝败绩。在战争结束后，哈拉和林部队之中由于惨败落荒而逃的人被调配去云南，这等同于流放（晋王甘麻剌在第二年的正月去世了，或许这与战败不无关联）。年仅二十岁的年轻人海山一马当先，带领军队挽回劣势，这一英勇事迹同其麾下的各族军团一样传遍了整个蒙古帝国，家喻户晓。

最后，大元帝国的大军以压倒性的优势战胜了海都军队，在数次遭遇战之后，海都的膝盖被弓箭射中，于是他放弃了所有的马、骆驼、武器和战斗工具仓皇逃走，就这样，海都的中亚大军向西撤退，海都本人也在 1301 年由于这次负伤去世了。

东西和睦

这次大会战对蒙古来说，是决定一个成熟大帝国今后走向的分岔点。它向世人证明，大汗政权在军事上的压倒性优势是任何势力都无法抵抗的，即使忽必烈不在了，大元帝国也依旧是一个无法撼动的国家和政权。

在中亚地区，海都的殊死一搏以全面失败告终，而海都的死也带走了整个"王国"团结起来的向心力，事态急转直下。长年以来，都哇安心扮演着海都身边的二号人物，他筹办了海都的葬礼，向世人宣告如今自己是当下中亚地区的一号人物了。虽然海都生前在众多子嗣当中点名让优秀的斡罗斯作为继承人，但都哇无视这一点，故意推选不得人心且愚昧的庶出长子——察八儿继承西方窝阔台家族。

都哇的意图再明显不过了。以海都家族为中心的窝阔台一族一分为二，陷入了内战状态。都哇在努力维系窝阔台系诸多王族的团结之外，暗地中也和盟友察八儿一起与大汗铁穆耳保持联系。在都哇这一系列行动过后，中亚地区的王族和将领均再次向成宗铁穆耳宣誓臣服，这样一来，长期纷乱的引火石——中亚地区终于回到了大元帝国怀抱之中。

1304 年，大汗政府派出了宣告全面和平的使节团，并在途中与大元帝国统治下以出伯为首领的东方察合台家族、中亚地区都哇统领的西方察合台家族、察八儿统领的西方窝阔台家族等使节团会合成一个"大型旅行团"，接连拜访了钦察汗国国王脱脱及旭烈兀兀鲁思国王完者都。

整个蒙古帝国均对这样的统一表示欢迎，大家都明白皇室之间的纷乱和对立事实上对于任何一方都是没有意义的。回头来看，从蒙哥突然去世时开始，更直接的是在八剌出现之后，帝国纷争就以内陆草原为主战场一直延续着，直至大德七年（1303 年）才宣告终结。大德九年（1305 年），蒙古帝国的东西方进入了完全的和睦状态。

在位于巴黎的法国国家图书馆中，收藏着一封由"伊朗之地"的蒙古君主、旭烈兀兀鲁思第八代伊儿汗——完者都写给时任法国国王的美男子费利佩（四世），日期为 1304 年的畏兀儿文字蒙古语"国书"。其中，完者都高调赞扬了自己所在的蒙古帝国再次恢复全面协调与融合的状态。记录世界历史的《史集》也正是在这样的状态下诞生的。

同时，在内容上与《史集》的"世界史"相关联而创作出来的《五族谱》，也反映了当时东西和睦状态下蒙古的世界观。在《五族谱》中，构成"世界"的各个种族，特别是关于犹太、伊斯兰、蒙古、法兰克（欧洲）、乞台（中国）五个民族，其历代掌权者、王统均以图谱的形式呈现出来。现存的唯一抄本被收藏在托普卡帕宫博物馆里，若是我们将其中各页拼在一起的话，那么这五大部分均能各自构成一幅巨大的系谱，世界"五大种族"的历史、系统、兴亡之路便都一目了然了。

恐怕蒙古主要汗国的首领们，正是一边看着这部"视觉版世界王统图"，一边理解着人类和历史的发展潮流，思考现实世界中的政治结构，这正体现了蒙古想将"世界"掌握在自己手中的愿望。

都哇篡夺中亚

这样东西和睦的局面，对于纷争发源地——中亚地区来说有另外的意义。都哇和他的儿子们开始了篡夺"中亚王国"的行动。都哇一族在明暗两面与成宗铁穆耳政府保持联系的同时，试图从内外动摇海都家族及窝阔台一族，将中亚地区据为己有。这成为八剌去世后海都所作所为的翻版，从这时开始，恩仇又将继续。

即使在东西和睦之后，海都率领的大元帝国中央军团依旧驻扎在阿尔泰一带，对中亚施加有形或无形的压力，而都哇一族则直接与海山保持着联动。反观海都家族及窝阔台一族，在内部，察八儿与斡罗斯的争夺愈演愈烈，在外部，由都哇一族统领的察合台家族军队和由海山率领的大元帝国军队对其形成了东西夹击之势。随后，窝阔台势力被逐个击溃。

在这样的乱局之中，1306 年，曾作为原海都王国中重要臂助的灭里·帖木儿的"阿里不哥兀鲁思"脱离原有的联盟，正式被认定为成宗铁穆耳政权下的一个家族兀鲁思。

从 1306 年到 1307 年，海山麾下的大元帝国驻军向阿尔泰山与天山之间的窝阔台家族本部发起攻击，并施以军事占领。

从此以后，所谓的"窝阔台兀鲁思"，也就是实际上的海都兀鲁思这一政治联合体便彻底消失了。

在大汗的权威下，中亚地区确立了以都哇一族为首的察合台家族独立主权，也就是"察合台兀鲁思"的诞生。察八儿在扮演小丑之后遭到了抛弃，最终于1308年逃入大元帝国，作为从前海都的投下领地、河南汝南地区的小首领终其一生。

这里的汝南，也就是蔡州，曾是金朝灭亡之地，也是忽必烈决定南下鄂州并夺取政权的一块跳板，不得不说真是因缘巧合。

"皇太后"卜鲁罕的阴谋

然而，始于中亚地区的变动之波并未就此停息。

大德十一年（1307年）一月，一直卧床不起的成宗铁穆耳去世了，在位十三年，终年四十二岁。成宗铁穆耳有一个儿子，汉字写作"德寿"，蒙古语中也按汉字的读音叫作"德寿"，成宗即位后曾被立为皇太子，但不久便夭折了。而之后成宗一直没有儿子，在皇位继承问题上再次出现了悬念。

铁穆耳在位后期，由于染病甚至无法主持朝政，实权掌握在正室皇后去世后继承了其地位的伯岳吾族卜鲁罕皇后手里。事实上，无论是大会战还是之后的东西和睦，都是卜鲁罕皇后借成宗铁穆耳之名指挥着大汗中央政权。

已经习惯了长年掌握大元帝国的宫廷和政府的卜鲁罕皇后，事到如今已不想失去掌权者的地位了。她使出了让人意想不到的手段。她向"西方王国"的主人、安西王阿难答派遣密使，请求其立即来到大都继承帝位，并承认自己"皇太后"的地位及权力。此时，阿难答已经离开了长年驻留的蒙古本土，与刚投降不久的"阿里不哥兀鲁思"首领灭里·帖木儿一同，为谒见成宗铁穆耳而踏上了朝拜之路。

安西王阿难答陷入了狂喜之中，同时拉拢了整个皇室中屈指可数的实力派——灭里·帖木儿。根据东西方史料记载，阿难答似乎向灭里·帖木儿保证，若来日政权到手，一定将其奉为"副王"。的确，当时阿难答的形势十分有利。随后，阿难答与灭里·帖木儿联手进入了大都，虽然史料中没有明确记载，但事实上，阿难答政权的确一度建立起来了。

虽说是"三大王国"之一的首领，但阿难答只不过是先帝成宗铁穆耳的堂兄弟，他的即位招致了大元帝国中央政府各层的排斥。大家都明白，这不过是卜鲁罕"垂帘听政"运作的结果。首先，先帝的二哥答剌麻八剌留下的两个儿子——海山和爱育黎拔力八达都是"中央王国"下属的贵族，也就是先帝的侄子，根本没有理由特地从"西方王国"召回阿难答即位。

这一点卜鲁罕也早就心知肚明，但她却不想那样去做，她有她自己的理由。事实上，这源于女人之间的复杂感情。波斯语史书《瓦撒夫史》最为详细地记载了整件事情的来龙去脉。海山和爱育黎拔力八达的生母答己，是卜鲁罕最痛恨的女人，因为在二哥答剌麻八剌去世后，成宗铁穆耳曾一度想将其遗孀答己娶入自己宫中。

答己出身于联姻民族弘吉剌惕，即使在以美貌著称的同族人当中似乎也是出类拔萃的美女。成宗铁穆耳为答己的美貌所倾倒，积极主动地邀请答己来到自己的后宫。虽然体弱多病，但铁穆耳似乎十分喜欢女人，而且他也有迎娶亲哥哥的正室答己的正当理由。

这是因为在欧亚中部的突厥、蒙古系游牧社会中，"嫂婚制"（人类学的术语叫作收继婚）十分普遍。它指的是儿子、弟弟、侄子或外甥等地位较低的一方，可以收继过世的父亲、哥哥、叔叔等人的遗孀。这在历代的汉文文献中被视作有违人伦常理的羞耻牲畜之道，并成为自古以来中华文化人士攻击游牧民族及其社会的最佳理由。然而这种社会习惯的形成有相应的背景，至少首先，他们不会迎娶自己的亲生母亲。

牧民社会的收继婚主要有两种。首先来看普通牧民的情况，在恶劣的自然环境中，女性在丈夫去世后便失去了男性劳动力，想要单独生活或是母子相依为命都十分困难，而收继婚便可以保护这些难再改嫁的女性。

其次是贵族、族长等富裕阶层。在游牧社会中，牧地的草量受到限制，很难在同一个地方集中大量牲畜，因此放牧不得不分散成几个地点，并委托妻妾们进行管理。也正因如此，游牧君主们均拥有多个斡鲁朵（营帐群）。而在继承某个人的遗产之时，也必须要收继其遗孀们，这对难再改嫁的已婚女性来说，无疑是维系稳定生活的保证。少夫"娶"老妻的情况也比比皆是，而对于性的过于强调，无疑是鄙俗的心理在作祟。

对于成宗铁穆耳来说，答己便是合情合理的收继婚对象，至少作为一种礼节，铁穆耳必须要向其求婚。同时，从铁穆耳的角度来说，若是收继了答己，除了亡兄的财产之外，也可以收养其两个遗孤——海山和爱育黎拔力八达，这对于膝下无子的铁穆耳来说，便可以一举收获两位"继子"。

这是卜鲁罕所无法忍让的。且不论作为女人和妻子所感到的屈辱，而且答己出身要比自己尊贵得多，更符合正宫皇后的资格。若是海山或爱育黎拔力八达当上了皇太子甚至下任皇帝，卜鲁罕势必会落在答己的下风。

卜鲁罕对此反应十分激烈。此时成宗铁穆耳已经卧病在床，1292 年，握有实权的卜鲁罕首先以本土防御的美名，将答己的长子海山送往蒙古高原战线的最前线；接着以封赏为名，将其痛恨的答己本人及次子爱育黎拔力八达赶出大都，送至原答剌麻八剌的投下领地——河南怀孟（黄河流域中段最大渡口所在的北岸孟津及其周边地区），事实上这完全等同于流放。

正是因为有这样的经过，卜鲁罕在丈夫铁穆耳去世之后，才会想着将帝位传给安西王阿难答。在被看作有资格继承帝位的"三大王国"的王族之中，阿难答是距离帝位最远的人，这在卜鲁罕看来却是刚好合适。

海山的夺权

阿难答即位后，"西方王国"的人脉便会进入中央政界，原中央政府及"中央王国"的相关人士对此十分排斥，害怕会因此失去自己手中的特权和地位。他们暗地里集结起来，计划阻止阿难答登基。然而本来最接近帝位的海山此时远在阿尔泰西麓，因此以哈剌哈孙为首的中央臣僚们自然会想要拥立近在怀孟的爱育黎拔力八达。

大德十一年（1307 年）二月，爱育黎拔力八达和答己母子启程前往大都。此时大都爆发了政变，实力强劲的察合台家族旁系秃剌杀死了与卜鲁罕阵营的左丞相阿忽台，并逮捕了卜鲁罕皇后、阿难答和灭里·帖木儿。这样一来，在大都的中央宫廷政府，中央派成功地卷土重来，并一度建立了爱育黎拔力八达政权，仅从事实关系上来说，爱育黎拔力八达恐怕已经成为第七代大汗了。然而大戏并未落幕，第三幕即将上演：海山从阿尔泰山西麓"大回归"了。

接到成宗铁穆耳驾崩及阿难答东进的密报之后，海山向麾下的将领们征求了意见。他得到的结论是一致的，即出发夺回帝位。海山的决断也很迅速，留下监视中亚地区形势的部队之后，他率领着剩余军队向东方进发了。蒙古高原的牧民们，对挥军东进夺取皇位的海山，给予了从上到下的热烈欢迎。据波斯语史料记载，海山为人耿直、惹人喜爱，凭借其意气风发的武者气质和冲锋最前线的英勇气概，无论敌我，收获了许多蒙古牧民的好感。十七岁那年，海山在帝国内战的最高潮临危受命，并在随后的八年时间里，在战火中与所有兵士一同流血流汗、并肩奋战，这样的同情和认同感包围着这位年轻的皇子，帮助其不断成长。

三月，海山军队进入旧都哈拉和林，据《元史》记载，在当时的哈拉和林"诸王勋戚毕会"，海山也可以选择在此召开"库力台大会"一举宣告登基。但海山和他的谋士们并没有这样做，而是选出了以钦察、阿速、康里等诸族亲卫军团为核心的最精锐部队，以传统的左、中、右三军方式编队挥军南下。海山自己站到了中央军队的最前列。

海山"大回归"的消息让沉迷于政变成功的大都爱育黎拔力八达政权很是困惑，再加上海山极得民心，以及其怒涛一般的进击之势，使这困惑进而转变为恐惧。对新政权不切实际的幻想只能止步于画饼充饥，在这样的形势下，爱育黎拔力八达的大都智囊团开始集合起来商量善后策略，最终，他们决定欢迎海山大军。大都政府并没有足以与海山大军抗衡的兵力，虽说将政权拱手相让令人懊悔，但总胜过在没有胜算的战役里被海山打得溃不成军。

爱育黎拔力八达及其下属，还有大都的重要人物均北上来到上都，和和气气地迎接海山大军。五月，"库力台大会"在上都举行，海山在全蒙古人民的支持下登基成为第七任大汗。延续爱育黎拔力八达原政权的决定，阿难答和灭里·帖木儿被处死，卜鲁罕被流放。而在其他的判决上，新帝海山不喜欢严苛处理，而是本着以和为贵的原则均予以原谅。

最终，从中亚世界掀起的风暴导致了蒙古中央政权的交替。

"蒙古和平"的到来

海山是真正受到整个蒙古的支持而即位的大汗，这在蒙古已是久违之事了。在他的领导下，蒙古上下再次回到了东西和睦、齐心协力的状态。

海山即位第二年，也是改元至大的第一年（1308年）七月，在政权基础已大体稳固之时，他向帝国西半部分的三大首领，也就是察合台兀鲁思的首领宽阇（都哇长子）、钦察汗国的首领脱脱，以及旭烈兀兀鲁思的首领完者都分别派遣了由王族、得力的大臣、将士组成的庞大使节团。拦在内陆通道之间的"政治之墙"如今已被打通，东西方的交流不再局限于民间层面，在政治层面上也很快活跃起来。

西方三大汗国之中得"利"最多的，是察合台兀鲁思。都哇及其儿子们依次站上了首领的位置，几乎已经在中亚地区完成了牧民联合体的重组，这时，盟友海山开始了之前提到的大规模进击。在海山成为蒙古大汗之后，以都哇一族为盟主的"察合台兀鲁思"得到了正式承认，对于都哇的儿子宽阇来说，在三大使节团一事上能得到与钦察汗国的脱脱、旭烈兀兀鲁思的完者都同样规格的对待，已是十分难得的政治成果了。

大元帝国和忽必烈王朝曾经的"火药库"，如今已然成为最亲密忠诚的"友邦"。至此，整个蒙古帝国的框架已经形成，以东部忽必烈王朝为盟主，都哇王朝、拔都王朝、旭烈兀王朝的"王朝联盟"位于其他各个地方权力之上，形成了一个自由的统一整体。这便是蒙古帝国在经历了种种起伏转折之后所到达的终点。

海山在向西方派遣使者的第二年，即至大二年（1309年），又通过海路向从东南亚多岛海域到印度洋地区、各个海湾城市国家派遣了皇帝特命的友好代表团。这是因为海山新政权希望再次施行从忽必烈时期以来在政经一体的基础上控制海上路线交易圈的战略。可以说，在所谓的"蒙古和平"基础上，全世界规模的梦幻般的和平、稳定状态，已经于政治、经济两方面，以及内陆、海上两方面毫无障碍地体现出来。而文化、思想、技术、信息、宗教、产业之间的障碍，在此之前便已得以清除。

已故忽必烈大帝的构想，在此时真正实现了。从如疾风怒涛一般地进行建设与变革的忽必烈时代开始，直到完成这一目标，确实需要相当长的时间。另外，我们也不能忽视海山的作用，正是因为他有融贯东西的视野和资格，以及出类拔萃、受人爱戴的性格，才成就了现在这番大业。

王朝阴影兆现

海山的统治使得整个帝国都沸腾起来。他为了响应民众的支持，登基之后向整个蒙古范围内大发褒奖和赏赐，并将燕王、晋王、秦王这些曾经只允许封给忽必烈嫡系成员的王号，授予了主要的王族和姻族。这样一来，便出现了一举获得十三项最高待遇的家族。他还邀请所有的臣僚参加宴席。曾帮助海山夺取政权的武将们自不必说，无论中央还是地方，分散在庞大的帝国领地的人们都纷纷被中央政府授予高官，同时，拥有丞相、平章（第二级别的宰相、平章政事）头衔的人也比比皆是，毫不稀奇。

其中在历史上拥有重大意义的，是以海山即位为契机得以在历史上大放异彩的钦察、阿速、康里等特殊亲卫军团。他们被海山一手提拔到等同于纯粹蒙古传统贵族的地位上来，成为新"蒙古人"。自此之后，他们登上了政治舞台，大元帝国中央政治的实权也逐渐开始由他们掌控。

海山在明白自己"散漫财政"和"松散政治"的基础上，有意地想完成曾祖父忽必烈梦寐以求却未能完全实现的蒙古势力大统一。然而此时，海山的周围已然暗藏阴影，并且有两处之多。

首先，是自然环境的急剧恶化。14世纪初，在欧亚地区的东西方，长期的异常气象已经开始出现。再加上接连不断的洪水、地震等罕见的自然灾害，歉收、饥荒、流亡、暴动等形成的阴霾，开始笼罩在欧亚大陆的天地之间。探求14世纪席卷北半球的长期天灾的原因，对于我们来说绝非事不关己。只是人们仅将目光局限在当时发生了天灾这一事实，以及这巨大的自然灾害给当时的政治、社会带来的巨大影响，在我看来这是十分令人遗憾的。

另外一处阴影出现在政权内部。

至大四年（1311年）元旦，皇帝海山在没有任何征兆的情况下，突然"不豫"，七天之后便在大都城内的玉德殿去世了，年仅三十一岁，在位也仅有三年半的时间。刚刚开始的"新政"突然被打上了终止符。

海山的死充满了离奇之处，这种离奇在他死后也还在延续。在海山的葬礼尚未完成、推选新帝的"库力台大会"尚未举办之际——在其去世仅仅两天之后，作为海山新政中央机关的尚书省被废止，包括政府首席尚书右丞相康里脱脱（据《瓦撒夫史》记载为女真族）在内的主要臣僚全部遭到拘禁。紧接着，在四天之后，除了有一人被流放海南岛之外，其余臣僚均被处以极刑。就这样，在海山突然去世仅六天之后，其中央机关便遭到了毁灭性的打击。三月，爱育黎拔力八达正式即位成为大汗。

这是再明显不过的政变了。相关的详细经过，汉文史料均缄口不提。然而，主谋和凶手就是事后受益者的这个原则是无关时代的真理。因此，哪怕海山的亲生母亲、弟弟，也就是答己和爱育黎拔力八达再如何让身边的汉族文化人士为其施以华丽辞藻的美誉，也难免被推上历史的被告席。

虽说蒙古帝国东西和睦的潮流并没有因此停滞，但也绝没有再取得新的进展。海山欲将忽必烈的构想在更大范围内予以实现的志向和希望，就此终结了。

对于答己和爱育黎拔力八达以及把他们从怀孟请回来的原铁穆耳政府要人来说，海山的夺权是十分令人懊恼的。而海山的统治，正如当时汉文史料所记载的"三宫鼎立"一样，除了皇帝海山，皇太子爱育黎拔力八达以及皇太后答己都被赋予了等同于皇帝的特别优待。成宗铁穆耳以来的高官们也没有因为拥立爱育黎拔力八达而被降罪，而是被直接调入海山体制内任职。即便这样，他们也依然感到不满。最终，海山未能彻底清除不安定因素，反而将其直接引入政权之内，这种天真与和善要了他的命。

从此，在爱育黎拔力八达新政之下，海山的影子被彻底抹去了。有人将其看作是中华重心主义与蒙古本地主义对立的结果，但现实根本没有那么高尚——这无疑是源于被夺取政权之后人们的复仇之心。

此后，大元帝国中央政权开始急剧"内向"化。爱育黎拔力八达在如愿以偿坐上帝位之后，不知是因为已经满足于现状，还是畏惧于亡兄的幻影，整日精神不振，将自己关在宫内不愿外出。这时，权力已然掌握在了偏爱"稳重"的爱育黎拔力八达的答己手里。

答己也可以算作"女中豪杰"了。身心俱疲而陷入自闭的爱育黎拔力八达在延佑七年（1320年）一月，即在位十年后去世了。答己将他的儿子，也就是自己的孙子硕德八剌推上皇位作为傀儡，自己继续掌握实权。汉文史料将仁宗爱育黎拔力八达和英宗硕德八剌的在位时期誉为汉族文化人士得到优待的"好时代"，但这不过是"表象"。现实中，年老的答己在这十二年间，每天同其宠爱的亲信一起，恣意地游玩放纵，并沉迷于藏传密教和五台山（密宗倾向极强的文殊信仰中心区）信仰之中。

虽说如此，大元帝国这个组织仍在继续运行之中。但由于过度的放纵而长期挥霍金钱，本来就已经很紧张的中央财政崩溃了，而逐年恶化的天灾无异于雪上加霜，国家的根基产生了松动。在仁宗、英宗时代，蒙古也没有继续向西方三大汗国派遣使节团。由于帝国过于庞大，中央政局的混乱和大汗权力的空洞化所带来的影响不可估量。

同时，仁宗、英宗的统治模仿中华王朝的模式，恢复了小规模的科举制度，即选拔高等文官的考试制度。有人将此举奉为美谈，但实际上，正如我们只能注意到中华文化人士的评价一样，科举制度是当下极度萎缩、封闭、弱化的政权所带来的充满讽刺意味的产物（当我们纵览当时的汉文文献，可以发现汉族文化人士对仁宗、英宗以及答己极尽赞美之辞。而到目前为止，也有许多学者对此深信不疑并予以美化、赞扬。然而，在这个多语种史料并存的时代背景下，若是仅仅依赖某部特定的文献，而不进行文本批判的话，便会陷入该史料歪曲和虚构事实的陷阱中去。特别是，当该史料群本身就是为了"别有用心"的阿谀虚构而存在的时候，就很难再将虚幻的历史重新构建起来了）。

在答己专权的十二年间，明显出现了帝国解体的裂痕。蒙古帝国在实现了东西和睦，并意欲将这一成果发扬光大之时，却因为自然与人为原因的相互作用，遭受了莫大的打击。时代的光影交替循环，但跨越东西方的人员往来与物资交流，依旧以人类史上空前的规模继续进行着。

13

帝国的经济系统

企业家群体

由忽必烈构想并投入建设的国家系统，到了海山时期于内于外都暂且算是完成了。当我们研究整个系统时便会发现，究其根本，其最大的特征还是在于优先发展经济。将控制经济和流通作为整个国家运行的中心支柱，这一点给人们留下了很深刻的印象。

从这一意义上来说，凝结了智慧和汗水的军事组织及行政机构建设，以及以超乎寻常的热情完善陆上海上物资运输网等一系列活动，都是达成国家掌握经济命脉这一首要目标的手段。从宏观角度来看，蒙古帝国原本只是一个简单的军事大国，但从忽必烈即位后，开始转向重视经济，成为一个带有通商立国的态度和色彩的、大范围的军事—通商国家。忽必烈的国家经济政策与随后在西欧出现的重商主义十分相似，而且值得注意的是，当时的经济政策虽然由国家在主导，但还是一直以自由经济为基础的。

承担这一任务的人分为两大部分，即从建立国家之时起便与蒙古国结下不解之缘的伊朗系穆斯林商业势力和畏兀儿商业势力。这两股势力虽然相似，但其实并不一样。

在蒙古时代初期的汉文文献中，二者作为一个整体，以"回鹘"或是"回纥"的名称出现。这主要取决于当时的历史背景，从8、9世纪的回鹘汗国时代开始，作为政权集团的畏兀儿与作为国际商业组织的伊朗系粟特商人已然融为一体，在此基础上，自从畏兀儿由于帝国解体而"西迁"之后，就摇身一变成为一个绿洲通商国家。站在中国本土的角度来看，无论是来自伊朗系还是畏兀儿国的商人，都是来自西方的集团。"回鹘"或是"回纥"的用法是从唐代开始的，到了蒙古时期，人们逐渐认识到了这两大集团的不同之处，并使用"畏兀儿"来更加准确地音译出来。反观穆斯林方面，为了避开容易产生误解的"回鹘"及"回纥"，"回回"的表记开始普及开来（将伊斯兰教称作回教，便是来源于此）。只是，在穆斯林里，现实中与蒙古融为一体的只是讲波斯语的伊朗系人民。他们完全继承了曾积极开展内陆通商的粟特商人的传统与血脉，而当时在蒙古统治之下的世界，波斯语也成为书写与会话的通用语言。

　　另外，实际上此时的畏兀儿几乎完全等同于佛教徒，关于这一点，在研究者和普通人的认知中经常出现误解。他们的信仰其实正是完全囊括了摩尼教精髓的"畏兀儿佛教"，畏兀儿在政治、经济、文化、行政等各个方面均是蒙古的"老师"，而畏兀儿文字也成了蒙古全国共通的官方文字。在此基础上，作为突厥语的一支，在欧亚中部地区的突厥人最终均成了"准蒙古人"的现实情况之下，畏兀儿语在与波斯语不同的意义上，成为最通用的口语。

由"斡脱"联结的欧亚大贸易圈

　　这两大商业集团帮助蒙古实现了领土的扩大，并在蒙古的管理下发展起来，忽必烈也极力将其进一步纳入国家经营的范围中来。当时，形成了突厥语为"ortaq"，即带有"伙伴""联合会"意义的企业组织。在波斯语中叫作"ūrtaāq"，汉语写作"斡脱"，蒙古语也按照突厥语原语，将其读作"ortoq"。忽必烈将这些公司组织的商业、企业家集团纳入了大元帝国政府行政许可的范围之中，而这些集团在进入国家管理框架内部的基础上，也得到了蒙古权力的庇护，可以优先使用蒙古靠公费维护、管理的陆路、水路、海路的运输、交通以及住宿机构，可以说是一种"特殊许可公司"。这样一来，畏兀儿商业势力和伊朗系穆斯林商业势力之间的关系定位，比起相互对抗来，还是相互合作、协同更为有利。

忽必烈时期之后，大元帝国的财务、经济官僚主要以伊朗系穆斯林为中心，畏兀儿与其资格同等，而女真族、汉族等善于经营管理的人成为其下属官僚。在这些人当中，正如最大巨头阿合马一样，或是"斡脱"商人出身，或是受其影响的人，均得到了有意的提拔。因此，这些人计划中的大元帝国经济政策、经营战略无疑会沿着与"斡脱"一体化的路线而不断推进。

不过，以曾经花剌子模王朝人民为主力的伊朗系穆斯林商业势力，比起以东部天山地区为根据地的畏兀儿商业势力来说，其资本规模更大。为此，在处理"斡脱"的统一、重组问题时，大多以由伊朗系穆斯林占主导，畏兀儿予以协助。

总之，曾属于内陆通商竞争关系的两个集团已经融为一体，而二者关于政治、文化、信息的能力与门路，被广泛且有效地发挥出来。如之前所述，其联络网已经发展到了以穆斯林为主体的海洋企业家集团当中。大元帝国控制着拥有欧亚地区最多财富的中国，而与蒙古协作的公司组织覆盖了商业、企业体等多个方面，依靠物流和通商关系与内外保持联系。

13 世纪末，以打出自由经济大旗的大元帝国为中心出现了"欧亚大贸易圈"。而建设这一贸易圈的中坚力量正是被忽必烈及其经济官僚所保护、培养的陆海企业体。这样的规模在历史上是空前的。

白银循环，世界旋转

与之相关，忽必烈的国家系统还有一个突出的特征，即在忽必烈之后的中央财政并不依赖从农业生产中得到的税收，其岁入的八成到九成都是由专卖和通商产生的商业利益所构成的。可以说这是一种重商主义的财政运营模式。

其中最大的收入来源就是"盐引"交易，即通过卖出专卖品——盐的兑换券而获得的销售收入。这并不是让实物的盐流通起来，而是在中央政府的控制下操作"盐引"，即发行与珍稀的盐相关的有价证券。

同时，以阿合马为首的忽必烈经济官僚，将中国原有的"盐引"与蒙古的基本货币白银联系起来，这便产生了奇妙的化学反应。随着蒙古帝国不断扩张，日益膨胀的货币需要几乎已经无法得到满足。当时白银的绝对数量并不多，同 16 世纪以后美洲大陆出现白银之后相比所处的条件完全不同。与盐这一实际价值挂钩的"盐引"成为难能可贵的辅助货币。国家管理下盐的专卖活动，以及代替白银的高额实际"纸币"的使用，正是忽必烈王朝经济运行的着力点。

仅次于"盐引"的收入是向各种商业交易征收的"商

税"，即所谓的间接税。原则上税率为三十分之一，即大约3.3%。从前，每经过一个城市、港湾、渡口以及关隘时，商人都要被征收转口税，而忽必烈则将其完全撤销，所有出售物品的营业税，只需在最后交易地点一次性缴清即可。这是一次跨越历史的英明决策，使得大规模的远程交易可以更加顺畅。作为其必然趋势，大小物流都得到了激活，流通量急剧增加，提高了经济对整个社会的关联带动作用，商税收入大幅增加。

更进一步，商税的缴纳可以通过白银，或是与白银相联动的盐引与纸币来进行。如此一来，大元帝国的以白银为媒介的经济运营模式构建得以全面完成。

忽必烈及其继承者们以每年正月的"常规赏赐"等方式，使白银以各种各样经济支援的名义变成维系皇室家族政权的手段。得到了大量白银赏赐的蒙古王族们，将其以返利为条件借给来来往往的"斡脱"们，换言之，蒙古的王族们成为投资家。"斡脱"们则依靠这些集资获得了巨大的资本，在帝国各地开展各种商业、经济活动，形成了以大都为中心的庞大的物资循环网。忽必烈王朝的可汗们也以大都为中心实行经济管控，再次将白银收入手中。总结起来，一方面，王族及各地的大小宫廷全部变成了"资本家"，唯一的可汗扮演总经理的角色。从这一意义上来看，依靠白银和"斡脱"，整个蒙古已完全变成一个庞大的经济、金融组织。

另一方面，贯穿整个蒙古统治的另一根支柱——站赤，如今也已经超越了当初的军事、政治意义上的急行驿站，成为可以为陆、河、海全方位提供各种便利的一个全面且不可或缺的经济与流通手段，并且具有超广域网络化的明显特征。蒙古的统治已经大大促进了欧亚各地大小物流的发展。

就这样，以大元帝国为核心的蒙古及欧亚世界，以看不见的方式，通过白银的循环而被广泛联结起来。这正是忽必烈及其谋士们制定的，以经济、通商为手段的"世界战略"。

出人预料的文书中心行政

忽必烈将成吉思汗以来的做法仔细过滤之后形成的蒙古统治之道，具有与众不同的独特特点。

本来，蒙古不存在成文的法度。作为建立国家的贤君而被神化的成吉思汗制定的"大札撒"（或是札萨克，突厥语为雅撒或雅撒克），也是沿袭了口传模式，在现实中作为"军律"而存在。而在极大地影响着蒙古各项制度的畏兀儿世界里，有一种叫作"tole"的普通习惯法被引入蒙古世界中来。

结果，根据当时的情况需要，由大汗及以下的王族、将相发出的命令成为一切的法源。其中，至高无上的唯一君主——大汗所发出的圣旨"jarliq"（突厥语为 yarliq）是最权威的法源，也是最优先的依据。换言之，只要有圣旨在手，一切都能成为可能。因此，上至王族、宰相、将官，下至商人、宗教人士、普通人，都希望得到将大汗口谕记录下来的"敕书"。这是一个以圣旨为名的"特许状"最具权威的时代。

而得到圣旨的人，会将记录着自己的职务、特权、免税、免劳役等的"特许状"雕刻在自己中意的石碑上——在尽可能大的、气派的美石上，将文书保持原文的字体和格式复刻下来。之后他们将刻好的石碑立在最显眼的位置，在立碑当天举办盛大的仪式，以彰显自己或集体的权力。直至今日，不仅在中国，在蒙古高原、中亚甚至伊朗等地还存留着这样的石碑。石碑上的文字各式各样，包括汉字、畏兀儿文字、八思巴文字、阿拉伯文字、藏族文字、叙利亚文字等。可以说，蒙古时代便是特许状的时代，也是碑刻的时代。

另外，行政、法务官员们（在现代化之前的亚洲，行政与司法还没有明确分离）将大汗的圣旨，或是与其相应的王族、后妃等的"令旨"，作为行政判断或法律根源搜集起来，制成文档。因此，在各行政部门的档案厅里，便积累了大量的文件及其副本，特别是中央行政部门在现实中几乎已经变成了一个庞大的"文件库"。

被制成文档的文书或事务记录，依靠政权提供的资金，陆续在民间书店出版发行；或是由官吏进行整理，制成方便使用的行政手册。现在流传下来的汉文《元典章》及波斯语的《书记规范》便是其中的代表，对于当时的政治、经济、文化、社会等各领域的研究，都是十分珍贵的材料。

大汗的"总统制"

　　蒙古出人意料地实行了文书行政，这与蒙古大汗的性格不无关联。原本大汗就是由皇室之间互相推选而决定的，原则上，要推选最有实力让这个共同体或国家实现安定幸福的人选。因此，被推选出来的大汗拥有履行职务的绝对权力，但又绝非权力与生俱来的绝对专制君主。事实上，蒙古大汗可以发挥的私人权力极少，而人们往往没有正确认识到这一点。

　　蒙古大汗其实也是一个机构，只不过是由于众望所归、能力本位而被推选出来，即位之后便要无条件地统领全局。但这份权力只局限在这一任大汗身上，如果由其他大汗继任，那么以中央政府为首的一切机构都会进行人员调整，前任大汗的特许状将会失效，若是没有被授予新的特许状，那么原有的权益也无法继续保持下去。大汗的更替实际上等同于王朝的更迭。

　　这样看来，蒙古大汗和美国总统有异曲同工之妙。无论是作为超越了人种主义的存在，还是作为庞大的军事、通商国家，二者都有相似之处，同时，联邦政府凌驾于各州之上，其意义和特点也十分类似于大汗政权。无论是蒙古大汗，还是美国总统，都是凭借实现理想的实力赢得了成员的支持；但若是缺少提出国家共同目标的气魄，在失去了半数成员支持的情况下，其政权也会立刻瓦解。

但是由于每次政权交替都会带来剧烈的变动，对于政治、行政的稳定持续发展来说，这是一个很大的问题，容易使官吏们感到不安。尤其是蒙古行政上的失败，均需要负责人以血的代价来埋单。因此自然而然地，对于行政负责人来说，哪怕是自己职权范围内完全可以裁决的事件，也从不妄下判断，而是一级一级地向上申请，最终送到大汗手中。因此，文书行政的出现也有其必然之处。

尽管如此，蒙古时期的民众应该生活得很自由。税收负担很轻（但临时附加税依然存在，这无论在哪个时代或地区都是民众沉重的负担）；死刑也出乎意料地少；虽然各个地区不尽相同，但普通民众服兵役的要求与之前的时代相比要宽松许多。最重要的是，蒙古政权并没有将特定的意识形态或理念强加于民众身上，与前前后后的时代相比，在蒙古统治之下的东西方，因宗教或意识形态不同而爆发的叛乱和抗争是极少的。

无论何时何地，蒙古对于领地统治的关心十分淡薄。人们往往称赞蒙古是一个对待任何宗教都极为平等宽容的国家（蒙古一直以来就有极其朴素的"上天"崇拜情结，因此才会出现沉溺于藏传密教的人，而信奉伊斯兰或基督教的情况也是一样，总的来说都是对"天"的崇拜），但这只是事情的一个方面。宽容也可以说成是漠不关心。无论是宗教、技术，还是思想、信息，都只不过是统治的手段，而在忽必烈以后的时代，则选择采用经济统治这一手段。

　　蒙古统治之下的社会始终处于多种族共存的状态，若是强加以特定的价值观，势必会引发纷争和对立。蒙古时期，尤其是后期，虽然在局部地区仍有不和谐的情况出现，但一言以蔽之，"无意识形态的共生"已然蔓延到了蒙古的各个角落，人们应该更加深刻地认识到这一点。就权力的本质而言，蒙古归根到底都是朴素的，并未像近现代政权一样凶狠狡诈。

宴会政治

　　作为蒙古政治的另一大特点，我们不得不提到宴会政治。

　　在突厥语、蒙古语中，宴会被称作"toi"。库力台大会自不必说，每当举行集会、仪式或会议前后，蒙古的所有君主、王族、将相均会汇聚一堂参加宴会。参加者根据身份和地位，穿着统一颜色、统一设计的相应宴会服装。青色较多，也有红色或茶色。而且，即使颜色相同，王族的服装也会缝上许多叫作"塔娜"的大颗珍珠和宝玉，背后施以龙的刺绣，以象征其地位。另外，在蒙古时代，蓝色，尤其是钴蓝色十分受欢迎，可以称之为"时代之色"，而龙的图案也在欧亚东西部流行开来，迎来了"龙的时代"。

　　宴会当中人们也会互相交流，疏通关系。宴会对于蒙古的政治运行而言是不可或缺的存在，一般会持续三五天，有时也会有一周之久。

　　随着蒙古的不断扩张，宴会也逐渐开始呈现国际化的色彩。蒙古之外的各地君主、王侯、权威人士及其代理人们也纷纷前来参加。在宴会上可以结识更多的人，拉拢关系，联络感情。

　　尤其是在 14 世纪前期，蒙古成为毋庸置疑的世界国家，时代也处于和平共存的大潮之中，宴会成为反映蒙古的世界性、聚集当时欧亚地区最上流人士的社交场合。在各国语言纵横交错的环境之中，蒙古语成为王族通用语言，而突厥语和波斯语则作为参加者通用的国际语言得以广泛使用。或许出席者也大多会讲这三种语言吧，如若不然，站在执政者身边可能会变成一件很尴尬的事。

　　这样的"世界宴会"也是一个国际社交场合，能够出席这一场合，对当时欧亚地区的人们来说是一种身份的象征。而这一宴会也正是诞生"国际人士"的最佳场合。

V 蒙古解体与后话

"成吉思汗石碑"的拓本。到了蒙古时期，将文字刻在纪念碑上的习惯广泛流行开来，并远远超出了中华的范围。回鹘文字深深地刻在了这块石碑上，无惧风雪侵蚀，时至今日也依然清晰可辨。这就是所谓的"深刻"。

14

天历之变

昏君也孙铁木儿之死

1328 年，阴历七月的初秋时节，泰定帝也孙铁木儿在上都去世了，在位仅五年。

也孙铁木儿是位昏君，不，可以说他原本就不是应该登上皇位的人。这里另有内情。

让我们回到五年前。至治三年（1323 年）八月癸亥，秋天将近，第九代蒙古大汗元英宗硕德八剌由夏都上都向冬都大都行进，途中驻营于南坡店驿站时，在御史大夫（在中华式的官员制度中，属于监察机构御史台的长官）铁失等高官的阴谋策划下，在移动帐营里与右丞相拜住等人一同遭到了暗杀，史称"南坡之变"。那时硕德八剌只有二十一岁。前一年九月，他那手中握有至高权力的祖母——答己太皇太后去世，而其宠臣、控制着中央政府的太师、右丞相铁木迭儿也在一个月之前的八月去世。这样，硕德八剌好不容易才可以开始自己的"新政"，然而他掌握实权的时间却只有短短一年，算上全部在位时间也只有不到三年。

回头来看，在成宗铁穆耳以后，除了武宗海山之外，大汗的权力急剧弱化。成宗铁穆耳在位的前期一直处于生母阔阔真可敦（真金的皇后，出身于弘吉剌惕部，又名伯蓝也怯赤）的监督下，后期又由卜鲁罕可敦掌权。而在海山"新政"遭遇挫折后，蒙古便成了答己专权的天下。就这样，在忽必烈大帝离世之后，蒙古的中央政府掌握在女性手中，可谓是"母系时代"。换言之，也是大汗本身过于软弱了。他们已然失去了尚武的风姿，成了深居宫中的贵公子，高贵却软弱。他们一直为刚毅的女性所压制。

无论如何，大汗的软弱化及蒙古中央权力的空洞化已是难以挽回的大趋势。青年新帝硕德八剌在祖母答己去世后，摘下面具意图建立"新政"，这对于蒙古大汗来说是理所应当的。然而，硕德八剌却对收回权力过于心急了。在答己专权的十二年间，从答己手中得到权势或被赋予特权的人已遍布宫廷、政府内外。硕德八剌气势逼人地将与答己有关联的人视作政敌，从正面施以打压、肃清。这时，年轻的硕德八剌冷静透彻、残酷无情的一面逐渐显露出来。硕德八剌也打破了蒙古人不伤害蒙古人的大原则。

　　陷入恐慌的原答己一派，开始集结于铁失周围，最终激发了此次事件。蒙古王族——晋王也孙·帖木儿被推选为暗杀的实施者。也孙铁木儿出身显赫，而且是个无能、优柔寡断的人，是最为合适的傀儡人选。

　　然而铁失等人的阴谋仍有失算之处，他们本想作为也孙铁木儿新政权的功臣，从暗杀大汗的罪人一跃成为权力的拥有者，但也孙铁木儿比他们想象中还要软弱。对抗势力威胁称自己的政权将背上篡位政权的骂名，于是这位新帝害怕了。他捉拿了已经放松警惕的铁失等人，以触犯国家大罪的叛乱者为由将其全部处死，也孙铁木儿终于果断了一次。

　　这便是经历种种迂回曲折后成立的也孙铁木儿政权。如文字记录一样，这是一次充满了血腥的帝位争夺，它也为成宗铁穆耳之后三十年的政治剧变画上了句号。

海山的遗孤们

　　泰定帝也孙铁木儿在位的五年，也只是接下来更加激烈的剧变之前的短暂停顿。

　　本来，也孙铁木儿的死就带有隐秘的色彩。那年春天，泰定帝在大都近郊的皇室狩猎柳树林中病倒，随时可能去世。尽管如此，期望借泰定帝之死制造事端的人们还在观望。而晋王家的家宰倒剌沙（他不只是名字带有穆斯林色彩，而且实际上就是伊朗系的穆斯林），从"内史"一路升至中央政府右丞相，握有政府实权，并对颠覆政权的企图十分敏感。

大都是蒙古皇室及大臣们夏季巡游时的必经之地，发生在大都的这次政变无疾而终。然而，在接到泰定帝也孙铁木儿驾崩的消息之后，还留守在大都的各股势力开始蠢蠢欲动了，带头人物就是钦察军团的首领——燕帖木儿，站在同一战线上的还有钦察、阿速、康里等各族亲卫军团。

到了夏天，皇室的绝大多数人都会前往上都，而少数留在大都的人之一，察合台旁系的阿剌忒纳失里（梵语"Latolaxiuli"的畏兀儿语、蒙古语转写，为"宝吉祥"之意），开始与燕帖木儿联手。阿剌忒纳失里是在阿难答事件时，为宫廷内政变做出贡献的诸王秃剌之子。

燕帖木儿等人想要拥立的是远在中国南部的江陵（现属于湖北省）的海山次子——图帖睦尔。燕帖木儿家族中流淌着钦察部落族长的血液，父亲和祖父两辈人均效忠海山，为其与海都的战争和"大回归"浴血奋战，为海山政权的建立立下了汗马功劳。不只是燕帖木儿，包括钦察、阿速、康里等各族军团，均将已逝的海山奉为"德"的象征，成为"海山党"。

然而，海山的遗孤，和世瓎与图帖睦尔二人在叔父仁宗爱育黎拔力八达以及兄弟英宗硕德八剌在位时期，也就是祖母答己的专权时期受尽了压迫。回头再看，我们甚至还可以发现其他的线索。海山在即位之时，在母亲答己的强烈恳请之下，不得不将弟弟爱育黎拔力八达立为"皇太子"，也就是下一任皇帝，但是答己要保证在爱育黎拔力八达即位之后，将皇位传给自己的长子和世㻋。不过，在海山去世后这个约定就变成了一纸空文。

答己和仁宗及其宠臣们为了保住自己的利益，将和世㻋从中央驱逐出去，在其作为"周王"前往封地云南的过程中设下圈套，试图在中途的陕西将其暗杀——仅仅是"左迁"已经无法满足他们了。和世㻋好不容易从暗杀中逃脱出来，直接赶赴西北地区，投靠曾与父亲结缘的察合台兀鲁思。最终，在泰定帝时期，和世㻋在父亲曾经驻留过的阿尔泰山西麓地区开辟了自己的势力范围，与察合台家族一起形成了"联合兀鲁思"。

海山的次子图帖睦尔在英宗硕德八剌、答己及其宠臣铁木迭儿的阴谋下，被流放到了海南岛（随后，在泰定帝时期被召回建康，也就是现在的南京，之后又转移至江陵）。仁宗、英宗父子虽然是手无实权的傀儡皇帝，但却异常积极地对海山遗孤予以排斥。

至此，若是人们被汉文文献的记载所迷惑，便会认为这对父子是"汉化的名君"。但这只不过是有文化的汉人对父子二人表面上的"谄媚"和"奉承"而已。

仁宗、英宗时代，对于燕帖木儿等"海山党"各民族军团来说，是不幸的时代，在遭到敌视的同时，还接二连三地被暗杀或贬官。其中，也有人由于过于愤慨，参加了铁失等人暗杀英宗的计划。只是在燕帖木儿眼中，铁失之辈不过是属于"答己党"而已。在泰定帝也孙铁木儿进入中央政界后，大部分的"海山党"仍在静观其变，等待最好的时机。

两都内战

1328 年阴历八月，燕帖木儿等人终于在大都发动了起义，将旧主海山的遗孤中便于联络的次子图帖睦尔作为举兵的象征。图帖睦尔连忙北上。上都的倒剌沙等人则将泰定帝的遗孤阿速吉八立为皇帝。大元帝国南北两大皇都——大都和上都之间的内战终于爆发了。

以传统蒙古势力为中心的上都一侧率先举兵出击，对大都形成了包围之势。激烈的战争在居庸关一带全面展开。

而大都一方一直在顽强抵抗。当看到上都久攻不下这一意外形势之后，许多人都转而投向大都一方，形势瞬间逆转了。

恰好这时，东方三王族之一、合撒儿家族的齐王（合撒儿家族拥有山东东半部分，也就是古代齐国领地加上华北的投下领地——参考上册 44 页的地图——在武宗海山执政以后，其家族首领继承了齐王这一王号）月鲁帖木儿开始从侧面奇袭上都。为攻击大都已用光所有棋子的上都遭到突然袭击，已是空城的大本营就此被击溃了。

最终，耗时两个月的南北内战，以大都方面的全面胜利落下帷幕。

"中都"的兄弟阋墙

这还只是故事的前半部分。位于阿尔泰山西侧的和世㻋在察合台兀鲁思援兵的帮助下，开始向东方进发。在和世㻋落入仁宗政权的圈套而险些在陕西丧命以及后来逃向西方时一直追随左右的旧臣们，也依旧在队伍中。

当和世㻋大军抵达阿尔泰时，蒙哥皇帝的后裔、声望极高的彻彻秃等蒙古有权势的人全部前来迎接。那之后也一样，在冬季即将降临高原时，和世㻋从蒙古高原向东部的进军也受到了牧民们的欢迎。牧民们像欢迎其父亲海山一样，热烈地欢迎这位命途多舛的孤儿。

第二年，也就是1329年阴历正月，和世㻋在旧都哈拉和林北方，凭借蒙古及中亚地区的支持称帝。而早在前一年的阴历九月，其弟弟图帖睦尔已经在战火纷飞的大都登基，并改国号为天历。于是，兄弟两人一南一北分别称帝，事态立刻有了爆发大规模"南北战争"的苗头，这仿佛是二十一年前海山与爱育黎拔力八达兄弟之争的翻版（继续追溯的话，忽必烈和阿里不哥的对峙也是一样）。不同的是，这次大都方面也拥有强大的军事力量。

哈拉和林地区的和世瑓阵营和大都的图帖睦尔阵营之间，一直有探查敌情的使者相互往来。大都方面，图帖睦尔的即位诏书中写道，"谨候大兄之至，以遂朕相让之心"。这样一来，图帖睦尔就必须做出要让位的姿态，而大都方面很有实力的人物——燕帖木儿也故意做出了这种姿态。

到了严冬，两方军队进入了冬营状态，等到春天再开始行动。同时，和世瑓遵循亡父的先例，发出了夏天在上都召开"统一库力台大会"的消息。

和世瑓充满了自信："朕若赴上都，则众人皆至，非寻常朝会之可比也。察合台家主亦从于朕，迢迢而至。需做万全之备。"和世瑓虽饱经风霜，但或许认为多年的辛苦终于能看到回报，于是明显松了口气，缺乏慎重之心。

原本对于燕帖木儿等"海山党"而言，推选和世瑓也没有任何差别。只是事到如今，眼睁睁放弃通过"南北战争"与上都浴血奋战而得到的权力是不可能的。同时，和世瑓一直在极力表示对察合台家族的感恩之心，在燕帖木儿等人看来，若是将政权交到和世瑓手里，日后大元帝国很有可能被察合台家族窃走。自此，燕帖木儿已经做好了决定。

春天到了。阴历四月，燕帖木儿来到了正在南下途中的和世㻪行宫，拜见和世㻪并率百官奉上了皇帝玉玺。随后，从外蒙古到内蒙古，和世㻪悠然地一边休息一边南下，权当成了一场凯旋之旅。只是察合台家族的大军并没有随之同行，而是留在了戈壁以北，这便是燕帖木儿的真正目的。

阴历八月一日，和世㻪一行到达位于广袤上都地区的行宫营地——"王忽察都"，在蒙古语里意味着"有船筏之地"。这个地方有非同寻常的意义，过去父亲海山曾将此地取名为"中都"（并不是著名的燕京中都，而是因为恰好位于大都和上都之间，因此如是命名）并着手建造新的都城，但在其离世之后建设也就停止了。两天过后，和世㻪与从大都北上而来的"皇太子"图帖睦尔进行了久违的会面，在大营帐之中，与皇室成员、诸王、大臣们举行了庆祝盛宴。四天之后，和世㻪突然驾崩，年仅三十岁。

燕帖木儿做了充分的准备。当日，"皇太子"图帖睦尔行哀哭之礼，随后，燕帖木儿以已故和世㻪皇后的名义，将皇帝玉玺再次交回图帖睦尔手中，同日，大都一方的各路人马立即离开了"王忽察都"。而在九天后的八月十五日，在上都主殿大安阁内，举行了图帖睦尔的"复位"仪式。真是一场全天下都洞若观火的闹剧。

前半部分为上都和大都的两都之争，后半部分为察合台大军的东进与和世㻪的挫败。这两部分合起来被称作"天历之变"。

消失的大统一

对于蒙古帝国历史而言，"天历之变"是一个重要的转折点。从那时起，大元帝国的中央政局开始掌握在钦察、阿速、康里等各族亲卫军团手中，大汗则成为被操纵的机器人。

亲卫军团的首领们各自手握强大的军事、政治权力，发展成了军阀。在他们之上的燕帖木儿则被封以忽必烈皇室最高级别的"秦王"封号，身兼数职，与日本镰仓幕府后期的得宗执权一样，成为具有独裁权力的执政者。

蒙古大汗的权威自此跌至谷底，与此同时，传统的蒙古王族、贵族的权势地位也一落千丈。燕帖木儿等人谋杀了曾支持过和世瓎、在皇族中实力强劲而被封为"郯王"（源自中国古代春秋时期位于山东省的郯国）的彻彻秃，自此以后，每当出现绊脚石，便都会一一将其清除。

大元帝国政权完全变了样。此前帝国内尽管会出现裂缝，但大元帝国一直努力维系着整个帝国的融合和团结，而这样的努力瞬间化为泡影。一直以来支撑着整个蒙古的发展、以大汗为中心的蒙古共同体的团结正在不断流失——这一结果已无法避免。

整个帝国所面临的形势，从内至外都发生了巨大的变化。曾为支持和世瓎而进军东方的察合台兀鲁思军队，从燕帖木儿执政政府得到了莫大的"礼物"，回到了中亚地区。此时，包括吐鲁番盆地在内的东部天山一带，作为巨大的察合台领地，正式由大元帝国中央政府"转让"给了察合台兀鲁思。这片曾作为历代畏兀儿王国根据地的区域，如波斯语史书记载的一样，一直都是东西蒙古皇室的必争之地，并长时间处于两边共同管辖之下（高昌回鹘王国将位于天山东脉博格达山脉北麓的庭州作为夏都，南麓的哈剌·火州作为冬都——参考下册第15页地图。前者作为唐朝以来的重要遗址，近年来被不断挖掘、调查研究；后者作为所谓的高昌旧城，成为吐鲁番重要的观光胜地之一）。

蒙古新的边境划分也在著名的《元经世大典舆地图》上有明确的体现。图帖睦尔在天历之变后沦为傀儡皇帝，也是为了排解忧愁，他编纂了这本记录整个大元帝国的汉文官修政书《经世大典》作为即位纪念，而《元经世大典舆地图》便是其中的一幅地图。其中的边界划分只能代表1329年以后的情况，但后来的研究者们误认为很久以前的边界就是如此，因此产生了对蒙古帝国的认识偏差。

从此，时代发生了巨大的改变。在全球规模的天灾不断持续并愈发严重之时，人们对作为统一向心力的大汗政权失去了信任，这种不信任慢慢蔓延到了整个蒙古，蒙古帝国开始渐渐走向解体。从天历之变开始，直至1388年忽必烈王朝灭绝的六十年时间里，以军阀开始执政为转折点，蒙古的中央权力一落千丈，最终失去了蒙古共同体的大统一。

15

渐渐沉没的蒙古世界

三大汗国的动荡

蒙古权力的动荡也在帝国西部的三大汗国发生了。

先看旭烈兀兀鲁思，1335 年，第九任首领不赛因（第八任首领完者都之子）在宫廷里遭皇后杀害意外去世，旭烈兀一脉断绝了。而阿里不哥的后裔——阿儿巴（在波斯语中写作 Arpā Kā'ūn，其中 Kā'ūn 是由蒙古语表示"儿子""王子"的"Kouwen"、"Kaiwen"转写而来）被拥立成为继任者。阿儿巴是因阿难答事件一同被杀的灭里·帖木儿的儿子明罕的孙子。中亚地区因都哇一族的篡位夺权而产生动荡，明罕与东行的父亲相反，选择了西行，转投旭烈兀兀鲁思。因其为皇帝阿里不哥的后裔，在"伊朗之地"获得了尊崇。

　　然而，尽管阿儿巴出身显贵，但他仍旧无法替代创建了这一王国的旭烈兀血脉。曾集结于旭烈兀王朝周围给予支持的几个实力集团，纷纷推选自己阵营的尊贵人士，互相对立起来。如此一来，旭烈兀兀鲁思的团结逐渐瓦解。1353年，成吉思汗后裔也已经消失，突厥、蒙古系以及伊朗系的地方政权，进入了在伊朗高原各地割据对抗的"分立时代"。

　　只是，这些中小政权中依旧留有许多蒙古统治的痕迹。而战胜分立，并于16世纪再次将伊朗统一起来的萨法维王朝，虽然是由信仰伊斯兰什叶派的萨法维家族建立起来的"教团国家"，但回溯到蒙古时期本来就圣俗混杂的地方势力，支撑着该教团的军事力量结构也带有浓重的突厥与蒙古色彩。

　　察合台兀鲁思在1330年后，以东部天山地区为中心和以西部河中地区为中心的势力集团两极分化日益加深，这反映了保持传统游牧习惯的东部势力和憧憬肥沃绿洲城市的西部势力的差异。只是关于当时的实际情况还有很多我们不得而知的内容，当时政治势力的分立可能更为复杂、多元化。

　　从1338年至1339年，作为历代大本营的伊犁溪谷一带遭遇了严重的疫病侵袭，有人说是"鼠疫"，但无法证实。在疫病的基础上又发生了政变，正统首领也孙铁木儿（与泰定帝也孙铁木儿同名，非同一人）被打倒，从那以后正统之争便陷入混乱，并曾一度失去了地区的团结。很长时间之后，东部的秃忽鲁帖木儿出现了，在其1346年至1363年的在位期间才再次实现了东西的重新统一。

秃忽鲁帖木儿据说是都哇之子——叶密立·火者的遗孤，但关于其身世还存有许多谜团。在可以称为英雄的秃忽鲁帖木儿去世之后，在西部的河中地区出现了继承蒙古传统巴鲁剌思部落血统的帖木儿（波斯语为 Tēmōr）。之后，东部的天山地区成立了继承秃忽鲁帖木儿血统的"东察合台兀鲁思（蒙兀儿斯坦王国）"（蒙兀儿斯坦是波斯语意为"蒙古的土地"），西部形成了庞大的帖木儿王朝，二者保持着爱恨交错的近亲关系，开始在中亚地区并存。

1341 年，由于已担任了二十八年首领的月即别去世，钦察汗国的中央权力也开始出现阴影。随后，在 1359 年，随着月即别的孙子别儿迪别去世，拔都王朝绝灭了。统一庞大的术赤一族变得越来越难。在曾与帖木儿对抗的脱脱迷失（术赤庶子脱花帖木儿的第七代孙）去世之后，便不再存在拥有强大中央权力的君主，而在欧亚大陆西北部的蒙古系各股势力则形成了极为松散的权力集团。这样的模式一直延续了近二百年。而通过与拔都家族君主进行合作并崭露头角的莫斯科也曾是这个权力集团的一员。

然后，到了 16 世纪中叶，伊凡雷帝（四世）把曾作为拔都家族根据地的伏尔加河流域的喀山与位于阿斯特拉罕的蒙古系两大王国（严格来说，只是继承了蒙古血统的王族，现实中，其上至王族下之臣民均带有突厥系的优越感）合并了起来。欧亚大陆西北部以钦察汗国为基础出现了一个名为"俄罗斯帝国"的庞大的历史世界，成为包罗万象的大型化时代的起点。

顺帝妥懽帖睦尔的末代政权

军阀执政的傀儡、文宗图帖睦尔在位三年之后，于至顺三年（1332 年）八月，怀着对杀害亲哥哥的自责之情去世了，年仅二十九岁。

燕帖木儿等人此时迫切需要一个无能的象征性的存在。文宗曾留下遗言说让位给哥哥的儿子，于是燕帖木儿利用这一点，将当时只有七岁的和世㻋次子懿璘质班推上帝位，即为宁宗。然而懿璘质班仅仅在位四十三天后便去世了。无奈之下，被流放至广西桂林的和世㻋长子妥懽帖睦尔成为新帝候选者。可由于当时妥懽帖睦尔已经十三岁了，燕帖木儿便有些犹豫，迟迟未做出决定。然而，随着实权拥有者燕帖木儿的去世，第二年六月，妥懽帖睦尔登基了。

顺帝妥懽帖睦尔在位时间长达三十七年，这甚至超过了忽必烈的在位时间。其统治往往被人们归纳为权力斗争、民众叛乱，以及淫乱的宫廷生活这一固定模式，在其晚年发生的中国沦陷，也被认为是其昏庸统治下理所应当的报应。但事实上，这其中有一半都是捏造出来的。妥懽帖睦尔的前期统治，也只是作为燕帖木儿去世后的军阀执政者们的傀儡，无论是权力斗争还是民众叛乱，都与毫无实权的妥懽帖睦尔无关。容易让人们浮想联翩的宫廷淫乱一事，也只是在明朝的官方记录和野史之中才被绘声绘色地描写出来。所谓腐败黑暗的时代这一形象，多半也含有明朝故意引导的成分。

覆盖了整个元朝末期的罕见"大天灾"确实十分黑暗。但是，同分五次以数千人至数万人不等的规模对中央政府官僚及其家族施以大屠杀的绝对专制者——洪武帝朱元璋的"狠毒"相比，顺帝妥懽帖睦尔的"混乱"简直不值一提（在日本，人们往往认为朱元璋从"农民"起步打下"天下"，并从"野蛮的异族"手中夺回"中华的荣耀"，建立了"汉族国家"等，有过度美化的倾向。姑且不论小说中如何描写，若是冷静、客观地分析现实中的朱元璋的话，我们无论如何也得不出上面的结论。朱元璋作为政权拥有者，强行实施其脱离现实的种种荒唐的"原理主义"或"突发奇想"，喜好镇压、压制，只能说他是一位无药可救的"帝王"）。大明帝国，至少在其初期，才是人类史上屈指可数的"黑暗帝国"。而沉溺在"汉族王朝"的美名之下，无视事实，反而将"元末"比作人间地狱的人，只能说受到旧有"中华思想"的荼毒太深了。

进入14世纪40年代，"大天灾"更加严重。在欧亚大陆西部，"黑死病"（也就是鼠疫）从钦察汗国的克里米亚半岛传播到了叙利亚、埃及以及欧洲等地区。据说在欧洲死亡人数超过了四千万。之前提到的在察合台兀鲁思大本营——伊犁溪谷流行的疫病，恐怕也是黑死病。

在至正二年（1342年）以后，黄河数次爆发大洪水。河南、山东、淮北已完全瘫痪。为了吸引疲于黄河治水工程的民众入教，一个叫作白莲教的武装宗教集团开始笼络人心，河南、长江以北一带被战乱笼罩。以红色布头为标志，因而被称作"红巾"的反叛集团们，由于缺少相互联系，被镇压军队逐一击

元末中国的武装集团

括号中是各武装集团所称的国号

上都
大都
郭子兴
韩林儿（宋）
淮安 高邮
张士诚（周、吴）
亳州 濠州
扬州
徐寿辉（天完）
朱元璋
平江（苏州）
成都
明玉珍
杭州
庆元
方国珍
武昌 江州
鄱阳湖
陈友谅（汉）
陈友定
延平
福州
何真
广州 东莞

破。在长江以北持续战乱的同时，在江南一带，张士诚、方国珍、陈友谅、朱元璋等人领导的武装势力开始出现，并发展壮大起来。

这样一来，从江南经由海运或大运河向北方大都输送粮食和物资的路径被切断，大都、上都等"首都地区"很快陷入

困境。由于天灾，蒙古高原的牧民纷纷南下来寻求支援，但朝廷也已经无力提供救援物资。江南的动荡直接命中了大元帝国的要害。

而最致命之处在于，眼下的朝廷失去了忽必烈建立的中央财政两大支柱——盐和商业税的收入。淮东和江南本是盐的主要生产地，是发行盐引的基础。同时，杭州、苏州、扬州、泉州及广州等江南各大城市也提供了一大半的商业税收。由于一直以来支撑着大元帝国的物流机构和经济政策的关键在于江南的富有，因此这一根本一旦受到威胁，那么依靠经济统治帝国的整个系统都会陷入瘫痪状态。

江南决战的霸者

至正十四年（1354 年），手握军阀执政实权的脱脱将控制着海运线路和盐产地的张士诚视为重点。随后，他大力动员传统蒙古贵族军队，并组编出一支不可思议的庞大军队。脱脱亲自率兵，包围了淮北沿岸的高邮。大元帝国的军队此时还拥有着压倒性的武力优势，若是这支军队可以继续南下的话，那么在江南形成割据之势的各股势力定会被轻松击溃，恐怕明朝也就不会存在了。

但意想不到的事情发生了。脱脱率领的这只军队过于庞大，宫廷与政府内外都在怀疑并惧怕脱脱想要自己称帝。而一直对收回实权有所期待的顺帝妥懽帖睦尔更不会错过这一良机，下令逮捕脱脱。与宫廷取得联系后，包围高邮的阵营中爆发了"政变"，脱脱被迫下台。但结果，失去了主将脱脱这一最高权力者的南征大军，也开始瓦解分散，最终从高邮撤退。

且不论好坏，缺少实力派将领的大元帝国中央政府，在脱脱之后再也没有了镇压江南的霸气和凝聚力。割据江南的各股势力获救了。除了张士诚之外，其他各股势力也由于惧怕蒙古政府军而尽量回避冲突，为保全在江南的势力范围拼尽全力。

朱元璋无疑是一位幸运儿。本无力抗衡的蒙古军在选择打击实力最强的张士诚之后，又走向了自我灭亡。可以说，朱元璋的幸运来源于顺帝妥懽帖睦尔心中那一丝作为大汗的骄傲。

这样一来，江南的霸权之争便集中在得以保存实力的陈友谅和朱元璋之间。至正二十三年（1363 年），朱元璋在鄱阳湖的船队决战中取得了胜利。自称"吴王"的朱元璋于 1368 年在南京宣告称帝，改国号为"大明"，改年号为"洪武"。

落　日

在即位的同时，朱元璋还将军队交给徐达、常遇春，发动了"北伐"。由于长期为天灾、饥荒，以及战乱所累，江北、华北等各城市早已没有了战斗力。明军如入无人之境一般继续北上。

顺帝妥懽帖睦尔开始向各地的蒙古军阀及传统势力请求支援，但最终各路军队均选择了按兵不动。八月，妥懽帖睦尔带着整个宫廷和军队，来到了内蒙古地区弘吉剌惕驸马家族的夏都应昌（参考下册第15页地图）"暂时避难"。明军因此不耗一兵一卒地占领了大都。大都遭到了明军肆意抢夺、施暴和破坏，火烧过后，这座世界之都里，烧毁的建筑物残骸惨不忍睹，焦土遍野。

这便是中国历史上的"元朝灭亡"。而且至少在中国本土，人们甚至认为明朝已经稳固地建立起来了。然而，这只不过是中国传统"王朝史观"的产物。此时明朝的汉族士大夫阶层还无心出仕，政权能否长期存续下去还要打上问号。在随后的约二十年时间里，北方的大元帝国和南方的大明政权以华北地区为界处于长时间的抗衡状态，也可以看作是一种"南北朝"状态。

1370年顺帝去世，皇太子爱猷识理达腊即位成为大汗。他将总部设在旧都哈拉和林，并直接或间接地统率满洲地区、甘肃、西藏、云南以及中亚的诸多蒙古势力，向明朝施压。当时的大元帝国还保持着昔日成吉思汗帝国一样的势力范围和影响力。亚洲东部陷入了浩大的"南北两朝对立"的状态中。

1378年，命运的分界线出现在了辽东地区。札剌亦儿国王家族中拥有二十万兵力的纳哈出，由于粮饷不足，不得不向冯胜率领的明军投降。严重的天灾给蒙古留下了挥之不去的阴

影。

　　同在 1378 年，由于哥哥去世，脱古思帖木儿接过了大汗之位。当时，为了与纳哈出相呼应，发动打倒明朝的全面进攻，脱古思帖木儿活跃于蒙古高原东部的呼伦贝尔地区。然而纳哈出的投降却打乱了整个计划。1388 年，遭到蓝玉率领的明军突然袭击的脱古思帖木儿及其宫廷瞬间崩溃。向西逃亡的脱古思帖木儿在图拉河一带，被阿里不哥的后裔也速迭儿杀害，忽必烈王朝就此断绝。

约在 1392 年，也速迭儿在蒙古高原成为大汗，并任用了许多成吉思汗后裔。他们也将也速迭尔称作名义上的"大元可汗"，也就是所谓的"达延可汗"（另外，在明朝的汉文记录中也有"小王子"的表达，带有浓重的贬义色彩）。但这一政权的实际情况却与当初忽必烈建立的大元帝国相距甚远。

蒙古系统的各股势力分散留在欧亚大陆各地，写下了新的历史篇章，而曾作为世界帝国的蒙古，却从历史的表面消失了。但我们还无法确定蒙古帝国到底是在什么时候灭亡的，总之在 14 世纪下半叶，蒙古在种种风云变幻的形势下凝聚力渐渐削弱，在相当长的时间跨度之中逐渐走向消失解体。

16

蒙古的后裔们

遗存于亚洲的四大帝国

当我们把目光投向漫长的蒙古解体及其后续发展时可以发现，虽然各个地区的强弱色彩不同，但在 15 世纪末至 16 世纪初，蒙古时期留下的痕迹还在延续。简单来说，之后的世界开始进入以欧洲为中心的"海洋时代"和"地球世界化"时代，巨大的转变正在慢慢发生。

但仔细来看，蒙古的种种影响还笼罩着欧亚地区的大陆和海洋，蒙古时期的经历和记忆将世界带到了一个与蒙古出现之前完全不同的层面上来。欧亚地区的许多区域都以蒙古时期为界，形成了明显不同的前后两个阶段，也可以将其设定为蒙古时期与后蒙古时期。

作为后蒙古时期的突出特点，虽然规模不及蒙古帝国，但在其之前未曾实现的"大帝国"们同时出现了。在亚洲，以及欧洲和非洲的一部分，东、西、南、北四大帝国进入了长期并存的状态。

东方为大明帝国，从17世纪中叶开始变为大清帝国；西方为奥斯曼帝国；在南方，16世纪，以中亚为根据地平定四周的帖木儿帝国南下至印度，建立了被人们称作"莫卧儿王朝"的帝国；在北方，三百余年的蒙古统治过后，在16世纪中叶，俄罗斯帝国出现了（俄罗斯在相当长的时间内，向东方的西伯利亚和亚洲发动了"进军大陆"行动，随后俄罗斯也一直将着力点放在亚洲上，而向西方的欧洲进军则是其晚期的行动）。

这四大帝国不仅规模宏大，更是历时弥久。即便是最早解体的被称作"莫卧儿王朝"的"第二次帖木儿王朝"，也存续到了18世纪后叶。若是从帖木儿时期开始算起的话，也有四百年了；仅作为印度帝国，也存续了二百五十余年。而剩下三大帝国全部成为20世纪的"老大帝国"。最后，大清帝国于1911年、奥斯曼帝国于1922年、俄罗斯帝国于1917年相继被不同的"革命"推翻。

19世纪，在西欧列强推行"帝国主义"之前，实际上亚洲经历了漫长的大帝国时代。随后，起步较晚的西欧帝国主义列强开始侵略蚕食传统的亚洲大帝国，而俄罗斯帝国虽然作为一个分饰两角的奇妙存在，但考虑到"西欧化"程度很深的

"欧洲俄罗斯"部分统治着东部巨大的"内部殖民地",也完全可以将其纳入这一形式中来。

另外,当亚洲及其周边的欧洲、非洲部分地区分为四大帝国之时,剩下的欧洲地区里,中欧出现了哈布斯堡王朝,西欧的葡萄牙、西班牙,以及之后的荷兰、英国也开始走上了"海上帝国"之路。

在将目光投向海洋的同时,西欧渐渐踏上了通商立国之路。在蒙古时期之前,这种情况是不被认可的,或许是由于蒙古时代后期形成了横跨欧亚全境的大贸易通商圈,使得不可能成为可能。

同时,在西欧国家纷纷选择出海之时(即近年来日本所说的"大航海时代"),俄罗斯帝国还在继续向东部大陆拓进,并与大清帝国产生了"国界争端"。大清帝国在争夺阿尔泰——天山地区由"漠西蒙古"组成的准噶尔王国、蒙古高原以及中亚地区东半部分领土的同时,作为内陆大帝国,还在逐渐扩大着势力范围。从16世纪中叶到19世纪末,奥斯曼帝国与俄罗斯帝国围绕黑海、克里米亚地区,先后展开了十一次激烈的"俄土战争"。

世界史上由大陆向海洋的这一转变,并非只是一次单纯的交替,而是在不断的重复交错之中发展起来的。若是大胆地将这一变化予以总结,那么后蒙古时期的种种现状便直接成为连接近现代的一座桥梁,在此意义上,可以说蒙古的解体为很久以后的近现代打开了一扇大门。

此外，需要注意的是，亚洲及其周边的四大帝国集团都以各自的方式，直接或间接地与蒙古帝国有所关联。当然其中包含的意义各不相同。但共通的一点是，若是没有蒙古帝国，就不可能有后来的四大帝国。广义上来看，他们或许均是蒙古为世界留下的"遗产"。

黑暗的继承者大明帝国

当我们进一步站在世界史的角度上观察当时的形势时就不难发现，大元帝国曾将蒙古帝国与欧亚世界带入了新的发展阶段，那么继承了大半个大元帝国的大明帝国在当时四大帝国当中也一定具有突出的意义。

实话说，对于大元帝国来说，明朝是极不合格的继承者。蒙古时期，特别是忽必烈时期之后的许多遗产都毁在了大明帝国手里。而且，大明帝国还最终无意识地导致了世界史和人类史上两大重大转变——东西力量的逆转，以及西欧对东方世界的侵略。明朝这一政权，可谓是"倒退"的存在。

例如，尤其值得注目的是，蒙古时期的经济、货币系统以白银为基础，配合盐引、纸币等其他形式，规模浩大，成为近代西欧社会的先驱；而这一切到了对经济运行和货币管理一无所知的洪武政权手里，则开始急剧下滑，到最后只保留下来了一小部分。在贯通陆海的通商方面，由于明朝初期的政权似乎对商业、贸易较为反感，因此通商也受到了强烈压制而没落下来。相反，整个社会回到了接近物物交易的自然经济状态。政权和国家在朴素的农本主义基础上，根据"里甲制"，将土地分给大多数农民并实行彻底管理。蒙古时期活跃的经济活动已成为昔日景象，一去不返。

这便是人类史上罕见的、极其膨胀的皇帝权力。围绕在独裁专制君王身边的宦官之祸，也为世界史上所罕见。特别是农民出身的开国皇帝洪武帝，如之前所述，曾亲手以万人为单位分五次对中央政府官僚的一家老小施以大屠杀。可以说，洪武帝如同不需要其他"头脑"的存在一样，将文化人、知识分子从世上彻底一扫而空。与此相比，因"焚书坑儒"而背负骂名的秦始皇等人也只是小巫见大巫了。

在这样的政治、社会形势当中，明代前期人们的生活被黑暗所包围，在前后约一个半世纪的时间里，几乎没有任何著作及文人学者出现，这与蒙古时期的繁华截然相反，是一个荒芜的时代（虽然到了16世纪后叶的明朝后期，反而呈现出一种恣意的兴盛景象，但那是由于当时出现的"经济全球化"现象——"新大陆"的白银流入所致）。当时的明朝政权偏爱使用残酷手段，例如砍断四肢和手指以杀人的"凌迟处死"① 十

---

① 原文如此。作者对"凌迟处死"的理解不准确。——编者注

分盛行，可谓一个充满杀气的凄惨时代。与"明"这一名字恰恰相反，可以说，明朝实质上正是一个"黑暗帝国"。

除了永乐帝，明朝全面放弃了大元帝国时期的海上进军和海上发展，这给世界和未来留下了极大的影响。同时，明朝甚至以"海禁"为名，断绝了一切民间往来。

而在日本，不知为何足利义满的日明贸易家喻户晓，人们往往容易认为它促进了日中两国的交流。现实恰恰相反，日元两国之间的贸易通过足利尊氏、足利直义的"天龙寺船"，以及其他方方面面，开展得如火如荼。除了明治以后和近些年来之外，在日中关系史上，由于未建立国家、政权之间的正式外交而出现的民间主导型的经济、文化交流等，以日元之间最为积极。

正如"勘合贸易"的字面意思一样，日明贸易是特定的通商团体在国家的管理下进行的贸易往来。由于"海禁"政策，明朝向足利义满提出以政府间协议为基础实行贸易管理，也正因如此，才有了"倭寇"的猖獗出现。而"倭寇"这种民间贸易，在元朝是再正常不过的形式了。正是因为"倒退"的政权强行打压这种民间贸易，使得他们在日中两端都变成了"海盗"，被政府贴上了"倭寇"的标签。

尽管如此，只有第三代政权，也就是永乐帝执政时期，才沿袭了大元帝国的进军海洋战略，有了著名的"郑和下西洋"的故事，但却依然遭到了其后代政权的全面废止。在蒙古时期，中国已经成功建造出了五百吨级别的大型船舶，但到了明朝，大型船舶却被全面禁止，与海洋相关的知识、技术、传统、视野甚至热情，也都逐渐消失了。

在这期间，西欧却进一步提高了蒙古时期从东方学到的航海技术及火器技术。在15世纪初到16世纪初这仅一个世纪的时间里，东方在"海洋时代""海船和火炮"这一人类历史的巨大转变上大大落后于西方，直接导致了最后西欧"统治世界"。如果我们说在很大程度上是明朝前期的极度封闭化政权招致了这一后果，大概也不为过。

然而，明朝和之后的清朝这两大帝国，无论如何也是建立在蒙古时期庞大的"中华"基础上的。明清帝国不仅幅员辽阔，在多民族共生这一点上，更是大大地沿袭了元朝时的情况。为什么日本会将大明帝国视作仅由汉族组成的"民族国家"（被译为"民族国家"或"国民国家"的近代西欧所谓的"nation-state"——即单一民族国家思想，这种认知方式本身就是虚构出来的），产生这一明显的误解呢？

曾作为大元帝国核心的人只有一半还残留在大明帝国。在蒙古时期大举来到东方的穆斯林以及迁徙移民到"中华本土"及其周边的畏兀儿人同原来一样留了下来，但在明朝强烈主张宣扬的汉族中心主义政策之下，大多数人不得不改姓汉姓。直至今日，这些人的子孙后代还在港口和大城市，特别是进出口等交通、通商枢纽地区经营着小型社会，抑或是在中国大陆的山野里过着牧羊生活。这些人或许也是蒙古时期的一个"遗产"吧。

回归北方的蒙古人

从蒙古的角度来看，之前所叙述的均为间接的人群和"遗产"。而此时此刻，最重要的蒙古人结局如何呢？

在大元帝国的蒙古人当中，随着中国沦陷而来到北方高原的人占了大约一半。他们也由许多不同的种族组成，不仅有纯粹的蒙古人，还有原欧亚大陆西北部的钦察、阿速、康里等各部族军团，他们同样作为"蒙古"的一员选择了北上。

例如，阿速部将大本营设在了高加索北麓，在后蒙古时代成为汉字写作"阿苏特"的蒙古集团之一。从清朝时期到现在，其后代都一直延续存在，而其位于高加索的故地现在成为俄罗斯联邦的小型自治共和国，即北奥塞梯—阿兰共和国。无论是留在那里的人们，还是作为蒙古集团生活在东部的人们，在七百五十余年的漫长岁月里，一直是血脉相承的。只是恐怕东西两边的人们互相均不知道这段历史吧。

在朝高原进发的人群之中，还有一部分被称作"鄂罗斯"的来自罗斯的人。用现在的话讲，就是俄罗斯人。另外，也许人们并不了解一同北上的还有相当多的汉族人，他们作为曾经的官僚或宫廷的佣人，主动选择与大元政府、宫廷一同行动。

来源各不相同的人在北上的过程中自然互相融合在了一起，同时，与大元帝国时期一样，他们在高原上也过着传统蒙古千户制的生活。因此，过度地强调"血脉之别"没有任何意义。而以北部的蒙古人为核心，加上与大元帝国政权一同北上的各种族人群的大融合，新的"蒙古"逐渐形成了，这一点应当是毋庸置疑的。

蒙古时期不存在"长城"，也没有存在的必要。然而，15世纪，明朝由于惧怕在北方重新建立起来的小型"大元帝国"再次掀起攻势，在蒙古高原与中华大地之间强行修建了一道绵长坚固的人工边境线以作为屏障，也就是我们现在看到的"万里长城"。

这样一来，北部的高原如字面意思一样，成为蒙古高原。从那以后，集结成小型"大元帝国"的人们也成为"民族"意义上的蒙古人。原本超越"民族"意义而存在的蒙古，便开始踏上了"民族"之路。

生活在清朝的蒙古人

在亚洲东方，当蒙古和明朝的"南北朝"时代结束之后，位于满洲地区的大清帝国开始崛起，收复了中华。作为大清帝国基础的满洲时期地区国家——"满洲固伦"（在满语中，满洲为文殊、固伦为国家，因而为"文殊国"之意），由满、蒙、汉三个民族组成。其中"蒙"的核心，是原东方三王族的后代科尔沁部。以女真族努尔哈赤为始祖的这一政权，在1627年，也就是第二任首领皇太极时期，通过与西部相邻部落科尔沁部结成攻守同盟，实力得到了极大的提高。这一提高不仅体现在军事实力上，而且为吸纳其他蒙古部族提供了一个良好的开端。

在被视为正统蒙古家族的察哈尔部首领把"大元帝国"以来的"传国之宝"（这里的"宝"指的是皇帝御用的玉玺）转交给清朝之后，清朝便获得了蒙古帝国继承者的名号。历代的清朝皇帝从此便扮演了两个角色，对南边而言是中华皇帝，对内陆世界而言则为蒙古大汗。由于皇帝的双重身份，大清帝国开始拥有庞大的统治范围。

在大清帝国时期，科尔沁部是地位最高的亲王家族，与大清皇族享受着同样的标准；其他蒙古部落也纷纷被授予王号、爵位，成为清朝体制下的贵族。当时清朝的统治也是由满洲贵族和蒙古贵族两大统治阶层组成的，可以说，清朝是两大贵族手下的联合政权。

由于蒙古牧地的分配被极度细化，蒙古人移动的自由受到了束缚，也就渐渐失去了"蒙古族"的"活力"，这是不可否认的。事实上，清代大多数蒙古人也过上了稳定安宁的生活。

近现代的风暴

　　进入 20 世纪之后，由于受到辛亥革命和 1917 年俄国革命两大浪潮的冲击，以及随后日本的伪满洲国统治、中国共产党的革命斗争等一系列的剧变，蒙古也发生了很大的震荡。其中最具标志性的便是内外蒙古的分离。

　　近半个世纪以来，伴随着"文化大革命"的结束，中国实行了对外开放政策，随后苏联解体，情况再次发生了变化。1992 年，蒙古人民共和国更名为"蒙古国"。如今，内外蒙古均被卷入了自由化和开放经济的大潮之中。

　　其中，人们渐渐发现，许多继承了成吉思汗血统的人分散在各地，尤其是在中国。另外，清朝时期级别最高的贵族科尔沁部原名为"合撒儿"，也就是成吉思汗弟弟的血脉，而科尔沁部的后裔一直与清朝的爱新觉罗家族保持着紧密的联姻关系，直至现在其规模也十分庞大，其中的许多人还进入了社会的领导阶层。

　　关于曾生活在蒙古帝国西半部分的蒙古人，曾经有人说他们在蒙古帝国解体后"回归"了遥远的东方故土。但事实并非如此，他们依然在原地居住生活。

　　原本自成吉思汗以来，真真正正的蒙古人只有少数。而人种意识淡薄的蒙古人将中亚以西的突厥人作为"准蒙古人"

大量吸纳进来，钦察汗国自不必说，察合台兀鲁思甚至旭烈兀兀鲁思也大多选择这样做。也就是说，原本在蒙古或与蒙古相邻地区生活的突厥人变成了"蒙古人"，因此，在蒙古的国家体制解体之后，他们也根本没有回到何处的必要。

曾一度以"蒙古"为名聚集起来的人们，在后蒙古时代，又分别以不同的名义重新组成了新集团或政治单位。也就是现在的哈萨克、乌兹别克、喀山、巴什基尔以及克里木等地，同时也与现在的各个"民族"有各自直接的联系。在伊朗建立了萨法维王朝的突厥系游牧集团中的许多人，也曾经属于"蒙古"名下。大小各异的各个"旧蒙古集团"如今广泛地分散于蒙古高原以西的地区，继续存在。

在以西欧式文明为绝对价值的近现代浪潮中，他们与蒙古高原的"蒙古"人一样，被看作边缘性的存在，并被强加以"蒙古"所象征的负面形象，时而被当作"累赘"，时而被看成"野蛮"，甚至被觉得"危险"。与其说通常观念中的"文明地区"将这些蒙古的"负遗产"强加于他们，不如说实际上是他们遭到了近现代"文明"无理的蔑视与否定。"文明"世界的人们则沉浸在优越感中，一心将自己看作是"被害者"的后代，为了给其无理的歧视和憎恨找一个正当的理由，有意无意编造出了这种形象。

然而，现实中生活在内陆世界的人们都是善良的，在他们当中，至今还有许多人与平原或山谷中的牲畜一起，过着踏草逐溪的生活。在触碰他们的心灵、共同体会他们的生活时，我们必须回到原点去思考"文明"和"朴素"真正的含义。

名为历史的存在

在苏联时期被称作列宁格勒的圣彼得堡埃尔米塔日博物馆中有块石碑，叫作"移相哥纪功碑"，一般被人们称作"成吉思汗石碑"。碑文用畏兀儿文字蒙古文刻制而成，被认为是现存最古老的蒙古语碑文。

1224 年，从中亚远征归来的成吉思汗召开了盛大的庆祝宴会，并在宴会上举办了远距离射箭比赛。成吉思汗二弟、已经去世的合撒儿之子移相哥获胜。成吉思汗去世时移相哥也在场，随后帮助其孙忽必烈成功夺取政权。移相哥在获胜后的某一天，来到领地本部所在的蒙古高原东部、流入额尔古纳河（俄语为 Аргýнь，参考下册第 127 页地图）的乌卢龙贵河支流乌儿墨儿河畔，立起了这块纪念碑。在移相哥王宫统治的这块土地上，至今还留有城址，以及多种多样的建筑物遗迹。

碑上这样写道——

成吉思汗

征服了撒儿塔兀勒百姓，蒙古国之

> 那颜们欢宴于布哈·苏赤海时，
>
> 移相哥·洪古图尔远至三百三十五庹
>
> 处射箭以中。

　　开头的"成吉思汗"一名，位置最高。而王族"移相哥"的名字虽然位置较之略低，但也被抬高了一些。而代表游牧贵族阶层的"那颜"虽然同正文高度相同，但也是另起一行。"蒙古国"一词没有另起一行，而放在普通的正文之中。从这里便可以明显看出当时蒙古国由上到下的帝王、皇室、贵族及一般牧民所形成的四个阶级，特别是"成吉思汗"名字的位置在彰显成吉思汗至高无上的地位的同时，也含有尊敬崇拜的意思（另外，在文章体裁上，这种通过抬高文字位置明确区分地位的做法，在写有皇帝命令的"圣旨"，以及写有皇室成员、将相命令的"令旨"中都需要严格遵循）。

　　这块石碑于19世纪被首次发现，许多研究者曾尝试解读。最终，起到决定性作用的是通过《元朝秘史》中代表花剌子模国的"撒儿塔人民"，以及拉施特《史集》中提到的位于蒙古本土西端被记录为回归之地的"布哈·苏赤海"的所进行的解读。因此，这块石碑也被高度评价为"最古老的蒙古语碑文"，而一举为世人所知（只是严密来讲的话，我们无法判断是否能无条件地承认其为"最古老"。移相哥成为合撒儿家族首领是在蒙哥执政后期，而且他似乎活到了13

世纪 60 年代后期。因此，也存在这样一种可能性，即这块石碑并不是在 1224 年刻字、立碑完成的，而很有可能推后到 1270 年左右）。

从碑文内容上看，称之为"移相哥纪功碑"是正确的。然而在完成碑文解读后，人们一直称其为"成吉思汗石碑"，这样称呼的背景和心理也暗藏于石碑之中。在不过短短五行的碑文中，包含了成吉思汗和蒙古国的名字，更证明这是一块纪念并祈祷蒙古的团结与发展的石碑。因此，这块石碑对于饱经历史风霜的蒙古族人民来说，是一块代表着"民族认同感"的无可替代的纪念碑。

这块石碑自从被俄罗斯保有后，在苏联时期也未曾返还，直至今日仍收藏在圣彼得堡的埃尔米塔日博物馆里。在沙俄、苏联时期，成吉思汗一直被视为"文明的破坏者"，尤其是"破坏俄罗斯的元凶"，成为当时的禁忌。而以社会主义为基础的"消灭英雄崇拜"思想也成为俄国带走"民族纪念碑"的正当理由。然而，历史车轮再次转动，终于迎来了蒙古内外可以自由谈论成吉思汗的时代。现在，俄罗斯再次被要求返还民族认同感之基础的"成吉思汗石碑"。或许某一天，这块石碑可以再次回到它位于蒙古高原河畔的家乡。

当我们思索蒙古在历史上的意义，再将目光投向现在的蒙古人时，这块穿越了七百余年岁月，承载着先人们点滴过往的遥远的石碑中，有一种"莫名的感觉"便会涌现出来。在蒙古的往日与今昔交相辉映下，世界史、人类史上的巨大转变如同二重唱一般再次出现。

或许，正是今昔的蒙古穿过鲜明对照后留下的这种"莫名的感觉"，才是"时代"，才是"历史"吧。

后　记

　　1986 年 12 月，当我从当时所居住的西德飞到伊斯坦布尔，在托普卡帕宫博物馆里第一次看到了拉施特《史集》最古老、最完好的古抄本，当时胸中的澎湃之情至今难忘。

　　在此之前，我只能接触到西欧人、伊朗人和俄罗斯人经手的校订本和译释本，这些版本大多或是以质量较差的《史集》抄本为基础完成的，或是由于见解的浅薄和文献调查的不充分而暴露出很大的不足，更重要的是，每个版本都只是《史集》中的某一部分。我也一直在用心地编制粗略的日译本，但那一刻我决定放弃了，并下定决心以这部抄本为基础，完成值得信赖的全新校订本、译释本和研究著作。

　　从那时起已过了十个年头，但这一计划却完全见不到曙光。首先，我需要将伊斯坦布尔版《史集》与对应各个部分的其他抄本进行对照；其次，要与超过二十种语言的庞大繁杂的蒙古时期相关多语种文献进行核对，当然还有必需的反复验证。总之，这成了一个相当耗费时间的工程，用一整天的时间确定一个单词也是常有的事。曾经，我以为有十年的时间足以完成这项工作，但现在，我只为我当年的无知感到羞愧。

就这样，我同伊斯坦布尔版《史集》一起，度过了进展缓慢的每一天。但不知道是幸运还是不幸，结果我再次完整地重新回顾了"蒙古时代"。在这十年的工作中我反复思考，其中的部分成果最终形成了现在这本简单的书。当然，由于篇幅限制，我无法断言一定可以将事情的来龙去脉一一交代清楚，尤其是本书的后半部分，关于伊朗和俄罗斯方面的叙述还尚有不足。这是由于关于这两大地区，我还没有将史料中的叙述通读下来的决心，这一点也恳请各位读者海涵。

本书以托普卡帕宫的《史集》开篇，自然是因为《史集》在历史上有重要的意义，但同时也暗含了我十年前的心情。关于一同制成微缩胶片的《五族谱》及《拜宋豁儿作品集》，本书也有所涉及，这是因为我还是想让世人知道，奥斯曼王朝藏品的丰富性不只局限在美术品上。同时，能尽一点绵薄之力，为 NHK 特别篇《大蒙古》的制作提供伊斯坦布尔版《史集》和《五族谱》，并使其通过视频首次呈现在广大观众面前，我感到不胜欣喜。

在世界范围内，蒙古时代历史的研究是一个具有相当古老传统和积淀的领域。近些年来，特别是在日本，新的潮流不断兴起。所谓"新潮流"，就是让东方的汉文史料和西方的波斯语史料双剑合璧，跨越多语种史料的壁垒，从人类的统一视角来眺望当时跨越东西范围的整个"时代"的研究角度。这也暗含了从根本上重新认识"世界史"的意图。无论如何，我们要走的路还很长。

也正因如此，从中得出的结论也完全不同于此前关于蒙古帝国和那个时代的普遍认识。本书也尽量吸收了这些最近的研究成果，将其浓缩于一本。同时，我也直截了当地叙述了专业论文里不会提到的一些事实。在一段叙述过后本应该附有明确和大量的参考文献及取证过程，但我大多都予以省略。在蒙古时代史的研究中，要做的事和要取得的进展不计其数，若是一一写成论文的形式，那么推进研究本身的时间就不够了。很幸运，我可以在本书中以"预支"结论的形式来一次性叙述整个过程。

从整体来看，本书有一点需加以说明。日文中的人名、地名全部用片假名来表记，这是让我十分头疼的问题。因为很多情况下，仅靠日语的片假名无法将其完全表记出来；也有些音原本就无法确定当时到底如何发音。最有代表性的就是"カン""ハン""カアン""ハーン"等。首先，"カン"与蒙古时期的发音很相似；其次，据当时所有的语言文献记载，只有唯一的蒙古皇帝才能被称作可汗（カガン、カアン属于这一类），而其他的君主、王侯都称作汗，等级分类十分严格。以这两点为原则，本书选用了"カアン"和"カン"来表达。人们往往容易将二者统一用"ハーン"来表示，这不仅存在发音上的问题，也违背了当时蒙古皇帝和其他王侯之间严格的等级差别原则，例如，"旭烈兀ハーン"与"忽必烈ハーン"曾经同时出现，这实在很荒谬。而原来的"四汗国分裂"之说出现的原因之一就是混用了君臣称呼。在此基础上，本书尝试使用既忠实于事实又发音相近的片假名进行表记。

四年前，在拙著《大蒙古的世界》（角川选书）出版、《大蒙古》放映结束后，我荣幸地接到了邀约写作本书。那时，我恰巧在思考可以通过文章而不是视频的形式来将蒙古帝国的完整形象凭借自己的解读从始至终地叙述下来，而不是之前著作中那种间断的描写。因此，这是一个十分难得的机会，对此我充满感激。只是因为一直有其他安排，很少有时间动笔，之后还去了美国，想想实在是自私至极。然而，最终还是写成了这本书，这要归功于负责此书出版的川崎敦子女士。在剑桥市的宿舍生活时，我曾多次接到她的电话，作为到了这个年代还用铅笔写稿子的"旧人类"，我曾向她抱怨美国的铅笔实在难用，她便立即寄来了很多日本生产的铅笔，还留言说"这是日本文化的精华，请您使用"。那时我就在思考，的确，不仅仅是铅笔，日本早在江户时期便已经形成了精细型生产社会，这与美国（且不论其好坏）的粗放型开拓者精神相比，从"物品"生产文化的角度来看是本质完全不同的两种模式。

回国之后，我把写好的原稿给川崎女士彻底过目了一遍，之后包括初次校对、再次校对的整个过程，她一直给我提供许多精彩的建议，如此优秀的编辑让我大吃一惊。借此机会，我要向她表示由衷的感谢和敬意。由于我的写作过于杂乱，导致文章篇幅无法控制在预定范围之内，为此，我也要向同意将本书分成上下两册出版的讲谈社表示由衷的感谢。

　　同时，我也得到了本田实信先生（京都大学名誉教授、名古屋商科大学教授）的慨允，将其大著《蒙古时代史研究》（东京大学出版会，1990）中刊载的地图及伊斯玛仪派山城的照片刊载在拙作上。本田老师是蒙古帝国史研究的大家，是日本研究伊朗、伊斯兰史的第一人，同时，他也把以《史集》为首的波斯语史书原著的历史研究正式引入了日本。本田老师开辟了多语言历史研究这条充满困难的荆棘之路，并对我们这些后辈给予大力的支持。在此，我要为素日承教之恩，怀以无限尊敬之情，向本田老师表示最衷心的感谢。

蒙古帝国史年表 （1267～1405 年）

统治者	公元	事件(＊为阴历月份)
忽必烈	1267 年	忽必烈开始在中都的东北郊区建设新城市(后来的大都)。
	1268 年（至元五年）	＊九月,阿术(兀良哈台之子)、史天泽率领蒙古军开始包围襄阳、樊城。 察合台家族的八剌与窝阔台家族的海都会战,随后讲和。
	1269 年	春天,八剌与海都、术赤兀鲁思的忙哥帖木儿于塔剌思河畔成立会盟;商讨并确定河中地区的划分方案,以及八剌对阿姆河以西地区的进攻计划(塔剌思会盟)。 忽必烈将八思巴文字设定为官方文字。 ＊六月,高丽朝廷发生军事政变;＊九月,忽必烈派蒙哥都率兵出征;＊十月,在辽阳设置行中书省,由札剌亦儿国王忽林池负责管理。
	1270 年	7 月,八剌大军进攻呼罗珊,阿八哈率旭烈兀兀鲁思大军迎战;两军在赫拉特附近平原会战,八剌大军溃败;趁八剌权威一落千丈之机,第二年,海都暗杀八剌,企图吞并察合台兀鲁思。

续表

统治者	公元	事件（＊为阴历月份）
忽必烈	1271 年	阿八哈向叙利亚出兵，但在拜巴尔麾下马木留克大军的迎击之下撤退。 ＊六月，蒙古军队在襄樊南部郊区击溃范文虎率领的南宋军。 ＊十一月，忽必烈改国号为大元。
	1273 年	＊一月，樊城陷落；＊二月，襄阳开城，守将吕文焕投降。 忻都率领蒙古舰队镇压济州岛的"三别抄"叛军；高丽恢复了王氏的统治，随后，成为大元帝国忠诚的附属国。
	1274 年	左丞相伯颜作为总司令官率伐南宋大军向长江进发，夏贵率领的南宋舰队见状逃跑；＊一月，鄂州开城。 ＊三月，蒙古、高丽联军从合浦出发，开始首次远征日本；＊十一月，在博多登陆，但随后被击退（文永之战）。
	1275 年	伯颜与阿术率蒙古大军分水陆两路沿长江行进；＊三月，贾似道及其麾下的南宋大军来到芜湖迎击，随后溃逃，贾似道因战败被问责处死。
	1276 年	＊一月，临安（杭州）开城，南宋朝廷向伯颜无条件投降；张世杰、文天祥等人追随少帝的兄弟——益王、广王逃向福建； ＊五月，益王称帝（端宗）。 夏天，蒙哥之子昔里吉在驻扎在阿力麻里的蒙古军内掀起叛乱，逮捕了忽必烈第四子、主将那木罕，以及副将、右丞相安童，企图建立新政权；随后遭到伯颜等人的追讨而溃败（昔里吉叛乱）。
	1277 年	蒙古军平定江南。 4 月，拜巴尔麾下的马木留克大军进攻鲁姆苏丹国领地，成功击败蒙古驻军并进入开塞城，但由于鲁姆诸侯并不服从而撤退； 6 月，随着拜巴尔在大马士革去世，阿八哈亲自出征劫掠鲁姆。
	1278 年	＊四月，乘船在海上流浪的端宗于广州附近的碙洲（今硇洲岛）去世，终年十一岁；陆秀夫作为其身边仅有的一名正式臣僚，拥立八岁的帝昺，但依旧继续流亡的生活。

统治者	公元	事件（＊为阴历月份）
忽必烈	1279年	＊二月，在广州湾内的厓山岛附近，汉人军阀张弘范和原西夏王族李恒率领蒙古大军击破了流亡船队；陆秀夫背起幼帝昺投海自杀；流浪宫廷全军覆没。 2月，盘踞于伊朗锡斯坦的捏古迭儿（多民族）军团进攻克尔曼，随后屡次袭击法尔斯地区。 8月，拜巴尔的儿子、苏丹赛义德被废黜，庶子苏拉迷失也在被拥立一百天后遭到废黜，12月，钦察民族的嘉拉温凭借强大的实力即位。
	1280年	10月，阿八哈大军进攻叙利亚，劫掠阿勒颇。 术赤家族的忙哥帖木儿去世，弟弟脱脱蒙哥即位。 镰仓执政官北条时宗将忽必烈派来的使者杜世忠、何文著、撒都鲁丁等人处死，表明开战之意。
	1281年	＊五月，第二次远征日本大军中的"东路军"从合浦出发，经过对马、壹岐后，在博多湾头陷入激战；随后，"江南军"从庆元出港；＊七月，两军在平户近海会合，向鹰岛海域进发；＊八月，由于飓风侵袭而撤退（弘安之战）。 10月，阿八哈弟弟忙哥帖木儿率领旭烈兀兀鲁思大军，与嘉拉温率领的马木留克大军在霍姆斯附近会战后败北。
	1282年	4月，阿八哈在哈马丹去世，弟弟贴古迭儿即位，并改名为阿赫默德。 4月，忽必烈的财政长官阿合马被暗杀。
	1283年	蒙古大军进攻缅国（现缅甸北部）。 八剌之子都哇在海都的暗中支援下成为察合台家族首领。
	1284年	8月，旭烈兀兀鲁思君主阿赫默德被阿八哈之子阿鲁浑推翻，阿鲁浑即位为第四任伊儿汗。 忽必烈向占婆派遣战队后失败。

续表

统治者	公元	事件（＊为阴历月份）
忽必烈	1285 年	都哇及其弟弟率领察合台大军,于哈拉和卓围攻畏兀儿王国。 忽必烈庶子、镇南王脱欢进攻大越国,但在游击战中饱受酷暑折磨,李恒等人战死。 皇太子真金去世。
	1287 年	＊正月,脱欢再次进攻大越国。 ＊四月,东方三王族以斡赤斤家族的乃颜为盟主,向忽必烈政权发起反动叛乱;忽必烈亲征;＊六月,忽必烈逮捕并处死乃颜;此后,哈温家族旁系、合答安一党仍继续顽抗,整个东北亚地区沦为战场(乃颜、合答安之乱)。 此时,术赤兀鲁思的脱脱蒙哥去世。
	1288 年	海都向哈拉和林方面发起进攻。 阿鲁浑向罗马教皇尼古拉四世派遣使节。
	1289 年	忽必烈亲征匈牙利;海都撤退。 阿鲁浑的使节拜访法兰克国王腓力四世。
	1290 年	脱脱蒙哥的侄子兀剌不花率术赤兀鲁思大军南下,首战负于阿鲁浑前卫军,随后撤退。
	1291 年	3 月,阿鲁浑去世,其犹太人宰相被杀;7 月,阿鲁浑弟弟海合都即位第五任伊儿汗。 忙哥帖木儿之子脱脱杀死兀剌不花后即位术赤兀鲁思可汗。 嘉拉温后嗣苏丹阿什拉夫率领马木留克大军,攻破阿卡等所有十字军占领区域。
	1292 年	合答安叛军在鸭绿江附近被大元帝国、高丽联军完全镇压。 爪哇远征大军介入当地内战后撤退。 海合都将位于克尔曼的西辽统治权交到了父亲阿八哈的遗孀、随后嫁给自己的帕的沙・哈敦手里。
	1294 年	＊一月,忽必烈去世;尊号薛禅汗,庙号世祖。

续表

统治者	公元	事件（＊为阴历月份）
铁穆耳		＊四月，真金三儿子铁穆耳在伯颜的支持下，于上都即大汗位。
	1295 年（元贞元年）	3 月，庶出的拜都杀死海合都；四月，在哈马丹附近即旭烈兀兀鲁思君主位。 6 月，阿鲁浑长子合赞改信伊斯兰教；10 月，讨伐并杀死拜都；11 月，即第七任伊儿汗位。
	1296 年	都哇大军向畏兀尔斯坦（天山东部区域从庭州到高昌一带）发起进攻，击败出伯（阿鲁忽之子）军队。
	1297 年（大德元年）	原属于海都阵营的阿里不哥长子药木忽儿、蒙哥之孙兀鲁思不花、原忽必烈军中大将朵儿朵哈纷纷投降于铁穆耳；＊二月，为庆祝此事，铁穆耳改年号为大德。 术赤家族的蓝帐汗国首领伯颜，向铁穆耳和合赞提议夹击都哇。
	1298 年	驻扎在鲁姆的蒙古军指挥官速剌迷失造反。 拉施特被合赞任命为宰相。
	1299 年	速剌迷失被合赞大军击败后逃向开罗，随后在奇里乞亚被捕，后被处死。 奥斯曼一世在小亚细亚的一角形成了自己的势力范围（随后发展为奥斯曼王朝）。 3 月，马木留克王朝的大马士革司令官等人向合赞投降；10 月，合赞开始向马木留克发起攻击；11 月，合赞大军在霍姆斯附近的会战中取得胜利。
	1300 年	1 月，合赞占领了大马士革后凯旋；此时，都哇之子鲁忽都鲁火者向法尔斯出兵；九月，合赞开始第二次远征叙利亚（第二年 2 月撤退）。
	1301 年	海都动员了窝阔台、察合台两家大军开始东征，在哈拉和林—塔米尔河之间会战时，败给海山指挥的大元帝国军队后去世； 海都诸子之中，庶长子察八儿在都哇的支持下成为西方窝阔台家族首领，与海都爱子兀鲁思势力形成对立之势；察合台家族首领都哇借此良机，一跃成为中亚地区的霸主。 合赞向马木留克王朝派遣使节团，使节团带回了苏丹纳西尔的回信。

统治者	公元	事件（＊为阴历月份）
铁穆耳	1302 年	12 月,术赤兀鲁思的脱脱派出使节团访问合赞。
	1303 年	合赞发布税制改革令;3 月,开始第三次远征叙利亚;4 月,合赞的将军忽都鲁火者带兵于大马士革附近惨败给马木留克大军。8 月,都哇和察八儿表态臣服于大汗铁穆耳。
	1304 年	合赞去世;7 月,其弟 Khar-banda 即位为第八任伊儿汗;9 月,铁穆耳和都哇、察八儿等人的使节团途经术赤兀鲁思后到达旭烈兀兀鲁思,告知蒙古帝国的和平局势;Khar-banda 随后被称作苏丹·完者都;完者都向法兰克国王腓力四世派遣使节,并送去国书,传达蒙古帝国东西和平的信息。
	1306 年	都哇和察八儿之间发生争端,察八儿遭到都哇和大元帝国军队的夹击进攻后投降;阿里不哥家族的灭里·帖木儿向铁穆耳投降;都哇完全控制了中亚地区(察合台兀鲁思成立);冬天,都哇去世,其子宽阔继承大业。
	1307 年	＊一月,铁穆耳去世;尊号完泽笃汗,庙号成宗。
海山	1308 年（至大元年）	安西王阿难答与灭里·帖木儿联手掌握实权;但 2 月,由于首席臣僚哈剌哈孙等人发起政变,海山的弟弟爱育黎拔力八达一度建立了政权。 ＊三月,海山与驻扎在阿尔泰的大军一同向东返还,并进入哈拉和林城,在王族、将相的支持下进军上都;＊五月,弟弟爱育黎拔力八达让位,海山在上都即位大汗。 ＊七月,海山向察合台兀鲁思的宽阔、术赤兀鲁思的脱脱、旭烈兀兀鲁思的完者都派遣了象征帝国和平的大使节团。 察合台兀鲁思的宽阔去世,旁系的老王塔里忽夺下实权,但之后被都哇的旧臣暗杀,都哇之子怯别成为察合台兀鲁思首领;察八儿、兀鲁斯等窝阔台王族对其发起攻击后失败,最终投降(海都王国灭亡)。

续表

统治者	公元	事件（＊为阴历月份）
海山	1309 年	海山继续向西方遣使,同时经由海路向东南亚多岛海域及印度洋附近的各海湾城市国家派遣友好使节团。 也先不花在弟弟怯别的拥护下成为察合台兀鲁思君主。
	1310 年	苏丹·完者都改信什叶派。
	1311 年	＊一月,海山去世。尊号曲律汗,庙号武宗。 同时,《史集》在旭烈兀兀鲁思编纂完成。
爱育黎拔力八达	1312 年 （皇庆元年）	＊三月,爱育黎拔力八达再次在大都正式即位大汗。 8 月,马木留克王朝忠臣宋豁儿等人臣服于旭烈兀兀鲁思的完者都;12 月,完者都包围了拉希巴堡后无功而返。 术赤兀鲁思的脱脱去世,侄子月别即位。
	1313 年	察合台兀鲁思阿富汗驻军的主将达乌德·火者在旭烈兀兀鲁思大军的攻击之下逃向阿姆河以北。
	1314 年 （延佑元年）	察合台兀鲁思的也先不花与阿尔泰地区的大元帝国军队开战,大元军队长驱直入察合台领地,甚至到达了塔剌思地区。
	1315 年	察合台兀鲁思大军进攻呼罗珊。 术赤家族出身的拔巴率旭烈兀兀鲁思大军劫掠术赤兀鲁思的领地花剌子模。 ＊二月,爱育黎拔力八达重开科举制度。
	1316 年	察合台家族的牙撒兀儿向旭烈兀兀鲁思投降,成为呼罗珊和阿富汗的太守。 12 月,苏丹·完者都去世。 ＊十二月,海山遗孤和世㻋逃过了爱育黎拔力八达政权的追杀,向西到达察合台兀鲁思。
	1317 年	4 月,完者都之子不赛因即位为第九任伊儿汗。

统治者	公元	事件（＊为阴历月份）
爱育黎拔力八达	1318 年	察合台兀鲁思的也先不花去世，怯别再次正式成为首领。 七月，由于被怀疑毒杀旧主完者都，旭烈兀兀鲁思宰相拉施特被处死。 九月，牙撒兀儿大军企图进攻旭烈兀兀鲁思，但以失败告终。 术赤兀鲁思的月即别大军挥军南下，但在不赛因出兵之后撤退。
	1320 年	＊一月，爱育黎拔力八达去世；尊号普颜笃汗，庙号仁宗。
硕德八剌	1322 年（至治二年）	＊三月，爱育黎拔力八达之子硕德八剌即位为大汗。 术赤家族月即别的公主与马木留克王朝的苏丹纳绥尔联姻。 察合台兀鲁思大军与旭烈兀兀鲁思的呼罗珊大军联手消灭牙撒兀儿军。 旭烈兀兀鲁思的鲁姆总督帖木儿塔失企图独立后失败。 七月，罗马教皇约翰二十二世向旭烈兀兀鲁思的不赛因送去书信。
	1323 年	察合台兀鲁思的怯别大军屡次入侵大元帝国西部边境。 ＊八月，在南坡店，硕德八剌及其右丞相拜住被御史大夫铁失等人暗杀。尊号格坚汗，庙号英宗。
也孙铁木儿		＊九月，晋王也孙铁木儿在克鲁伦河畔即位大汗。新帝也孙铁木儿对暗杀硕德八剌的相关人员一律处以死刑或流放之刑。 旭烈兀兀鲁思与马木留克王朝签订和平条约。
	1324 年	曾将拉施特拉下马的旭烈兀兀鲁思宰相阿里沙去世。
	1325 年	旭烈兀兀鲁思中实力强劲的朱潘向北进攻术赤兀鲁思领地，劫掠进行至捷列克河畔。
	1326 年（奏定三年）	察合台兀鲁思的答儿麻失里（都哇诸子之一）入侵呼罗珊，随后被朱潘之子侯赛因击退。 拜占庭帝国从奥斯曼王朝手中夺下布尔萨，并定都于此。

统治者	公元	事件(* 为阴历月份)
也孙 铁木儿	1327 年	8 月,都哇诸子之一阿尔及吉台成为察合台兀鲁思首领,并向大元朝廷遣使。 10 月,朱潘被不赛因追讨暗杀,其子帖木儿塔失逃命至马木留克王朝。
	1328 年	* 七月,也孙铁木儿在上都去世。
(图帖 睦尔)	(天历 元年)	* 八月,也孙铁木儿的宰相倒剌沙在上都拥立皇太子阿剌吉八即位大汗,改元天顺;而在大都,钦察军团长官燕帖木儿拥立海山次子图帖睦尔称帝,发动政变, * 八月,改元天历;两都之间的内战持续了二个月, * 十月,上都沦陷。
和世㻋	1329 年	在海山大军的支援下,海山长子和世㻋向东进攻, * 一月,在哈拉和林北郊即位大汗; * 四月,图帖睦尔向哥哥奉上玉玺。 * 八月二日,和世㻋在上都附近的王忽察都与弟弟会面,四天后去世;尊号忽都笃汗,庙号明宗。
图帖 睦尔	1330 年 (至顺 元年)	九天后,图帖睦尔在上都再次正式即位大汗(两都内战以来的经过即为天历之乱)。 日后,图帖睦尔等各族亲卫团长的军阀执政控制了整个大元朝廷。 诸王秃坚等人在云南掀起叛乱。
	1331 年	* 八月,图帖睦尔去世;尊号札牙笃汗,庙号文宗。
懿璘 质班		* 十月,燕帖木儿拥立和世㻋次子懿璘质班登基。 * 十一月,懿璘质班夭折(七岁);庙号宁宗。
妥懽 帖睦尔	1333 年 (元统 元年)	燕帖木儿去世。 * 六月,和世㻋长子妥懽帖睦尔从桂林回归,即位大汗。
	1335 年	* 六月,燕帖木儿之子唐其势、塔剌海等人企图谋反,最后被蔑儿乞族的伯颜杀死。 旭烈兀兀鲁思首领不赛因去世;拉施特之子、宰相该牙思丁拥立阿里不哥后裔阿儿巴立为首领;阿儿巴立即北上,并击退了正在南下的术赤兀鲁思月即别军。

统治者	公元	事件（＊为阴历月份）
妥懽帖睦尔	1336 年	4 月，斡亦剌惕部的阿里拥立旭烈兀后裔木撒，并举兵讨伐阿儿巴和该牙思丁。 7 月，鲁姆总督、札剌亦儿部的谢赫·大哈散拥立旭烈兀后裔麻合马，消灭阿里大军，向首都大不里士进军；札剌亦儿王朝事实上已经诞生了。
	1337 年	7 月，呼罗珊大军拥立成吉思汗之弟合撒儿后裔脱帖木儿向西进军，与木撒会合后大战麻合马，但被打败；木撒被杀，呼罗珊大军撤退。
	1338 年	7 月，速勒都斯部的谢赫·小哈散与札剌亦儿部的谢赫·大哈散会战，札剌亦儿一方败走，麻合马被杀；速勒都斯部的谢赫·小哈散将不赛因之妹撒迪别公主尊为旭烈兀鲁思君主。 此时，伊犁溪谷一带遭遇了严重的瘟疫；察合台兀鲁思方面，也孙铁木儿成为首领后即遭杀害。
	1339 年	札剌亦儿部的谢赫·大哈散拥立海合都之孙只罕帖木儿，东山再起。
	1340 年	谢赫·大哈散废黜只罕帖木儿，名副其实地宣告独立。 妥懽帖睦尔的权臣伯颜遭到肃清，侄子脱脱掌握实权。
	1341 年	术赤兀鲁思的月即别去世。
	1342 年（至正二年）	自此，黄河频繁暴发洪水。 河南、山东、淮北地区沦为一片荒芜，武装宗教集团"白莲教"在河南、江北各地制造混乱。
	1343 年	脱脱作为都总裁官，编纂了辽、金、宋三史。
	1346 年	来自东察合台兀鲁思的秃忽鲁帖木儿，从此时起至 1363 年，实现了东西的再统一；东察合台兀鲁思（蒙兀儿斯坦王国）成立。
	1351 年	红巾军起义爆发（～1366 年）。
	1353 年	呼罗珊的地方首领脱合帖木儿被当地势力打倒。

续表

统治者	公元	事件(＊为阴历月份)
妥懽帖睦尔	1354年	脱脱率大军南下,包围了张士诚所在的高邮,但随后遭谗下台,南伐军解体。
	1355年	术赤家族的札尼别大军入侵阿塞拜疆,逮捕并杀死了速勒都斯部的阿什拉夫。
	1356年	在红巾军起义中崭露头角的朱元璋,于金陵自封吴王。
	1357年	奥斯曼大军横渡达尼尔海峡,占领了欧洲的加里波利。
	1359年	术赤兀鲁思首领别儿迪别(月即别之孙)去世,拔都王朝灭亡。此后,辽阔的术赤兀鲁思的统一停滞下来,蒙古各权力集团开始进入长达近两百年的共存状态。
	1361年	畏兀儿出身的将军察罕帖木儿收复了山东、河南。
	1362年	察罕帖木儿遭到暗杀,其子扩廓帖木儿掌握了军队的实权。
	1363年	朱元璋在鄱阳湖击败陈友谅。
	1365年	皇太子爱猷识理达腊与扩廓帖木儿联手打倒了军阀孛罗帖木儿。
	1367年	朱元璋在苏州击败张士诚。
	1368年	朱元璋在南京称帝,建立明朝;徐达等人率明军开始北伐。＊八月,妥懽帖睦尔离开大都,前往内蒙古地区的应昌避难,明军占领大都。
	1370年	＊五月,妥懽帖睦尔在应昌去世;明朝以"顺天应人"为名,定其谥号为顺帝。
爱猷识理达腊		爱猷识理达腊退至哈拉和林,即位大汗。在大元帝国和明朝南北并存的状态下,朱元璋强制下令编纂《元史》。帖木儿占领河中地区;帖木儿王朝成立。
	1378年	爱猷识理达腊去世,尊号必里克图汗。

续表

统治者	公元	事件（＊为阴历月份）
脱古思·帖木儿		弟弟脱古思·帖木儿即位大汗。
	1387 年	脱古思·帖木儿与辽东地区的札剌亦儿国王纳哈出相互呼应，为讨伐明朝而向东进军，但最后由于纳哈出投降而挫败。
	1388 年	脱古思·帖木儿宫廷遭到蓝玉率领的明军袭击，多人遭到俘虏；脱古思·帖木儿在图拉河附近，被阿里不哥后裔也速迭儿杀死，忽必烈王朝灭亡。
	1391 年	帖木儿远征俄罗斯南部。
	1392 年	也速迭儿即位大汗；此后，在蒙古高原，多数成吉思汗后裔称其为"大元汗"。
	1398 年	明洪武帝去世。 帖木儿远征印度，攻下德里。
	1402 年	在安卡拉战役中，帖木儿俘虏了奥斯曼帝国的巴耶塞特一世。 洪武帝四子、燕王朱棣攻下南京，废黜侄子建文帝，即位成为永乐帝。
	1405 年	帖木儿启程远征明朝，但途中在讹答剌去世。

索　引

图书在版编目（CIP）数据

蒙古帝国的兴亡：全2册/（日）杉山正明著；孙越译.—北京：
社会科学文献出版社，2015.12（2021.5重印）
　　（鲤译丛）
　　ISBN 978 - 7 - 5097 - 7910 - 1

　　Ⅰ.①蒙…　Ⅱ.①杉…②孙…　Ⅲ.①蒙古（古族名）–民族历史
Ⅳ.①K289

中国版本图书馆 CIP 数据核字（2015）第 192605 号

·鲤译丛·

蒙古帝国的兴亡（下）
——世界经营的时代

著　　者／〔日〕杉山正明
译　　者／孙　越
校　　者／邵建国

出 版 人／王利民
项目统筹／冯立君　段其刚　　　责任编辑／冯立君　胡　亮　张　卉

出　　版／社会科学文献出版社·甲骨文工作室（分社）（010）59366527
　　　　　　地址：北京市北三环中路甲29号院华龙大厦　邮编：100029
　　　　　　网址：www.ssap.com.cn
发　　行／市场营销中心（010）59367081　59367083
印　　装／三河市东方印刷有限公司

规　　格／开本：787mm×1092mm　1/32
　　　　　　印张：15.5　字数：295千字
版　　次／2015年12月第1版　2021年5月第4次印刷
书　　号／ISBN 978 - 7 - 5097 - 7910 - 1
著作权合同
登 记 号／图字01 - 2014 - 1052号
定　　价／79.00元（上下册）

本书如有印装质量问题，请与读者服务中心（010 - 59367028）联系